D1753575

LIEBE
UND
SEXUALITÄT

Esoterische Lehre der Universellen Weißen Bruderschaft

Omraam Mikhael Aivanhov

LIEBE
UND
SEXUALITÄT

Band XIV

PROSVETA-VERLAG

AUSKÜNFTE
über die Universelle Weiße Bruderschaft:

FRATERNITÉ BLANCHE UNIVERSELLE
2, rue du Belvédère de la Ronce
F-92310 SÈVRES (France)

VERLAG und AUSLIEFERUNG:

FRANKREICH: Editions PROSVETA S.A. - B.P. 12
F-83601 Fréjus Cedex

AUSLIEFERUNGEN:

BELGIEN: Brigitte VAN MEERBEECK
Chemin du Gros Tienne 112
B - 1328 Lasne-Ohain

DEUTSCHLAND: URANIA am Reiterhof
D - 8171 Waakirchen

ENGLAND: PROSVETA Ltd
4 St Helena Terrace
Richmond
Surrey TW9 1NR

Trade orders to:
ELEMENT Books Ltd
The Old Brewery Tilsbury Salisbury
Wiltshire SP3 6NH

GRIECHENLAND: PROSVETA GRÈCE
90, Bd Vassileos Constantinou
Le Pirée

ITALIEN: PROSVETA - Bastelli 7
I - 43036 Fidenza (Parma)

KANADA: PROSVETA Inc. – 1565 Montée Masson
Duvernay est, Laval
Que. H7E 4P2

PORTUGAL: M. Pedro VEIGUINHA
Av. Frei Miguel Contreiras 40-1°-Esq.
P - 1700 Lisboa

SCHWEIZ: PROSVETA Société Coopérative
CH - 1801 Les Monts-de-Corsier

U.S.A.: PROSVETA U.S.A.
P.O. Box 49614 Los Angeles
California 90049

Alle Rechte, auch auszugsweise, streng vorbehalten.
© 1982 by Prosveta S.A. – B.P. 12 – F-83601 Fréjus (France)
ISBN 2-85566-175-7

VOM SELBEN AUTOR:

(Französische Originalausgabe)
Collection des «Oeuvres complètes»

Tome I	– La deuxième naissance
Tome II	– L'alchimie spirituelle
Tome III	– Les deux arbres du Paradis
Tome IV	– Le grain de sénevé
Tome V	– La vie
Tome VI	– L'harmonie
Tome VII	– Les mystères de Iésod
Tome VIII	– Le langage symbolique
Tome IX	– «Au commencement était le Verbe...»
Tome X	– Les splendeurs de Tiphéret
Tome XI	– La clef essentielle pour résoudre les problèmes de l'existence
Tome XII	– Les lois de la morale cosmique
Tome XIII	– La nouvelle terre Méthodes, exercices, formules, prières.
Tome XIV	– L'amour et la sexualité *
Tome XV	– L'amour et la sexualité **
Tome XVI	– Hrani yoga Le sens alchimique et magique de la nutrition
Tome XVII	– «Connais-toi toi-même» Jnani yoga *
Tome XVIII	– «Connais-toi toi-même» Jnani yoga **
Tome XIX à Tome XXII	– Méditations quotidiennes
Tome XXIII	– La nouvelle religion solaire et universelle *
Tome XXIV	– La nouvelle religion solaire et universelle **
Tome XXV	– Le Verseau & l'avènement de l'Age d'Or *
Tome XXVI	– Le Verseau & l'avènement de l'Age d'Or **
Tome XXVII	– La pédagogie initiatique *
Tome XXVIII	– La pédagogie initiatique **
Tome XXIX	– La pédagogie initiatique ***
Tome XXX	– Vie et travail à l'École divine*
Tome XXXI	– Vie et travail à l'École divine**

Englische Übersetzungen

Volume I	– The Second Birth
Volume II	– Spiritual Alchemy
Volume V	– Life
Volume VI	– Harmony
Volume VII	– The Mysteries of Iesod
Volume X	– The Splendour of Tipheret

Volume XI	– The Key to the Problems of Existence
Volume XII	– Cosmic Moral Laws
Volume XIII	– A New Earth
	Prayers, methods, exercises, formulas.
Volume XIV	– Love and Sexuality Part I
Volume XV	– Love and Sexuality Part II
Volume XVII	– "Know Thyself" Part I
Volume XXV	– Aquarius, Herald of the Golden Age Part I
Volume XXVI	– Aquarius, Herald of the Golden Age Part II
Volume XXIX	– On the Art of Teaching from the Initiatic Point of View Part III

Deutsche Übersetzungen

Band I	– Das geistige Erwachen
Band VII	– Die Mysterien von Iesod
Band X	– Surya-Yoga
	»Pracht und Herrlichkeit von Tipheret«
Band XI	– Der Schlüssel
	zur Lösung sämtlicher Lebensprobleme
Band XIII	– Die neue Erde
	Anleitungen, Übungen, Sprüche, Gebete
Band XIV	– Liebe und Sexualität

Italienische Übersetzungen

Volume IV	– Il granello di senape
Volume VI	– L'armonia
Volume XI	– La chiave essenziale
	per risolvere i problemi dell'esistenza
Volume XIII	– La nuova terra
	Metodi, esercizi, formule, preghiere
Volume XXIII	– La nuova religione : solare ed universale I
Volume XXIV	– La nuova religione : solare ed universale II
Volume XXVII	– La pedagogia iniziatica I

Niederländische Übersetzungen

Deel VII	– De mysteriën van Jesod
Deel XI	– De gouden sleutel
	tot het oplossen van de levensproblemen

Übersetzungen in Griechisch und Russisch siehe Gesamtkatalog.

OMRAAM MIKHAEL AIVANHOV

EINFÜHRUNG

Der Leser sei darauf hingewiesen, daß der vorliegende Band sich vor allem an jene richtet, die eine wirkliche Hilfe zur geistigen Höherentwicklung suchen.

Es scheint, als wäre über Liebe und Sexualität bereits alles gesagt. Dichter und Schriftsteller beschrieben Freud und Leid derer, die sich lieben; Philosophen fragten nach der Herkunft jener Kraft, die Menschen unwiderstehlich zueinander treibt; Biologen und Psychologen erforschten die physischen sowie psychischen Vorgänge des Sexuallebens, Ärzte und Psychiater die pathologischen. Verhaltensforscher, Gläubige sowie Laien, versuchten durch mancherlei Verbote das gewaltige Drängen der Triebe und Gefühle einzudämmen. Andere wiederum fordern die Menschen auf, sich von ihnen treiben zu lassen, und viel Geschriebenes gibt Anleitungen zu immer größerem Genuß dieser Gefühle.

Es hat wirklich den Anschein, als sei dieses Thema erschöpft... Unbeachtet jedoch blieb die Tatsache, daß die Kraft der Liebe, die sich in jedem Menschen kundtut, zur höchsten Entfaltung des Geistes genutzt werden kann. Männer und Frauen wissen nicht, was sie eigentlich zueinander hinzieht: Sie folgen blind dieser Anziehungskraft, ja suchen nach ihr, da sie die Zufriedenstellung ihres Sexualverlangens als eine der Hauptquellen körperlicher Lust empfinden. Und nehmen

II

ihre Erlebnisse auch ein enttäuschendes, unwürdiges Ende, so liegt ihnen doch der Gedanke fern, daß sie ihre Auffassung von Liebe und Sexualität berichtigen sollten.

Man könnte meinen, die Menschen nehmen es seit Jahrtausenden als ein unabänderliches Schicksal hin, daß Liebe stets mit den schönsten Träumen von Glück beginnt und in bitteren Enttäuschungen, wenn nicht gar in seelischem und körperlichem Zusammenbruch endet.

Dennoch irren sie nicht, wenn sie glauben und hoffen, denn allein die Liebe bringt wahres Glück. Ihre Liebe scheitert nur deshalb immer wieder, weil sie die Regeln esoterischer Weisheit nicht beachten.

Die Eingeweihten lehren, daß Mann und Frau die Repräsentanten der zwei Uraspekte Gottes sind: des Ewig-Männlichen und des Ewig-Weiblichen, woraus das ganze Universum erschaffen ward – und daß sie im Besitz derselben Schöpfermacht sind.

So wie die Vereinung von Geist und Materie, vermag auch die Vereinigung von Mann und Frau neue Welten zu schaffen. Dazu jedoch bedarf es in der Liebe eines erweiterten Verstehens, einer vertieften Auffassung, besonderer Regeln und Verhaltensweisen, wie sie trotz des sich verbreitenden Schrifttums über tibetanische Tantrik noch nie gelehrt wurden.

Darum mag auch der Inhalt dieses Bandes, die darin aufgezeigten neuen Richtungen, den Leser erstaunen; denn sie werden seine bisherigen Ansichten und Meinungen erschüttern.

Ist ihm jedoch wirklich an geistigem Wachstum gelegen, dann wird er daraus erfahren, wie er kraft der Liebe zu seinem gottgewollten Endziel gelangt.

I

Die beiden Aspekte Männlich und Weiblich:

Wechselbeziehungen im Ätherischen

Zwei grundlegende Aspekte des Universums spiegeln sich in allen Lebensäußerungen und in der gesamten Natur wieder. Die ganze Schöpfung ging aus dem Zusammenwirken dieser beiden hervor, die der Einfachheit halber männlicher und weiblicher Pol genannt werden. Sie sind das Abbild, die Wiederholung der beiden hohen göttlichen Aspekte: Himmelsvater und Himmelsmutter, die alles schufen und die polarisierte Bekundung eines einzigen Urprinzips: des Absoluten, Un-Offenbaren sind, welches die Kabbala Ain Soph Aur nennt.

Geschrieben steht: Der Mensch wurde nach dem Bilde Gottes geschaffen, d.h. nach dem Bildnis der beiden Aspekte, und er weist in seinem Wesen einen männlichen sowie weiblichen Pol auf, wobei der eine sichtbar, der andere, wenngleich verborgen, dennoch vorhanden ist. Jede Frau ist in ihrem Äußeren weiblich, hat jedoch innerlich den männlichen Aspekt. Auch jeder Mann ist rein äußerlich betrachtet männlich, besitzt in seinem Innern aber den weiblichen Aspekt. Seid Ihr mit diesem Polaritätsgesetz vertraut und versteht es, beide Aspekte, männlich und weiblich, aussendend und aufnehmend, positiv und negativ, richtig anzuwenden, wieviele Probleme vermögt Ihr durch sie zu lösen!

Diese beiden Pole haben wir alle in uns, und sie sind im Gesicht, auf dem Körper, den Händen erkennbar... in der Natur findet man sie auf Blumen, Tieren, Früchten, Bergen, in Flüssen, Höhlen und Sternen wieder... Überall sind stets nur sie in mannigfaltiger Form und Größe anzutreffen. Betrachtet ihr die Erdoberfläche oder das Erdinnere, begebt Ihr Euch auf den Grund der Weltmeere oder hinauf in die Lüfte, immer seht Ihr nur diese beiden Aspekte wirken. Bewußt oder unbewußt reagiert ihnen gegenüber jeder Mensch in der selben Weise, mißt ihnen höchste Bedeutung zu, läßt nichts außer ihnen gelten.

Ein Mann ist bereit, für eine Frau, die er heiraten möchte, alles aufzugeben. Selbst wenn er ein König ist, gibt er doch sein Königreich mitsamt seinen Untertanen, sein Kriegsheer und alle seine Schätze bereitwillig hin für eine einzige Frau... Und was besitzt diese Frau denn, daß ein ganzes Volk, Millionen von Menschen ihretwegen verblassen?

In Wahrheit ist es nicht die Frau, nach der er sucht, sondern es ist der weibliche Pol; denn er ist das Höchste. Ihr seht, dieser Mann ist treu und wahr, er sucht nach dem idealen, ewigen Prinzip und wendet sich von allem anderen ab. Ebenso verhält sich die Frau. Sie widersetzt sich ihrer Familie, trotzt der ganzen Welt um des Mannes willen, den sie liebt. Und weshalb? Hat sie etwa Unrecht? Keineswegs. Gott selbst und die Natur trugen es ins Herz eines jeden Menschen ein: »Du wirst Vater und Mutter verlassen und deiner Frau (deinem Manne) nachfolgen.« Tief im Seelengrunde eines jeden Menschen ist vermerkt, daß der erste Pol einzig nach dem zweiten und der zweite stets nur nach dem ersten sucht. Die Menschen sind sich dieser Tatsache nicht sehr bewußt, denn ihr Suchen findet, je nachdem welches Gebiet es anbelangt, ob Wissenschaft, Philosophie, Kunst oder Religion, in unterschiedlicher Weise statt.

Die beiden Aspekte Männlich und Weiblich

Die Mystiker sagen, sie suchen nach Gott. Was sie Gott nennen, ist im Grunde genommen aber nichts anderes als der sie ergänzende Gegenpol, mit dem sie sich vereinen, verschmelzen möchten, um eine vollkommene, ganzheitliche Wesenheit zu werden. Bis sie dies erreicht haben, fühlen sie sich zwiegespalten, verstümmelt. Ein jeder sehnt sich nur nach der ihn ergänzenden Hälfte, esoterisch die Schwesterseele genannt, um zu Seelenfrieden, Lebensfülle, Allwissenheit und Allmacht zu gelangen, Gott gleich zu werden. Verschieden allein sind Form und Gestalt, worin sie ihn suchen.

Denkt darüber nach. Das einzige, worauf es ankommt ist die Liebe. Von ihr weg herrscht Leere, das Nichts. Strenggläubige, Puritaner, Heuchler wollen es zwar nicht wahrhaben, aber auch sie suchen in Wirklichkeit nur nach Liebe. Sie lassen es nicht anmerken, wollen an dem überlieferten Brauch von Reinheit und Keuschheit festhalten, aber die Natur weiß nichts von menschlichen Erfindungen; sie wirkt in jedem Lebewesen, und es kocht, glüht und brennt!

Die Frage nunmehr ist, zu erfahren wie man zu jener wahren Liebe findet, die von Gott vorgesehen ist und sie in gottgefälliger Weise ausübt, auf daß diese Begegnung, diese vollkommene Vereinung statthaben kann.

Überall um Euch her seht Ihr nur die beiden Prinzipien: Ob Ihr eßt, trinkt, schaut, zuhört, arbeitet, ja selbst beim Singen hier im Chor... Ihr ahnt nicht, was sich ereignet, wenn Ihr singt. Die hohen, glockenhellen Stimmen der Schwestern und die tiefen Baßstimmen der Brüder, meint Ihr, sie verklingen einfach so im Raum? O nein, sie verschmelzen hoch oben über Euren Köpfen und schenken sich gegenseitig viel Wundervolles, Himmlisches. Eines jeden Stimme ist erfüllt von dessen magnetischer Schwingung, Lebensfreude, seinem Seelenduft. Er ist mit seiner Stimme verbunden, als wäre sie ein kleiner Papierdrachen, den er am Ende einer langen Schnur hält. Eure Stimme geht von Euch aus und schwebt über Euch im Raum, wo sie sich mit anderen Stimmen wiederfindet, sich mit ihnen vereint, und kommt sodann zu Euch zurück, um all das bereichert, was sie in dieser wunderbaren Vereinigung erhielt. Durch den Gesang findet ein feinstofflicher, himmlischer Austausch zwischen den Brüdern und Schwestern statt, die auf diese Weise feinste, ätherische Teilchen aufnehmen können, was ihnen im Grobstofflichen versagt bliebe. In diesem wundervollen Zusammenklingen der Stimmen nähren sich Seele und Geist von dem, was ihnen zuteil wird, und sie lassen auch dem physischen Leib etwas davon zukommen, damit er nicht zu sehr hungern und dürsten muß.

Während wir also singen, leisten der männliche und weibliche Faktor im geistigen, unsichtbaren Bereich eine Arbeit; sodann kehrt, was sie schufen zu uns zurück, und wir alle empfangen den Segen dieses reinen, himmlischen Austausches. Und niemand kann uns zum Vorwurf machen, daß wir die Gesetze der Reinheit übertreten, wir fühlen uns gesättigt, mit neuer Kraft erfüllt. Das ist der eigentliche Grund, weshalb es gemeinsames Singen schon seit der Erschaffung der Welt gibt. In der Gegenwart ging die Einsicht in diese geheimen Tatsachen verloren, was übrigblieb, ist der Gesang: Männer und Frauen singen im Duett, im Trio, im Chor, ja selbst die Bauersleute auf dem Land singen beim Tanzen und sind glücklich. Sie werden nicht gewahr, daß durch Gesang und Musik ihre Seele, ihr Geist sich mit denen der anderen vereint und sie etwas dabei empfangen, das sie für eine Weile beglückt und beseligt.

Es gibt Hunderte und Tausende von Möglichkeiten, die die Natur ersann, um dem Menschen Austauschbeziehungen im Feinstofflichen zu erlauben, wenn diese im Körperlichen nicht durchführbar sind: Schwimmbäder beispielsweise,

Strände, Tanzlokale, ja selbst Kirchen!... Bei letzteren ist es natürlich fraglich, ob es dann auch wirklich so fromm zugeht... So zum Beispiel: Ein junger Mann läuft auf der Straße hinter einem appetitlichen, herausgeputzten Mädchen her und siehe da, sie geht in eine Kirche hinein...»Wie schade«, sagt er sich, »wäre es ein Tanzboden, würde ich es leicht wagen!« Immerhin, er folgt ihr in die Kirche, und da sie ihn bemerkte, legt sie ein manierliches Verhalten an den Tag, nimmt Posen ein... Er aber nähert sich ihr mehr und mehr, und anstatt zum Priester zu sehen und der Messe zuzuhören, hat er nur Augen für sie. Ihr seht, Austausche finden selbst in Kirchen statt; feine ätherische Austausche!... Was aber im Kopf jener beiden vorgeht, ist wie gesagt, nicht unbedingt so licht und fromm!...

Sprechen wir aber noch ein wenig über den Gesang. Hättet Ihr keinen Mund, d.h. eine Zunge und zwei Lippen, so könntet Ihr weder sprechen noch singen: Demnach sind also das Sprechen sowie auch das Singen von jenen beiden Aspekten, männlich und weiblich, abhängig, in diesem Fall Zunge und Lippen.* Ihr meint wohl, ich spreche über anstößige Dinge... Keineswegs, ich stelle lediglich fest – die Natur hat den Mund geschaffen, nicht ich. Um nur ein paar Worte hervorzubringen, bedarf es der Zunge und der Lippen, sonst entsteht kein Wort, kein Lied. Gesang und Sprache sind ein Ergebnis: das Kind eines Vaters und einer Mutter, die auf einer höheren Stufe der Entwicklung stehen, geistiger sind, da Gott sie ja in den Kopf verlegte. Zunge und Lippen haben dieselbe Aufgabe wie die Sexualorgane, denn gemeinsam vermögen sie ebenfalls zu zeugen, jedoch auf feinstofflicher Ebene, nämlich das Wort. »Am Anfang war das Wort.«

Wenn wir ernsthaft nach diesen beiden lebenschaffenden Prinzipien forschen, sollen wir es oben tun, nicht unten, denn

---

* Siehe den Vortrag: »Der Mund enthält beide Prinzipien.« (Band VIII)

dort sind die Organe bei Mann und Frau lediglich ein vergröbertes Wiederbild der beiden oberen Pole, die genauso schöpferisch sind und Leben schaffen wie die beiden unteren.

Daraus mögt Ihr ersehen, meine lieben Brüder und Schwestern, welch wesentliche Rolle dem Gesang zukommt, vor allem den geistlichen, mystischen Gesängen, die wir hier in der Bruderschaft singen. Bislang war der Gesang für Euch nur ein Zeitvertreib, eine Abwechslung; von nun an soll es Euch bewußt werden, daß er eine Nahrung ist, eine Notwendigkeit, ein geistiges Bedürfnis.

Vermögt Ihr Euch nicht an Musik und Gesang zu laben, so werden die weniger feinen Austauschbeziehungen, die Ihr eingeht, Euch nur Reue und Bitternis einbringen.

Die Frage des Austauschs wird aber noch immer falsch aufgefaßt. Einige Mystiker, gewisse Einsiedler oder Asketen waren derart unwissend und engstirnig, daß sie ihr seelisches Gleichgewicht, ihre Gesundheit, ihr Lebensglück zerstörten, indem sie jegliche Austauschbeziehung ablehnten; sie vertrockneten geistig, wurden zu Mumien ohne Leben, ohne Ausstrahlung, veröedeten. Natürlich waren sie der Auffassung, den Willen des Herrn auszuführen! Als wenn Gott Tod und Moder bevorzugte!... Er befürwortet jedoch das Leben, das Schöpferische, denn Sein ganzes Tun ist Neuschaffen. Die Menschen haben alles verdreht, bilden sich ein, der Herr sei gegen die Liebe, gegen Ehe und Kinder... Nach ihnen zu schließen, ist dies das wahre Glaubensleben. Welch eigenartige Glaubensbrüder!...

Ihr wendet ein: »Viele hohe Meister und Eingeweihte sind nicht verheiratet; sind sie denn diesen Fanatikern gleich?« Nein, die Wissenden und Weisen haben ein weitumfassendes Verständnis, sie begreifen Gottes herrliche Schöpfung, sehen die Dinge in hellem Licht, und führen sie einen keuschen, reinen Lebenswandel, dann eben, weil sie in den hohen Seinsebenen unendlich reiche, wunderbare Austausche erleben, so daß sie keinerlei Bedürfnis haben, in die Materie hinabzusteigen, wo sie sich beschränken und überlasten würden. Sie leben ehelos und keusch, nicht etwa, weil sie gegen die Liebe sind, ganz im Gegenteil, sie laben und nähren sich an Quellen und in Bereichen, die der Menge unbekannt sind und worin sich die Austausche in strahlendstem Licht und in vollkommener Reinheit vollziehen... Engel kommen zu ihnen, Erzengel besuchen sie, Sonne und Sterne senden ihnen Blicke und lächeln sie an; selbst die Menschen schenken ihnen Liebe und Vertrauen. Und so werden sie von allen Seiten reich beschenkt! Wessen bedürfen sie denn noch?... Wozu sollten sie auf solch unschätzbare Reichtümer verzichten und in Sumpfgelände absinken, wo ihrer nur Enttäuschung wartet? Noch versteht Ihr mich nicht, aber einst werdet Ihr mich begreifen.

Videlinata (Schweiz), 8. April 1962

II

Die Liebe zu Gott – zum Nächsten – zu sich selbst

Im Evangelium steht geschrieben: »Du sollst Gott deinen Herrn lieben von ganzem Herzen, von ganzer Seele, aus ganzem Gemüte und mit allen deinen Kräften« und: »du sollst deinen Nächsten lieben wie dich selbst.« Seht Ihr, den Herrn und seinen Nächsten soll man lieben; nirgendwo ist davon die Rede, man solle sich selber lieben! Und dennoch, wie sieht es in Wirklichkeit aus? Die Menschen lieben vor allem zunächst sich selbst, danach erst, falls noch etwas im Teller übrig bleibt, geben sie es dem Nächsten; und was den Herrn betrifft, so gehen sie einmal im Jahr in die Kirche eine Kerze anzünden. Warum verhält es sich so?

An keiner Stelle heißt es: »Liebt Euch selbst«. Und doch tut ein jeder nur das! Für die beiden anderen Gebote, die noch genannt sind, hat man keine Zeit. Die Eingeweihten sagten niemals, daß man sich selbst lieben soll, denn sie wußten sehr wohl, die im Menschen zutiefst verankerte, naturbedingte, hartnäckigste Neigung ist: sich selbst zu lieben, sich zufriedenzustellen, zu essen und zu trinken, ja sogar dem Nächsten wegzunehmen, was ihm gehört... Die Liebe zum eigenen Ich, das ist's worauf man immer wieder stößt. Und dennoch meinten die Eingeweihten, indem sie zu den Menschen sagten, daß sie den Herrn und ihren Nächsten lieben sollen, nichts anderes als: »Liebt euch selbst«! Sie sprachen es zwar nicht aus, denn sie wußten, daß sie mißverstanden würden; aber dies war der eigentliche Sinn ihrer Worte.

Die Liebe zu sich selbst, die Liebe zu seinem Nächsten und die Liebe zu Gott: Diese drei Arten der Liebe entsprechen den großen Lebensabschnitten des Menschen. Das Kind liebt sich selbst, denkt nur an sich; später beginnt es seinen Vater, seine Mutter, seine Geschwister zu lieben, seine Freunde... und dann seine Frau und seine Kinder. Hat der Mensch diese alle und viele andere geliebt, war von ihnen häufig betrogen, enttäuscht worden, so wendet er sich dem Herrn zu und schenkt ihm seine ganze Liebe, sucht nur noch nach Ihm.

Genau gesehen, und ich kann es Euch beweisen, sind die höheren Grade der Liebe in der Eigenliebe mit einbegriffen, denn indem man die anderen und Gott liebt, gilt die Liebe eigentlich nur einem selbst. Es ist zwar eine verfeinerte, viel lichtreichere, geistigere Liebe, aber man liebt dabei doch immer sich selbst. Warum liebt Ihr nicht alle Frauen, sondern nur eine? Weil sie etwas von Euch selbst widerspiegelt, und dieses Etwas ist die andere Seite Eurer selbst. Der Mensch hat zwei Pole und diese Polarisierung treibt ihn dazu, seine andere Hälfte in Frauen, in Männern zu suchen, ja selbst durch den Schöpfer hindurch. Immerzu sucht und liebt er nur sich selbst. Nicht sein Äußeres, das ihm im Spiegel entgegenblickt; keineswegs, er sucht den anderen Aspekt, den anderen Pol. Der andere Pol des Mannes ist das Weibliche, der der Frau das Männliche.

Der Mensch, so wie die Eingeweihten ihn sehen, ist ein Ganzes. Die beiden Pole positiv und negativ sind die zwei Hälften einer Einheit, die sich im Laufe der Zeit teilte. Ursprünglich war das menschliche Wesen männlich und weiblich zugleich, mit anderen Worten androgyn. Zu dem Zeitpunkt, da die Geschlechterteilung stattfand, ging jedes seine

Die Liebe zu Gott – zum Nächsten – zu sich selbst

eigene Richtung, bewahrte jedoch tief in seine Seele geprägt, das Bildnis des anderen. Deshalb ist ein Mann, wenn er unter Hunderten, Tausenden Frauengesichtern eines entdeckt, das jenem, das er in sich trägt, ähnelt, so überaus glücklich und setzt alles daran, es ständig in seiner Nähe zu haben. Leider aber wird er häufig nach einiger Zeit gewahr, daß das vermeintliche Ebenbild mit dem in seiner Seele doch nicht ganz übereinstimmt; er verläßt die Frau, um sich nach einer anderen umzusehen, von der er aufs neue erhofft, sie sei seine andere Hälfte, seine Schwesterseele. Dies trifft für Frauen ebenso zu wie für Männer, niemand macht eine Ausnahme. Eines Tages jedoch wird diese Begegnung der beiden sich ergänzenden Pole stattfinden; denn die sie verbindende Liebe ist übermächtig.

In Wirklichkeit ist unsere Schwesterseele wir selbst, unser anderer Pol. Wir sind das Unten, der andere Pol das Oben: Er steht in Verbindung mit dem Himmel, den Engeln und Gott, in Vollkommenheit und Glückseligkeit. Darum unterweisen alle Einweihungslehren ihre Schüler darin, mit dem anderen Pol eins zu werden. Der indische Jnani-Joga vermittelt Methoden und Anleitungen, dank derer sich der Yogi mit seinem Über-Ich vereinen kann, denn durch dieses Einswerden geht er auf in Gott. In Griechenland ist derselbe Gedanke in den Giebel des Apollotempels von Delphi eingemeißelt: »Erkenne dich selbst.« Mit diesem Sich-Erkennen ist nicht das Wissen um die guten oder schlechten Charaktereigenschaften gemeint; das wäre denn wohl zu einfach. Im ersten Buch Moses heißt es: »Und Adam erkannte sein Weib Eva«, ferner: »Abraham aber erkannte Sarah«... Wahre Erkenntnis ist ein Verschmelzen beider Grundprinzipien. »Erkenne dich selbst« ist die Forderung: »Forsche in dir selbst nach dem anderen Pol, so wirst du eine Gottheit werden!« Für den Mann ist der andere Pol eine Frau, und er erkennt sie wie ein Liebender seine Geliebte. Nicht auf dieselbe Weise natürlich, denn diese Vereinigung, dieses Erkennen, vollzieht sich in den hohen Sphären des Lichts. So Ihr in dieses Licht eingeht, werdet Ihr eins mit Euch selbst.

In den Evangelien wird dieses Gebot in etwas anderer Weise ausgedrückt: »Du sollst Gott deinen Herrn lieben von ganzem Herzen, von ganzer Seele, mit ganzem Gemüt und deiner ganzen Kraft.« Womit ausgesagt wird, daß die Vereinigung mit Gott nur über das höhere Ich möglich ist. Das ebenfalls meinte Christus, als er sagte: »Niemand kommt zum Vater, denn durch mich.«

Christus versinnbildlicht die Gottheit, das Wort, den Gottessohn, der in der Seelentiefe eines jeden Menschen als Lichtfunke verborgen, verschüttet liegt. Indem sich der Mensch nun mit den höheren Ebenen seines Wesens, mit seinem Über-Selbst verbindet, vereinigt er sich zugleich mit dem überall, in allen Seelen gegenwärtigen Christusgeist und durch ihn hindurch mit Gott.

Nur über sein höheres Ich ist es dem Menschen möglich, Gott zu nahen, da es ja des Menschen Höchstes und Reinstes in sich faßt. Darum auch empfehlen alle Anleitungen zur Meditation, das Denken dahingehend zu schulen, damit der Mensch sich so weit wie möglich von der irdisch-materiellen Welt entfernt und sich erhebt bis in die lichtreichsten Sphären, bis in die Gotteswelt, zu dem unsere Seele verklärenden Geist. Und kraft des stets und überall wirksamen Polaritätsgesetzes entsteht eine Wesensverwandtschaft, eine Übereinstimmung, ein inneres Band mit dem ergänzenden Gegenpol; denn das Männliche wird vom Weiblichen und das Weibliche vom Männlichen angezogen.

Jeder Mensch trägt in seinem Innern den entgegengesetzten Pol und kann nur durch ihn hindurch zu Gott gelangen. Darum findet die Frau nur durch den Mann hindurch zu

Gott, denn er ist ihr Gegenpol, verbindet sie mit dem himmlischen Vater. Und der Mann vermag sich dem Göttlichen einzig durch das Weibliche zu nähern, sei dies nun eine Frau oder die Natur selbst (die ja weiblich ist) oder die Himmelsmutter. Ohne diesen weiblichen Gegenpol ist nichts vorhanden, weder Auftrieb noch Schaffensfreude, noch Schöpferwille. Und ohne die Gegenwart des Männlichen bleibt das Weibliche ungestaltet, träge, unfruchtbar. Geht hin und seht, wie die Natur die Dinge einrichtete, wie die Sonne, das männliche Prinzip, Licht ausstrahlt, allbelebende Wärme!

So sollen auch wir in unserem Innenleben von dem Prinzip der geistigen Sonne befruchtet, beseelt und erneuert werden. Für Frauen ist dies leichter, denn sie sind von Natur aus aufnehmend; hingegen die Männer, deren ganzes Wesen aussendend und positiv ist, müssen sich umpolen, ebenfalls aufnehmend werden.

Kommen wir nun auf die drei Stufen der Liebe zu sprechen, die ich eingangs erwähnte. Denkt man einmal darüber nach, so muß man feststellen, daß die Menschen sich selbst im Grunde genommen überhaupt nicht lieben, sich vielmehr selbst zugrunde richten! Ist etwa wahlloses Essen und Trinken sowie Rauchen und ein ausschweifendes Leben Liebe zu sich selbst? Oder meint Ihr, wenn man seiner Wut, seinem Haß freien Lauf läßt, tue man sich damit Gutes? Im Gegenteil man vergiftet sich! Ihr entgegnet: »Aber ich will dem oder jenem ja schaden, nicht mir!« Nun wohl, aber dieses Gift geht zunächst durch dich selbst hindurch, bevor es den anderen vergiftet. Also nimmst du vor ihm Schaden! Seht Ihr, welche Unwissenheit, welcher Unverstand! Was Selbstliebe eigentlich ist, weiß man nicht. Es tut not sich lieben zu lernen!

Faßt Ihr nun den Entschluß, nichts Unreines in Euch einzulassen... dann ja, beweist Ihr Liebe zu Euch selbst. Denn dank dieser Reinheit schafft Ihr die herrlichsten Vorbedingungen, auf daß Engel in Euch wohnen kommen. Achtet Ihr sorgsam darauf, niemanden mit Euren Gedanken, Euren Gefühlen, Euren Worten zu verletzen, dann bereitet Ihr Euch innerlich darauf vor, daß der Herr in Euch einziehe. Solche Liebe zu sich selbst ist göttlich und die rechte Art sich zu lieben.

Wer sich nicht in dieser Weise liebt, hat auch für Gott keine Liebe übrig und ebensowenig für seine Mitmenschen. Die Liebe zu Gott nimmt ihren Anfang in der Liebe zum eigenen Ich, denn sie muß ja zunächst durch uns hindurch, um das geistige Ich oben zu erreichen: Ihr wollt Euch in Reinheit und Licht erhalten, Euch selbst, Eurem wahren Ich, das über Euch wacht, zu Gefallen.

Das ist die richtige Eigenliebe: sein Herz, sein Gemüt in unversehrtem, reinem Zustand zu bewahren!

Eigenliebe ist völlig natürlich und normal, die Natur selbst versah ja ihre Kinder damit. Nur müssen sie lernen, was die wahre Eigenliebe ist, indem sie auf Ordnung und Harmonie in ihrem Innenleben achten, sich ihrer Menschenwürde, ihrer Gottähnlichkeit bewußt werden. Die meisten sehen in der Liebe ein Zufriedenstellen ihrer Begierden, ein Jagen nach Vergnügungen, wo sie doch in Wirklichkeit Aufopferung, Einfühlungsvermögen, Reinheit, Selbstverleugnung und Entsagung ist. Von einer richtigen Auffassung der Liebe hängen unser Glück und unser geistiges Wachstum ab.

Die Erfahrungen jedoch, die die Leute allgemein auf dem Gebiet der Liebe machen, lassen sie in dieser Hinsicht nie klar sehen. Liebt z.B. ein Mann eine Frau, wird er, anstatt zu erkennen, daß sich ihm da eine wunderbare Gelegenheit zu hohen geistigen Leistungen bietet, nur von dem einen Wunsch besessen sein, seinem Verlangen nachzugeben und damit alles verderben und zunichte machen. Warum konnte er nicht warten und Segen aus diesem Empfinden, dieser Lie-

Die Liebe zu Gott – zum Nächsten – zu sich selbst

be schöpfen? Fühlt Ihr Liebe zu einem Menschen, so zeigt es nicht, sagt es nicht, sondern dankt dem Himmel für diese Liebe, denn durch sie ist Euch eine außergewöhnliche Möglichkeit gegeben, Euch geistig zu erheben, mit frischem Mut, Freude und Begeisterung Siege zu erringen. Zerstört diese kostbare Voraussetzung nicht, indem Ihr Euch sogleich an die Frau heranmacht, sie küßt und mit ihr schlafen wollt, denn danach ist es vorbei, es entstehen Streitigkeiten, kommen Vorwürfe auf: »Du versprachst mir dies... du hast mir das angetan...« Und aus ist es mit der Freude, dem Glück, der Begeisterung.

Die Liebe ist ein Segen, darum behütet und bewahrt sie so lange wie möglich, denn sowie Ihr sie ausleben wollt, schlagt Ihr ein Kapitel auf, das nur Schwierigkeiten, Leid und Unglück enthält!

Die Liebe ist Gott selbst. Sie schenkt Euch alles: Lebensfreude, Beseligung, inneren Reichtum, Tatkraft... Warum habt Ihr es so eilig, sie loszuwerden, anstatt das ewige Leben, reine Himmelswonne zu kosten? Ihr könnt ständig in der Liebe leben, vorausgesetzt Ihr habt dabei Austauschbeziehungen zu den hohen Sphären des Geistes und Wesen des Lichts und verderbt sie nicht auf niedere, grobe Weise, die nichts als Schutt und Asche übrig läßt.

Liebt Euch denn also, aber den hehren, göttlichen Teil Eurer selbst, und tut für ihn, was in Euren Kräften steht. Kein Opfer darf Euch zu hoch sein, wenn es darum geht, diese Geliebte zu erobern und in die Arme zu schließen, so daß die ganze Natur anhebt zu singen...

All unser Erfolg, unser ganzes Glück ist von jener Mitte, jenem Kernpunkt, genannt Gott, abhängig. Ihr seht, ich habe hier einen Füllhalter, in den ich ein Symbol eingravieren ließ, welches das gesamte initiatische Wissensgut beinhaltet: einen

Kreis und in dessen Mitte ein Punkt.* Was sagt es aus? Ihr wißt sicher alle, wie es in Schulklassen zugeht: Ist der Lehrer nicht da, toben die Schüler, schreien lauthals, verhauen sich... Das ist natürlich, der Lehrer ist abwesend, man kann seinen Spaß treiben. Aber nun erscheint der Lehrer, und jeder Schüler kehrt schleunigst an seinen Platz zurück. Genauso ist es in einem Kriegsheer: Solange der Heerführer nicht da ist, laufen die Soldaten in alle Richtungen, es herrscht ein Durcheinander, sie sind zum Rückzug gezwungen, die Schlacht scheint verloren. Sobald er jedoch zugegen ist, warten alle darauf, seine Befehle durchzuführen, und der Sieg ist gewiß.

Ich könnte Euch noch viele andere Beispiele aufzählen, wesentlich aber ist, Ihr versteht, daß dieselben Gesetze auch unser Innenleben bestimmen.

Gott ist das Oberhaupt, der Befehlshaber, die Mitte. Ist Er nicht da... nun, Ihr kennt ja das Sprichwort: Ist die Katze nicht im Haus, tanzen die Mäuse... und fressen den Käse auf! Wenn also jemand behauptet: »Ich brauche keinen Gott, ich schaffe es auch ohne ihn«, dann erwidere ich ihm, er werde sicherlich auch ohne Ihn durchkommen, aber in ihm drin tanzen die Ratten und Mäuse, weil der Kopf, das Haupt fehlt. Das Haupt, der Herr, führt Ordnung in unsere Zellen ein; ist Er zugegen, wirken sie in Übereinstimmung, in Frieden zusammen, und das Leben kreist.

Fehlt das Haupt, so macht der Mensch zwar wohl noch eine Weile weiter, geht seinen Geschäften nach, aber in seinem Innern herrscht heilloses Durcheinander, und es folgt der Zerfall. Die Leute sehen nicht ein, weshalb es so wesentlich ist, den Herrn als Mittelpunkt in sich einzuführen, daher sage ich es Euch ausdrücklich: Wünscht Ihr, daß Ordnung

---

* Vgl: »Der Kreis: Zentrum und Peripherie« (Band VIII)

und Harmonie in Euch walten, dann müßt Ihr nach der Kreismitte suchen, denn dieser Punkt in der Mitte bestimmt und ordnet das Ganze. Keine andere Wahrheit ist über diese erhaben.

Gott sollen wir lieben, aber nicht etwa Seinetwegen, sondern für uns selbst. Er bedarf unser nicht; Sein Reichtum ist unermeßlich. Ihr saht sicherlich den Film: »Gott braucht die Menschen«. Nun ja, das mag wahr sein; aber glaubt mir, Gott kann ihrer sehr wohl entbehren. Um was würden wir Ihn denn bereichern? Um unseren Hochmut? unsere Eitelkeit? unsere Bosheit und Erbärmlichkeit?... Welch großartige Errungenschaften für Ihn! Es wird behauptet, Gott zu verneinen sei der Beweis höchster Intelligenz, größten Fortschritts... Meinetwegen, aber wie kommt es, daß solch hochgebildete, fortschrittliche Menschen dauernd unzufrieden, anfällig, haltlos sind? Nun, weil sie das Haupt abschafften!

Befaßt Ihr Euch eingehend mit der Kabbala, dann stellt Ihr fest, daß sie auf dem Studium eines ehrwürdigen Hauptes gründet, dessen Haare weiß wie Schnee, dessen Bart, Ohren usw. erforscht werden. Der Ausgangspunkt der Kabbala ist das hochheilige Haupt Gottes, und nun sollte man ein paar armseligen Tröpfen folgen, ein paar Dummköpfen, die anraten dieses Haupt abzuschaffen!...

Begreift dies ein für allemal richtig: Ich spreche von einer Tatsache, die ich selbst erfahren habe. Für mich ist es keine Theorie, ich habe mein ganzes Leben auf diesen Kreis mit dem Mittelpunkt gegründet. Nach diesem Kernpunkt, der sich in uns selbst befindet, müssen wir suchen! Er ist irgendwo in uns vorhanden, allerdings nicht dort, wo er zu sein hat, und darum müssen wir ihn ausfindig machen und an seinen ursprünglichen Platz setzen. Es gibt keinen Menschen, der dieses Zentrum in sich nicht besitzt. Es treibt irgendwo am Rande als etwas Unwichtiges, und man räumt den ersten

Platz dem Beruf, einem Freund, einem Verhältnis, einem Auto... ein.

Macht es Euch nunmehr zur Aufgabe, den Herrn zu suchen und stellt Ihn als Mittelpunkt in Euer Dasein, dann wendet sich in Euch alles zum besten: Ihr fühlt Euch gesundheitlich wohler, Euer Denken wird klarer... Selbst Eure Mitmenschen beginnen Euch zu lieben, denn sie bemerken in Euch eine strahlende Mitte, eine lebendige Quelle. Gleicht Ihr nicht einer erquickenden Quelle, sprüht kein Leben aus Euch, wie wollt Ihr da erwarten, daß man Euch liebt? Niemand liebt Friedhöfe, dunkle Schächte und Abgründe, ein jeder bevorzugt, was lebendig ist.

Schreitet hinfort mit unerschütterlichem Glauben auf diesem lichten Weg, der das ganze initiatische Wissen in sich zusammenfaßt, die Weisheit aller Zeiten. Jahre werden vorüberziehen, und die Ereignisse Eures Lebens werden die Wahrhaftigkeit dessen bestätigen, was ich hier sage. Man kann Gott nicht lieben, wenn man nicht weiß, wie man sich selber zu lieben hat. Denn die Liebe dringt durch unser höheres Ich hinauf zu Gott. Es ist ein genau festgelegter Weg.

Wollt Ihr mittels Radio eine Botschaft übersenden, so begebt Ihr Euch in den Raum, wo sich die Apparate befinden und gebt Eure Mitteilung durch. Es würde nichts nützen, einfach so in die Luft zu schreien, damit man Euch Hunderte und Tausende Kilometer weit hört... Es bedarf dazu Übertragungsgeräte. Auch wir haben in uns solche Übertragungsgeräte: unser Über-Ich, die Weltseele, die uns innewohnt... Bei Frauen ist es ein männliches Prinzip, bei Männern ein weibliches. Solange die Botschaft nicht zum anderen Pol hingeleitet wird, kann sie auch nicht empfangen werden.

Wenn hohe Meister, Eingeweihte, beten, sind sie so tief in ihr Gebet versunken, daß nicht sie selbst mehr es sind, die beten, sondern ihre Seele, ihr Geist, die ihre Bitte hinauftragen zum Himmel, wo sie Aufnahme findet. Solange Ihr nicht inbrünstig, mit der gesammelten Kraft Eurer Seele betet, so daß Eure Bitte vom anderen Pol Eures Wesens, Eurem Geist, weitergeleitet wird, ist keine Erhörung zu erwarten. Nennt diesen anderen Pol Christus, Geist oder Seele, oder auch Geliebte, darauf kommt es nicht an.

In der Einweihung wird gelehrt, daß man außen nicht findet, was man innen nicht schon besitzt; denn was immer Euch in der Außenwelt begegnet, ist es in Eurem Innern nicht bereits vorhanden, so geht Ihr daran vorüber, ohne es zu sehen. Je mehr Ihr innerlich Schönheit wahrnehmt, umso häufiger entdeckt Ihr sie im Irdisch-Materiellen. Ihr denkt vielleicht, daß Ihr sie zuvor nicht sehen konntet, weil es sie nicht gab... Doch, sie war vorhanden, nur bemerktet Ihr sie nicht, weil Ihr innerlich nicht reif dafür wart. Nunmehr aber, da Ihr sie mit Eurem inneren Auge erschautet, seht Ihr sie auch außen, denn die äußere Welt ist nichts anderes als eine Widerspiegelung der inneren. Sucht nie etwas außen, wenn Ihr Euch nicht zunächst darum bemüht habt, es inwendig in Euch zu finden.

Erkannt Ihr Euer Über-Ich, Eure Schwesterseele beim Meditieren und innerem Schauen in den Tiefen Eures eigenen Wesens, dann gewahrt Ihr sie überall auf der ganzen Welt, sei es im Antlitz eines Menschen, in Seen, Bergen, Pflanzen, Vögeln, und Ihr vernehmt ihre Stimme. Dies ist eine wichtige Erkenntnis für alle Liebenden, sonst endet ihre Bindung, ihre Ehe in Zerrüttung.

Hat der Mann das weibliche Prinzip, die Frau das männliche in sich gefunden und beschließen sie, ihm zu dienen und es zu fördern, wird ihre Liebe, ihre Ehe ihnen nur Segen bringen!

Deswegen sagte ich zu Euch, daß die Frau den himmlischen Vater in dem geliebten Manne sehen soll, denn er ist ein Stellvertreter Gottes auf Erden. Und auch er soll in der von ihm geliebten Frau die himmlische Mutter erblicken und lieben, sie schätzen und bewundern, ihr dienen. Dann werden sich alle Reichtümer vor ihnen auftun und beide fortwährend in Entzückung, Begeisterung und himmlischer Schönheit verweilen.

Andernfalls werden sie enttäuscht sein, werden leiden und vom andern voller Ekel und Abscheu sprechen. Denn was sie von ihm sahen und erlebten, war nicht seine Seele, sein Geist, nur seine verschlissene, schadhafte Kleidung voller Krankheitskeime.

Das wartet derer, die in diesem Wissen nicht unterrichtet sind, sich weigerten, der Einweihungslehre zu folgen, nichts annehmen wollten; und sie brechen sich das Genick.
Der Mensch straft sich selbst, wenn er das Licht ablehnt, das ihm die Augen öffnen und ihm den Weg weisen soll.

Was die heiligen Bücher seit eh und je lehren, dessen wahrer, tiefer Sinn wird Euch heute offenbar. Wozu noch lange zögern?... Geht zuversichtlich voran, möge kein Hindernis Euch aufhalten und Gott allezeit bei Euch sein!...

Videlinata (Schweiz), 8. April 1962

III

Den Stier bei den Hörnern packen

Der Hermes-Stab
I

In den Lehrbüchern der Alchemie heißt es: Wer in den Besitz des Steins der Weisen – symbolisch dargestellt durch Merkur – gelangen will, muß seine Arbeit beginnen, wenn die Sonne in das Sternbild Widder und der Mond in dasjenige des Stiers eintritt, weil die Sonne im Widder und der Mond im Stier erhöht ist. Die Zwillinge, das nächstfolgende Sternbild, ist das Domizil Merkurs. Ihr seht: Widder (die Sonne), Stier (der Mond) und Zwillinge (Merkur) folgen einander und zeigen damit auf, daß aus der Vereinigung von Sonne und Mond das Kind, Merkur, hervorgeht. Im Tierkreis ist die Dreiheit Sonne, Mond, Merkur noch an anderer Stelle vertreten, aber wir wollen uns heute nur mit den drei Zeichen: Widder, Stier und Zwillinge befassen, die äußerst bedeutsam und aufschlußreich sind.

Das Merkursymbol besteht aus Sonnenscheibe und Halbmond und, die Vereinigung beider andeutend, aus dem beim Addieren verwendeten +Zeichen. Mit dem Merkursymbol ☿ wird somit die Verbindung von Sonne und Mond veranschaulicht.

Sonne und Mond schaffen zusammen das Kind Merkur, den Stein der Weisen. Der Stein, nach dem die Alchemisten suchen, ist in Wahrheit Sinnbild der Wandlung und Erneuerung des Menschen. Die Alchemisten arbeiten mit der Sonne und dem Mond, d.h. mit den beiden Faktoren Wille und Vorstellung, dank deren gegenseitiger Einwirkung sie ihre eigene Materie verwandeln, symbolisch gesprochen: ihr eigenes Wesen so rein und strahlend machen wie Mond und Sonne. Nicht von ungefähr sind Mars im Widder und Venus im Stier beheimatet... Arbeitet nun der Alchimist mit Sonne und Mond, d.h. mit den Prinzipien Männlich und Weiblich, indem er die Sexualenergie (Venus) sowie die dynamisch-aktive Kraft des Willens (Mars) veredelt und läutert (sublimiert), wird ihm die Fülle geistiger Macht zuteil, versinnbildlicht durch Merkur, die geheime Zauberkraft.

Bei den Templern wurde diese geheimnisvolle Wirkkraft durch den Baphomet, eine widerliche Ungestalt, bildhaft dargestellt, weshalb denn auch viele glaubten, daß die Tempelritter dem Teufel huldigten. Andere gaben derselben Kraft den Namen AZOT. Er ist zusammengesetzt aus A, dem ersten Buchstaben sowohl des lateinischen wie auch griechischen und hebräischen Alphabets und den letzten Buchstaben der drei Alphabete: Z (Latein), O (Griechisch), T (Hebräisch). Das Wort AZOT sagt aus, daß die magische Wirkkraft das A und O, Anfang und Ende ist.

Die Alchimisten gaben sich die größte Mühe, diese Zauberkraft zu erlangen, aber ihre Bemühungen blieben zumeist erfolglos, weil ihnen nicht bekannt war, daß das Wirken mit den beiden Prinzipien, männlich und weiblich, nicht allein im Irdisch-Materiellen, sondern vielmehr im Seelisch-Geistigen, kraft des Willens und der Vorstellung zu erfolgen hat, eine Zusammenarbeit, die vereinfacht in dem Ausspruch: »Den Stier bei den Hörnern packen« ihren Ausdruck findet.

Für den Schüler bedeutet »den Stier bei den Hörnern packen« eine Aufforderung, an sich selbst zu arbeiten; alle rohen, gewalttätigen und ordnungswidrigen Impulse in seinem Innern zu unterjochen. Gegenwärtig packen die Menschen den Stier leider nicht bei den Hörnern, sondern lassen ihm die Freiheit, alles niederzustampfen. Ihr werdet sehen, was er, hauptsächlich unter den Jugendlichen, anrichten wird.

Den Stier bei den Hörnern packen heißt: mit der Willenskraft auf das Einbildungsvermögen einwirken. Dieses ist stets eng mit der Sinnlichkeit verbunden. Wer über unbändige Vorstellungskraft verfügt, neigt zu Trägheit und Sinnlichkeit; Mond und Venus nämlich sind stets beisammen. Schaltet sich jedoch die Sonne ein und leitet mit ihrem Licht das Einbildungsvermögen in edle, ideale Bahnen, wird der Mond von überaus großem Nutzen, denn er hat die Macht, alle Dinge zu verdichten und zu verfestigen.

Ich sprach bereits einmal über die verschiedenen Zeitabschnitte, welche die Erde durchlief: die Saturn-, die Sonnen-, die Mondepoche und erklärte Euch, daß die Sonnenepoche eine Zeit der Entfaltung und Vermehrung war, während sich die Mondepoche durch Erstarrung und Verdichtung kennzeichnete. So stehen denn Sonne und Mond symbolhaft auch für die beiden alchemistischen Vorgänge »Solve« und »Koagula«, Auflösen und Gerinnen.

In dem Merkur-Sigel ist die Sonne dargestellt durch einen Kreis und der Mond durch einen Kreis-Ausschnitt, gleichsam einer Rippe der Sonne (woraus ersichtlich wird, weshalb im 1. Buch Moses steht: Gott schuf Eva aus einer Rippe Adams). – Um zu veranschaulichen, daß die sinnvolle Vereinigung beider Prinzipien Merkur erzeugt, zeichneten die Weisen ihn als eine Sonne mit einer Mondsichel darüber und dem Erdsymbol, dem arithmetischen +Zeichen darunter. Dieses Merkursigel allein schon liefert einen Beweis für das tiefgründige Wissen der Eingeweihten, die es ausgedacht!

Eine der zahlreichen Abwandlungen davon ist der Hermes-Stab, der bis heute das Kennzeichen der Apotheker und Ärzte geblieben ist.

In neuester Zeit tritt dieses selbe Symbol in der anerkannten Wissenschaft in Gestalt des Lasers auf.

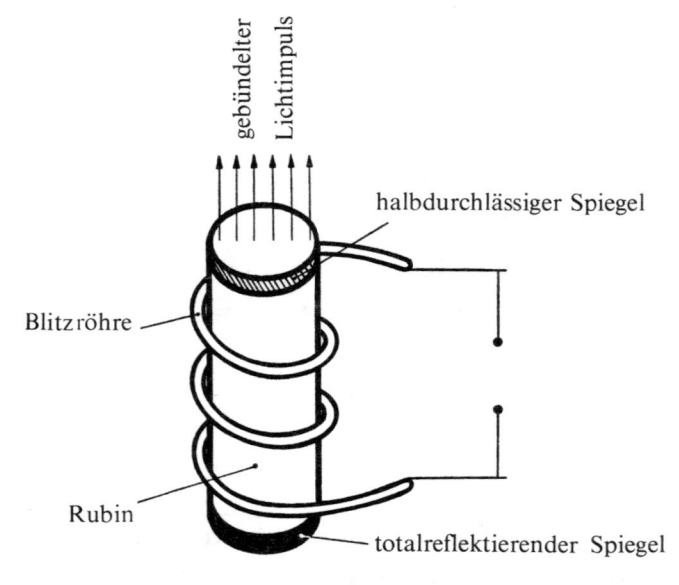

Rubinlaser

Den Stier bei den Hörnern packen – Der Hermes-Stab

Ein Rubinkristall ist von einer Blitzröhre umgeben, welche ihm die erforderliche Energie für den »Laser-Effekt« vermittelt. Bei Erregung des Lasers schießt durch die halbdurchlässig verspiegelte Seite ein gleißend-roter Lichtstrahl hervor.

Der hervorbrechende Lichtimpuls versinnbildlicht den aus dem Zusammenwirken der beiden Prinzipien hervorgehenden Merkur. Das Wesentliche für den Menschen ist nun, diesen Laser in sich selbst ausfindig zu machen. Dann wahrhaftig vermag er Überragendes zu leisten!

Tatsächlich haben die Eingeweihten seit jeher in sich selbst verwirklicht, was die offizielle Wissenschaft erst in der jetzigen Zeit entdeckte: Radio, Telefon, Fernsehen... Die Forscher von heute sind nichts weiter als Arbeitskräfte, welche die in der geistigen Welt waltenden Gesetze im Irdisch-Konkreten anwenden; da ja alles auch im Stofflichen sichtbar und greifbar zu werden hat. Und so sind es denn ehemalige Eingeweihte, Alchemisten, Magier, Kabbalisten, die nun in der dichten Materie erschaffen, was im geistigen Bereich längst erkannt und ausgedacht war! Gäbe es nämlich all das, was auf irdischer Ebene entdeckt wurde, nicht bereits auf geistigem Gebiet, bestünde nicht die geringste Möglichkeit, jemals im Stofflichen etwas zu verwirklichen. Was unten ist, ist wie das, was oben ist, weshalb denn auch, was oben im Seelisch-Geistigen vorhanden ist, im Körperlichen in Erscheinung treten soll.

Durch das Merkur-Symbol wollten die Eingeweihten den kommenden Generationen nahelegen, daß sie mit dem Willen und der Vorstellung auf den Sexualtrieb einwirken sollen, um magische Geistkraft zu entfalten. Denn die »starke Kraft jeder Kraft« von der Hermes Trismegistos spricht, ist die *Liebe*. Sie allein schenkt Leben, und nichts ist kostbarer als das Leben: Es ist aller Dinge Ursprung. Gott bedachte uns mit der Liebeskraft, auf daß wir sie verfeinern und läutern zu erhöhtem Leben, zu reiner Lebensschwingung, um geheime Vermögen und des Geistes Allmacht zu erwerben.

Ich sagte vorhin, das Merkur-Sigel bestehe aus Sonne, Mond und Erde. Entfernt man die Mondsichel, so ergibt sich das Venus-Zeichen ♀, die Liebe. Diese im Merkur-Sigel enthaltene Verwandlungsmöglichkeit deutet auf das vielseitige Wirken des Gottes Hermes hin, dessen Zauberstab das Symbol der Macht war, die er auf jedem Gebiet besaß.

Im Merkur-Sigel gleicht der Mond, das Sinnbild der Vorstellungskraft, einer mit Wasser gefüllten Schale; denn bekanntlich ist der Mond, das Weibliche, dem Wasser verwandt. Unterhalb des Monds ist die Sonne zu sehen, deren Feuer die Phantasie nach oben leitet. Alsdann folgt die Erde: als Ausdruck der materiellen Verwirklichung.

Hat der Eingeweihte den eigentlichen Sinn dieses Symbols zutiefst erfaßt, wird er befähigt zu schaffen, anderen zu helfen, sie zu erleuchten, zu beleben, zu beschützen; er verfügt über alle Macht. Ja er vermag sogar die Erde in ihren Grundfesten zu erschüttern, wenn sich die Bedingungen dazu finden. Denn er hat das Wesentlichste erkannt: wie der Wille auf die Vorstellungskraft einzuwirken hat. Gleich wie der Frau die Möglichkeit gegeben ist, Leben in ihrem Schoß zu verdichten, besitzt der Mond die Macht, die Dinge zu verfestigen, zu materialisieren, in Erde zu verwandeln, d.h. auf Erden sichtbar zu machen.

Ihr seht, man muß die Symbole zum Sprechen bringen, sie an der Kehle packen und ihnen drohen: »Geld her oder das Leben!« und sie enthüllen einem ihr Geheimnis. Aber es heißt fest zupacken!

Der Geistschüler muß sich entschließen, den Stier niederzuschmettern. Er soll die rohe, wilde, brutale Sinnlichkeit bezwingen und unterjochen, um sich ihre Kraft zunutze zu machen. Den Stier niederschmettern heißt jedoch nicht ihn töten! Denn ist er tot, läßt sich keine Energie mehr aus ihm gewinnen. – Es geht darum, den Stier bei den Hörnern zu packen, d.h. des Mondes, der Phantasie Herr zu werden, die untrennbar mit der Sinnlichkeit einhergeht – ausgenommen natürlich bei Gelehrten, Philosophen, schaffenden Künstlern oder Eingeweihten, die den Stier bereits im Griff haben, ihre Phantasie in feste Bahnen lenkten und nun schöpferisch tätig sind, Neues entdecken und ihre Mitmenschen der Wahrheit näher bringen. Jene aber, denen es nicht gelang, den Stier bei den Hörnern zu packen, lassen ihrer Phantasie ungehindert freien Lauf, und diese macht es wie eine Dirne, die mit jedem schläft und Mißgeburten, Scheusale zur Welt bringt. Man soll seiner Phantasie eine nutzbringende Arbeit zuweisen, damit sie Schönes, Lichtes, Edles hervorbringt. Der Schüler darf es nicht zulassen, daß seine Frau umherzieht, sich mit jedem einläßt; er behält sie bei sich. Ja tatsächlich, meine lieben Brüder und Schwestern, unsere Phantasie ist unsere Frau, und sie bringt Kinder zur Welt.

Versucht man noch eingehender den Sinn des Hermesstabs zu ergründen, so wird einem klar, daß er eine Zusammenfassung des Menschen ist. Die zwei ihn umwindenden Schlangen stellen die beiden vom Hirn herabfließenden Energieströme dar: Von der rechten und linken Gehirnhälfte ausgehend, überschneiden sich diese im Nacken, fließen alsdann in den linken und rechten Lungenflügel, kreuzen sich im Solarplexus, durchqueren Leber und Milz und überschneiden sich im Nabel, durchfließen die linke und die rechte Niere, kreuzen sich erneut im Hara und münden zuletzt in die Keimdrüsen des Mannes, in die Eierstöcke der Frau. Der Stab in der Mitte ist die Wirbelsäule, an deren unterem Ende, wie die indischen Weisen es lehren, die Kundalini-Kraft schlummert, die es zu erwecken gilt. Vom Muladara-Schakra aus steigt sie durch den ätherischen Hohlraum im Innern der Wirbelsäule, der sogenannten Suschumna, ins Hirn empor. Sie wird dank der Atmung von den zu beiden Seiten der Suschumna befindlichen Strömen Ida und Pingala aktiviert und gleitet hinauf zum tausendblättrigen Lotus, dem Sahasrara-Schakra.

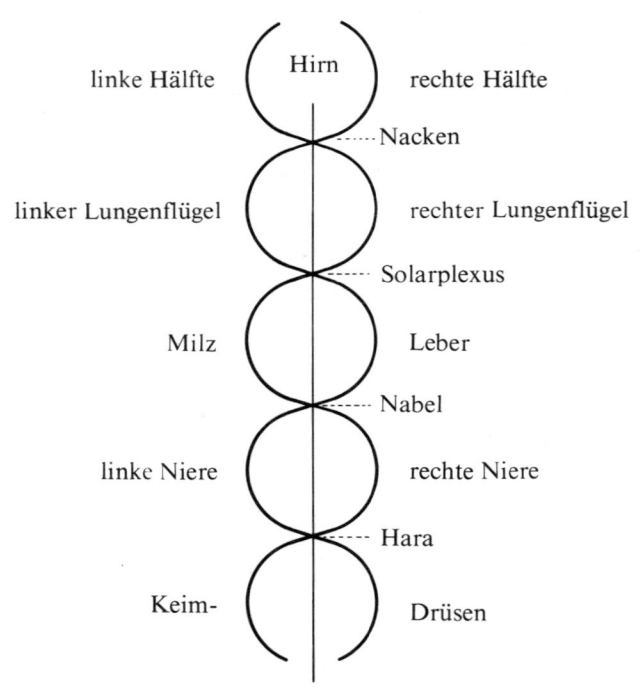

```
linke Hälfte        ( Hirn )         rechte Hälfte
                                ----- Nacken
linker Lungenflügel                   rechter Lungenflügel
                                ----- Solarplexus
      Milz                            Leber
                                ----- Nabel
   linke Niere                        rechte Niere
                                ----- Hara
      Keim-                           Drüsen
```

Die Wissenden, die Yogis, die diese Arbeit mit der Sonne (dem positiven Strom, Pingala) und dem Mond (dem negativen Strom, Ida) zu leisten vermögen, erwecken die Kundalini-Kraft und leiten sie zum Gipfel, zur Scheitelhöhe. Auch hier finden wir den Laser-Effekt; der Mensch ist ein lebendiger Laser. Wem es gelingt, in seinem Innern diesen Laser zu erregen, dem wird jene stärkste Kraft aller Kräfte zuteil, die universelle Zauberkraft!

Beherzigt diese Erläuterungen und arbeitet mit dem Mond, der Phantasie – jedoch indem Ihr auf deren Reinheit achtet (in seiner ursprünglichen, geistigen Bedeutung ist der Mond wesensgleich mit der Reinheit der inneren Bildkraft) – sowie mit dem Licht, dem Feuer der Sonne, dazu auch mit der selbstlosen Liebe von Venus und ebenso mit der Gerechtigkeit des Kreuzes, mit der Erde, damit die Vollendung erreicht werde. Merkur nämlich versinnbildlicht den vollkommenen Menschen, in welchem die beiden Ströme in absoluter Harmonie kreisen. Von Ruhe und innerem Frieden erfüllt, wird ein solcher Mensch zu einer strahlenden Mitte, einem lebendigen Lichtquell, dessen Gegenwart unzählige Wesen zum Guten hinanführt.

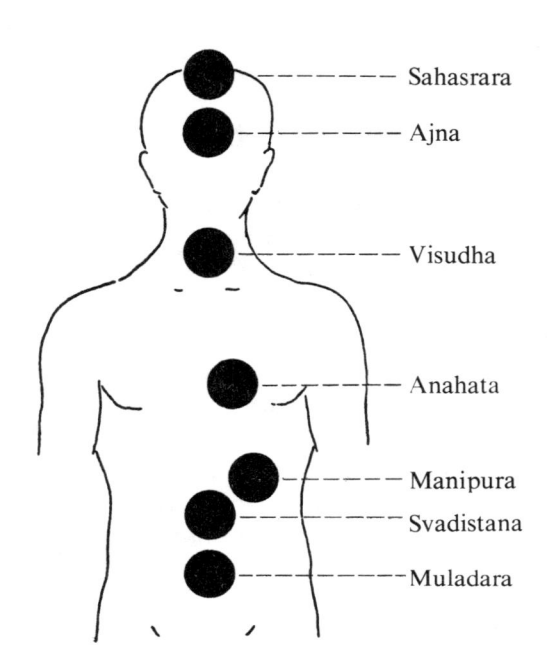

- Sahasrara
- Ajna
- Visudha
- Anahata
- Manipura
- Svadistana
- Muladara

Steht der Mond nicht unter der Führung von Mars und Sonne, verleitet er die Menschen zum Nichtstun, so daß sie sich nur noch auf Geräte und Maschinen verlassen, die ihnen jegliche Mühe ersparen. Das Merkursymbol hingegen lehrt, daß geistige Tätigkeit und Willensanstrengung unerlässig sind. Freilich ist es begrüßenswert, Maschinen und Geräte zu besitzen, aber nur unter der Bedingung, daß sie den Menschen von körperlicher Arbeit befreien um höherer, geistiger Tätigkeit willen, eben jener großartigen Arbeit mit Wille und Vorstellung, aus welcher hehre, göttlich-ideale Schöpfungen entstehen.

Nicht dieses Ziel, leider, streben die Menschen gegenwärtig an. Sie sind vielmehr bemüht, Sonne und Mars, d.h. alle schöpferische Tätigkeit, die doch das Wesentlichste ist, abzuschaffen zugunsten von Mond und Venus und ahnen nicht, daß sie damit unfehlbar in Verfall und Ruin geraten.

Ich habe den Eindruck, Euch noch gar nichts gesagt zu haben, und doch habe ich alles gesagt... Vor Euch breitet sich der Ozean aus, des Himmels unermeßliche Weite, Ihr werdet gespeist und gelabt. Wandelt Ihr Euch aber nicht, bleibt immer dieselben, dann eben deshalb, weil jeder Mensch nur soviel aufnimmt, wie er seinem Reifegrad entsprechend zu verkraften vermag, nicht mehr, und das ist das Traurige. Jedoch, indem Ihr Euch von der Atmosphäre hier nährt, dieses Licht, diese Liebe, die Gesänge und Erkenntnisse in Euch aufnimmt, reift Ihr allmählich seelisch und geistig und werdet eines Tages erhabener Leistungen fähig. Und selbst wenn Ihr noch vieles nicht versteht, macht unbeirrt weiter, denn es prägt sich doch immerhin etwas Lichtreiches in Euch ein.

Sèvres, 27. Dezember 1970

Den Stier bei den Hörnern packen

Der Hermes-Stab
II

Im inneren Bereich, in ihrer Seele, ihrem Geist wissen nur die wenigsten womit, wie und wozu sie arbeiten sollen. Den Menschen werden vielerlei Kenntnisse vermittelt, damit sie die auf Erden gebotenen Berufe ausüben können. Sie besuchen Schulen, machen eine Lehrzeit mit... allein, sie selbst, in ihrem inneren Wesen bleiben kraft- und machtlos. Die kleinste Schwierigkeit, die geringste Enttäuschung nimmt ihnen allen Lebensmut.

Ich weiß sehr wohl, gegenwärtig werden allerlei orientalische Übungsmethoden in die westlichen Länder eingeführt: Yoga, Zazen usw... Viele greifen begierig darnach, weil ihnen bewußt geworden, daß im Sinne der Willensschulung, der geistigen Konzentration und des Meditierens etwas zur Entwicklung psychischer Kraft getan werden muß. Ich habe nichts dagegen, es kann sein, daß mancher gute Ergebnisse damit erzielt. Bei der überwiegenden Mehrheit jedoch bezweifle ich das, denn es geht dabei um Übungen, die aus längst vergangenen Zeiten stammen und für Orientalen bestimmt waren. Der westliche Mensch bedarf anderer Methoden, anderer Übungen, die seiner Denkart, seiner Lebensweise entsprechen, und diese eben lehrt die Universelle Weiße Bruderschaft. Wer unüberlegt, ohne einen wahren Lehrer, diese Übungen des Orients durchführt, läuft große Gefahr. Ein Orientale unterzieht sich geistigen Übungen stets unter der Leitung eines Lehrers, eines Meisters, der über ihn wacht, wie hierzulande Ärzte es mit ihren Patienten zu tun pflegen, denen sie eine Behandlung verschrieben und nun die Heilwirkung beobachten, um gegebenenfalls die Dosierung zu ändern. Leute aber, die mit ihren unzureichenden Kenntnissen und Vermögen sich selbst überlassen bleiben, sind unrettbar verloren.

Wie gesagt, es gelangen immer mehr Menschen allmählich zu der Einsicht, daß es not tut den inneren Bereich zu ergründen. Allerdings müssen sie sich zugleich auch vor den vielerorts verbreiteten Heilslehren hüten, die nicht selten gefährlich sind.

Die den Wissenden wohlbekannte initiatische Arbeit mit Sonne und Mond, d.h. mit Wille und Vorstellung bewahrt für alle Zeiten ihre Gültigkeit, denn Wille und Vorstellung sind zwei dem Menschen innewohnende Grundprinzipien. Darum auch werden in Lehrbüchern der Alchemie so häufig Sonne und Mond, König und Königin erwähnt. In allen erdenklichen Formen gibt es nur dies: Sonne und Mond, Mann und Frau, die ein königliches Kind erschaffen, den Stein der Weisen, das Elixier unsterblichen Lebens, das Allheilmittel, den Zauberstab – den Hermes-Stab.

Der Mensch hat die Aufgabe, den Himmel auf Erden sichtbar zu machen, dem Himmelsvater, dem Schöpfer gleich zu werden. Um jedoch die Pracht dieser noch in weiter Ferne befindlichen Aufgabe, die er nicht mit einem Male bewältigen kann, zu erfüllen, muß er die beiden zu seiner Arbeit unentbehrlichen Faktoren genau kennen: die beiden Prinzipien, aktiv und passiv, ausstrahlend und empfangend, männlich und weiblich, Sonne und Mond, Wille und Phantasie, damit er der Sonne edle Eigenschaften und Lichtfülle dem Mond übertrage, und dieser dann die strahlende Vollkommenheit der Sonne wiederspiegle und verbreite. Der Mond steht jeglichen Einflüssen wahllos offen, jedwede Wesenheit oder Kraft kann sich durch ihn bekunden, und er gleicht hierin dem Wasser, das sich dem Behälter anpaßt, in den man es gießt. Wasser, Mond, Einbildungsvermögen sind fast dasselbe. Nimmt sich die Sonne des Mondes, der Phantasie, nicht an, so kann diese zur Widerspiegelung der Hölle werden. Darum achten die Eingeweihten sehr darauf, daß der Mond, d.h. ihre Einbildungskraft, ihre »Frau« nicht umherschweife, sondern vielmehr durch das Einwirken der Sonne von Licht und ewigen Werten geprägt werde. Dann ja, wird der Mond zu einem wundervollen Wesen, einer lieblichen Frau, und hohe göttliche Gesetze treten in Kraft und verwirklichen im Irdisch-Materiellen, was die Einbildung gestaltet. Darauf weist das sich am unteren Ende des Merkurzeichens befindliche Kreuz. Das Kreuz ist der Quaderstein, der die Erde bedeutet. Den Alchemisten galt das Kreuz, der Quaderstein, als die jungfräuliche Erde, mit der sie das Bauwerk zu errichten hatten.

Alle Tage soll der Schüler seinen Sinn auf wunderbare, großartige Vorhaben richten, damit sie auf Erden sichtbar in Erscheinung treten. Er wirkt also zunächst mit seiner Einbildungskraft, sodann mit Herz und Willen und verleiht schließlich dem Gestalt, was er sich ausgedacht. Er begnügt sich nicht mit leeren Träumereien und Phantasiegebilden, Stolz auf seine hochtrabenden Pläne, denn damit ist nichts getan; er soll seine Vorhaben im täglichen Leben, in seinem Verhalten, seinem Tun konkretisieren, auf daß ein jeder erkenne: Was er oben in seinem Denken schuf, kam herab und grub seine Wurzeln in den Erdboden. Sei es unser Geist, der auf unsere Seele einwirkt, oder unser Wille auf die Phantasie, mag es die Sonne sein, die den Mond, oder der Mann, der die Frau befruchtet, das Ergebnis ist stets die Erschaffung eines Kindes. Und was ist das Kind? Macht man unter einem mit

Wasser gefüllten Topf Feuer (der Topf ist hier der Mond), so verwandelt sich das Wasser in Dampf. Die »starke Kraft jeder Kraft« ist dieser Dampf, dieses verdampfte Wasser. Aus jener Einwirkung des Willens auf die Phantasie, des Geistes auf die Seele, der Sonne auf den Mond, des Mannes auf die Frau, entsteht eine Kraft, das Kind Merkur, welches Außergewöhnliches zu leisten vermag. Einzeln genommen bringen weder Sonne noch Mond Nennenswertes zuwege. Eins vom andern getrennt verbrennt das Feuer alles und richtet das Wasser Überschwemmungen an, vereint aber erzeugen sie eine allvermögende Kraft: den Stein der Weisen, der die Macht hat, sämtliche Metalle in Gold zu verwandeln. Diese Kraft wird in der Smaragdtafel folgendermaßen beschrieben: »Die Sonne ist sein Vater, der Mond ist seine Mutter, die Luft hat es in ihrem Leibe getragen, die Erde ist seine Amme. Es ist der Vater von allem, das Telesma der ganzen Welt. Seine Kraft ist vollständig, wenn es in Erde umgewandelt ist.« – Die Erde, das heißt das Kreuz, der Quaderstein.

Es steht geschrieben: »Wachset und mehret euch...« Aber die Menschen verstanden dieses Gebot lediglich im Physischen und dies führt natürlich zu unzähligen Schwierigkeiten: Es mangelt an Platz, an Nahrung, und sie sind gezwungen sich gegenseitig auszurotten. Und so gereicht dieses Gebot schließlich der Menschheit zum Schaden. Nicht als ob ich es verbessern wollte, keineswegs, ich sage nur, daß es für eine bestimmte Zeit gedacht war. Die Menschen gaben ihm allerdings ewige Gültigkeit, und nun sind die Folgen davon ihnen abträglich. Es muß hinfort in seiner symbolischen Bedeutung aufgefaßt werden, in der es seinen Wert ewig beibehält.

Der Schüler soll seiner Arbeit eingedenk sein: der Einwirkung seines Willens auf die Vorstellungskraft, und dies gilt gleicherweise für den Mann wie für die Frau. Auf geistiger Ebene soll der Schüler diese seine eigene Frau befruchten und

Den Stier bei den Hörnern packen – Der Hermes-Stab 45

viele Kinder zeugen, tausend und abertausend engelhafte Kinder, die in den Raum hinausschweben und für ihn wirken. Ihr kennt wohl alle den Schlußsatz der Kindermärchen: »Und sie lebten noch lange Jahre glücklich zusammen und hatten viele Kinder.« Viele Kinder haben, das ist nicht nur auf physischer Ebene zu verstehen! Was ist ein Eingeweihter? Ein Familienvater, der viele Kinder hat, die sich um ihn scharen, ihn an seiner Jacke ziehen, in den Taschen seiner Kleidung wühlen; aber diese Kinder bringen ihm soviel Liebe entgegen, daß sie ihm nie lästig werden. Wenn er etwas benötigt, ruft er sie herbei und gibt ihnen auf: »Geh' zu dem oder jenem und bringe ihm Geschenke... Du, geh' mal zu dem dort, und ziehe ihn ein wenig an den Ohren...«, und sie tun, was er ihnen aufträgt. Es sind Kinder aus seinem eigenen Fleisch und Blut. Ein gewöhnlicher Mensch hingegen ist einsam und kinderlos: Er ist traurig und unglücklich, weil er alle Arbeit allein verrichten muß, keiner ihm hilft. Diese Frage ist vielen völlig unbekannt, für andere jedoch erlebte Wirklichkeit.

Während der Weihnachtsfeiertage sprach ich über die Geburt des Christus-Kindes. Das Christus-Kind ist Merkur. Ein jeder weiß, daß Jesus vor 2000 Jahren in Palästina geboren wurde, aber es geht darum, den eigentlichen Sinn dieses Festes zu begreifen. In Wahrheit hat es kosmische, universelle Bedeutung! Aber auch in uns selber soll diese Geburt stattfinden: Das Christ-Kind ist jene in uns schlummernde Kraft, die es zu erwecken gilt.

Bevor der Mensch auf die Erde herabkam, bildete er seinen Physisleib, und wie ich bereits erklärte, ist der physische Körper nichts anderes als der Hermes-Stab mit den von der rechten und linken Gehirnhälfte ausgehenden Energieströmen, die sich in verschiedenen Körperorganen kreuzen. Der Mensch ist somit das Produkt der Zusammenarbeit von Wille und Vorstellung, das auf dem Erdenplan sichtbar gewordene Zusammenwirken von Geist und Seele. Als Hermes-Stab ist er befähigt, in den drei Welten zu schaffen. Noch ist er allerdings nur auf irdischer Ebene schöpferisch, aber er muß es lernen, außerdem noch in den beiden anderen Welten tätig zu sein.

Der Hermes-Stab ist die stärkste Kraft aller Kräfte. Das Leben in seiner höchsten Ausdrucksform. Gelingt es also dem Menschen, den Hermes-Stab in sich zu entwickeln, dann kreist in ihm das wahre Leben und strahlt sich aus, alle Wesen durchdringend, bis hinauf zu den Sternen. Dieses höhere Leben ist die wahre Kraft: Es ist quellende, schwingende Lebensenergie und weit mehr als die Vitalität. Sie eben ist ja der Stier... Alle Menschen haben diese Vitalkraft, aber bei den meisten bekundet sie sich als verheerende Gewalt. Besitzen sie zuviel davon, so können sie sich nicht mehr beherrschen, – verschlingen, vergewaltigen, morden... Diese Vitalkraft muß eingedämmt, ausgerichtet, gesteigert, geläutert und in göttliches, geistiges Leben gewandelt werden.

Darum trachtet fortwährend sehnlichst danach, Euer Leben zu vergeistigen, um es hinzugeben, auszuschwingen, damit es allüberall im Kosmos die Lebewesen fördere und verkläre. Dieser Gedanke wird in dem Bildnis des Hermes sichtbar, wie er in der Antike dargestellt wurde mit Flügeln an den Füßen. Die Füße besitzen übrigens äußerst wichtige Zentren, die, gelingt es sie zu aktivieren, dem Menschen ermöglichen, sich geistig, ja sogar physisch, im Raum fortzubewegen.

Das reine, lichtverklärte Leben, das ist der Hermes-Stab! Wenn dieses aus Euch strahlt, verfügt Ihr über wunderbare Kräfte. Reicht Euer Leben nicht weiter als ein paar Zentimeter aus Eurem Körper, dann seid Ihr schwach, habt kein

Den Stier bei den Hörnern packen – Der Hermes-Stab 47

Wirkvermögen. Erstreckt sich Eure Ausstrahlung jedoch über Kilometer hinweg, dann ja, könnt Ihr auf viele Wesen einwirken. Je strahlkräftiger und weitreichender also das Leben ist, das von Euch ausgeht, desto größer ist Eure Macht.

Ich habe Euch dargelegt, wie wesentlich diese Arbeit ist, nehmt sie ernst, und laßt alle die Beschäftigungen beiseite, die Euch doch nichts einbringen, es sei denn Kummer und Leid. Arbeitet an Euch selbst, bis daß die starke Kraft aller Kräfte in Euch ersteht.

Sèvres, 3. Januar 1971

IV

Die Schlange

Die entschleierte Isis

Lesung des Tagesgedankens von Meister Peter Deunov:

»Eine Sage erzählt, daß Buddha sich eines Tages in ein wunderschönes junges Mädchen verliebte. Er liebte das Göttliche in ihr. Doch einmal, als er sie voll Bewunderung betrachtete, wurde er von ihrer Schönheit derart verzaubert, daß er, ohne es zu merken, einschlief. Da das Mädchen eine Arbeit zu verrichten hatte, verließ es ihn; anders gesagt, das göttliche Wesen in ihr entfernte sich. Zurück blieb lediglich ihr menschliches Ich, das Astralweib. Dieses umwand ihn einer Schlange gleich und ließ ihn nicht mehr los. Buddha besaß ein großes Wissen, jedoch in diesem Falle war das einzige Mittel sich zu befreien, das Vermögen sich klein und unscheinbar zu machen, nämlich die Demut. Bislang verstand er sich aufs Größerwerden und Wachsen. Um jedoch der Schlange zu entkommen, mußte er kleiner werden oder aber sterben. Also zog er sich zusammen, schrumpfte allmählich, bis von ihm fast nichts mehr übrigblieb und er der Schlange entrann.«

In manchen Gebieten Indiens werden noch heute Schlangen angebetet. Es ist eine richtige Religion mit Priestern und

Priesterinnen. Die Schlange wird wie eine Gottheit von Dienern umsorgt. An bestimmten Tagen werden ihr Opfer gebracht; die Priesterin salbt sich mit Öl ein und dem Pulver eines gewissen Steins und hebt zu tanzen an. Die Schlange richtet sich auf, und es beginnt zwischen den beiden ein ungewöhnlicher Kampf, bis es der Priesterin gelingt, die Schlange in ihren Bann zu ziehen. Zuletzt – es ist eigenartig – könnte man fast meinen, sie wollten sich umarmen... Viele Priesterinnen wurden bei dieser Zeremonie von der Schlange gebissen und starben, dennoch bleibt dieser Brauch bestehen.

Man trifft das Bild der Schlange bzw. des Drachens, der symbolisch ungefähr dasselbe bedeutet, bei fast allen Völkern an. Viele Märchen, auch europäische, erzählen von einem Drachen, der eine schöne, unschuldige und reine Prinzessin raubte und in einem Schloß gefangen hält. Die arme Prinzessin weint bittere Tränen und fleht den Himmel an, er möge einen Ritter senden, der sie befreit. Aber die Helden, die kommen, werden einer nach dem andern von dem Ungeheuer verschlungen, das ihre Reichtümer an sich rafft und in den unterirdischen Gewölben des Schlosses verbirgt. Eines Tages aber naht ein Ritter, ein Königssohn, jünger, strahlender und edler als seine Vorgänger, der von einer Zauberin erfahren hat, wie der Drache zu bezwingen sei, wo seine Schwäche liegt, wann und wie man ihn in Fesseln schlagen, ihn verwunden kann... Und siehe, dieser Auserwählte, wohl ausgerüstet und beraten, siegt über den Drachen und befreit die Prinzessin. Wie herzlich umarmen sich die beiden! Alle Schätze, die seit Jahrhunderten aufgehäuft lagen, gelangen in den Besitz des hehren Ritters, des Königssohns, der dank seiner Klugheit und der strahlenden Reinheit seines Herzens als Sieger hervorging. Anschließend reitet der Prinz mit seiner Prinzessin auf dem Rücken des bezwungenen Drachens durch die ganze Welt.

Die Schlange – Die entschleierte Isis

In der Erzählung des Meisters wäre Buddha ebenfalls beinahe erlegen. Die Schlange lauert nämlich nicht außerhalb des Menschen, sondern in ihm drin. Sie ist das Symbol der Sexualkraft, die jeder Mensch in sich trägt und mit der er zu ringen hat. Der Drache, die Schlange, ist der Geschlechtstrieb, das Schloß der Körper des Menschen oder sein Astralleib; die Prinzessin die Seele, welche der Ritter, das höhere Ich des Menschen, befreien soll. Die Waffen, mit denen er den Drachen bekämpft, der Degen beispielsweise, sind die Mittel, über die der geistig Strebende verfügt: der Wille, die Klarsicht sowie das Wissen, wie die bedrohliche Kraft zu bändigen und nutzbringend einzusetzen ist. Gelingt ihm das, so wird der Drache sein Knecht und trägt ihn als Reittier auf seiner Fahrt durch die weite Welt. Wie klar und einfach, seht Ihr, ist die Aussage der ewiggültigen Bilder und Symbole!

Etwas abgewandelt findet man dieses Märchenthema in der Sage von Theseus wieder, der dank des Fadens, den ihm Ariadne gab, durch das Labyrinth hindurchfand und den Minotaurus erlegte. Dieser Minotaurus, ein gewaltiger zeugungskräftiger Stier, ist eine andere Darstellung der Geschlechtskraft, des niederen Ichs, das eingeschirrt werden soll wie ein Ochse, um die Erde zu bebauen. Das Labyrinth bezeichnet, ähnlich wie das Schloß, den physischen Körper und Ariadne die Seele, das höhere Ich, das dem Menschen zum Sieg verhilft.

Die Schlange ist ein unerschöpfliches Thema. Aber dieses wohlbekannte Reptil ist nur ein schwaches Abbild einer anderen Gewalt und Wesenheit der Natur. Früher wurde von den Astrologen der Tierkreis als eine Schlange dargestellt, auf welcher die zwölf Sternzeichen den Körperteilen und Organen des Menschen entsprechend eingetragen wurden, angefangen beim Kopf, dem Widder, bis hin zum Schwanzende, den Fischen.

Interessant ist an der eingangs vorgelesenen Geschichte, daß es sich darin um einen so ungewöhnlich hohen Meister wie Buddha handelt, der ebenfalls mit der Schlange zu kämpfen hatte. Wenn selbst Buddha nicht verschont blieb, um wieviel weniger die anderen! Der Eingeweihte muß sich bei dieser Prüfung bewähren. Das von Buddha geliebte junge Mädchen ist in seiner zwiefachen Wesensart, der himmlisch-idealen und der menschlichen (oder astralen) dargestellt, wie übrigens jede Frau diese beiden Wesensarten in sich trägt und je nachdem, die eine oder andere bekundet.

Buddha liebte, so heißt es, das göttliche Wesen dieses Mädchens! Ja, solange er der körperlichen Anziehung ihrer Schönheit widerstand, auf der Ebene der selbstlosen Liebe blieb, wo keine Begehrlichkeit noch Lüsternheit aufkommt, sondern nur andächtige Bewunderung den Schauenden erfüllt, war er nicht in Gefahr. Aber durch die bezaubernde Schönheit des Mädchens erwachte unmerklich Buddhas niedere Natur, die selbstsüchtig und besitzergreifend ist, und darum heißt es: »Er schlief ein...« Sowie nämlich das niedere Ich wach wird, schlummert das höhere ein: Der Mensch vergißt alle Weisheit und guten Vorsätze und schenkt den Einflüsterungen der niederen Natur Gehör. Daraufhin ist er ganz erstaunt, seine heiligsten Versprechen vergessen zu haben.

Da Buddha eingeschlafen war, verließ ihn das Mädchen und ging ihrer Arbeit nach. Es wird damit angedeutet, daß das Göttliche aus ihr wich. Da dieses Buddha keinen Schutz mehr bot, ihn nimmer in der strahlenden Lichtwelt bewahrte, wurde er von der Schlange umwunden. Buddha kämpfte und rang mit ihr, aber er vermochte trotz seines Wissens und seiner reichen Kenntnisse sie nicht loszuwerden. Schließlich kam er zu der Einsicht, daß er nicht aus eigener Kraft, mit seiner begrenzten Persönlichkeit die Schlange besiegen könne. Statt nun ganz alleine sich jener übermächtigen kosmischen Natur-

Die Schlange – Die entschleierte Isis 53

gewalt entgegenzustellen, die seit vielen Generationen im Unterbewußtsein sich ansammelte, statt sich mit eigenen Mitteln zu wehren, verkleinerte er sich, d.h. demütigte sich, um der Gottheit in seinem Innern das Eingreifen zu ermöglichen. Also siegte die Gotteskraft, während seine Persönlichkeit so sehr einschrumpfte, daß er entkommen konnte. Wie ist das zu verstehen? Ich werde Euch hierzu ein Beispiel anführen.

Nehmen wir an, der Schüler errang ein paar Siege: Er ließ sich von jungen Mädchen, denen er begegnete, nicht mitreißen, ist nun stolz darauf und sagt sich: »Wie stark ich doch bin, ich habe der Versuchung widerstanden!« Dann gerade ist für ihn die Gefahr am größten; denn im selben Moment werden ihm äußerst raffinierte Fallen gestellt, in die er, selbstherrlich und überheblich wie er ist, geradewegs hineinschlittert.

Er vertraut hochmütig seiner eigenen Kraft und brüstet sich mit den soeben erzielten winzigen Erfolgen, ahnt nichts von den vielfältigen Listen der Schlange. In der Bibel heißt es, daß die Schlange unter allen Tieren, die Gott geschaffen, das allerlistigste sei. Sie wartet dem Schüler gerade dann mit Überraschungen auf, wenn er am meisten von sich selbst eingenommen ist. Ein umsichtiger Schüler kennt diesen Sachverhalt. Hat er einige Siege errungen, fragt er sich eher ängstlich: »Was wird jetzt wohl auf mich zukommen? Noch ist es zu früh sich zu freuen, Triumphe zu feiern.« Er bleibt auf der Hut, weiß zudem auch, daß er nicht alleine ringen kann und bittet daher den Herrn, ihm die nötige Kraft zu geben zum Kämpfen und Siegen. Übrigens habt Ihr sicher bemerkt, daß der Ritter in den Märchen nie alleine siegt. Er wird stets von anderen beraten und mit Waffen ausgerüstet.

Bemerkenswert ist in dieser Geschichte, daß Buddha die Schlange mit Demut und nicht mit Gewaltanwendung besiegte. Solange man sich ihr mit menschlicher Kraft entgegenstellt, ist sie die Stärkere, denn ihre Wurzeln erstrecken sich in alle Bereiche der Natur. Ihr müßt begreifen, daß Euer Kampf gegen die Schlange bisher nur deshalb stets erfolglos war, weil Ihr Euch alleine durchsetzen wolltet, Eure Persönlichkeit hochschraubtet, wo Ihr Euch hättet vermindern und verringern sollen. Das ist ein sehr wesentlicher Punkt, den meisten aber unbekannt. Wer denkt denn schon daran, sich klein und unscheinbar zu machen? – Nur manche Insekten haben den Nutzen davon verstanden: Sie stellen sich tot, um den Feind zu täuschen und ihm zu entkommen. Diese winzigen Tierchen haben ein Geheimnis entdeckt; aber es hat nicht immer Erfolg, denn man weiß ja, daß sie nicht tot sind, sondern nur so tun.

Nehmen wir uns nun einen anderen sehr bedeutsamen Punkt dieser Geschichte vor, wo es heißt, Buddha habe an dem Mädchen das Göttliche geliebt. Wie oft schon habe ich Euch gesagt: Mann und Frau sollten sich gegenseitig als die Vermittler des Göttlichen betrachten, weil sie dann in keiner Weise mehr gefährdet sind, sie wachsen über sich hinaus, fühlen sich seelisch beschwingt und gewinnen Einblick in die inneren Welten, werden schöpferisch. Aus einem solchen Erleben heraus, ändert sich alles. Daher sollte alles Geschaffene als eine Möglichkeit betrachtet werden, sozusagen als eine Himmelsleiter, eine Jakobsleiter, die einen dem Schöpfer näherbringt. Jedes Ding und jedes Lebewesen ist eine zu erklimmende Stufe auf dem Wege zu Gott.

Wenn doch die Natur sich vor Euch ausbreitet mit ihrem unbeschreiblichen Reichtum an Steinen, Blumen, Bäumen, Schmetterlingen, Vögeln, Fischen und durch sie Gottes Plan Euch verständlich wird, warum ist dann wohl das Verhältnis zwischen Mann und Frau so sehr verworren? Greifen wir beispielsweise nur das in der Christenheit seit Jahrhunderten

Die Schlange – Die entschleierte Isis

geltende Gebot heraus, der Mann solle die Frau fliehen, seine Blicke von ihr abwenden, vor allen Dingen sie nicht nackt sehen und bewundern. Solche Verbote wurden freilich nur wegen der Schwachheit der Männer aufgestellt, und das eben ist die Frage: welchen Entwicklungsgrad ein jeder erreichte. Für einen seelisch gereiften Menschen besteht kein Unterschied, ob nun eine Frau an- oder ausgezogen ist: Er bewahrt in beiden Fällen dieselbe innere Ruhe, weilt im Himmel und erblickt nur die Gottheit.

In den Mysterien wird erwähnt, der Adept solle es dahin bringen, Isis unverhüllt zu schauen: Dank seiner Lauterkeit und inneren Reife werde er Isis, d.i. die Himmelsmutter, Mutter Natur allerorts in jeder ihrer Gestalten gewahren. Isis selbst, die Göttin, werde ihm schließlich die Gnade verleihen, sie in ihrem heiligsten Geheimnis, in ihrer strahlendsten Schönheit, Reinheit und Lichtfülle zu schauen. Symbolisch, ideal gesehen, stellt die in Gegenwart ihres Geliebten entkleidete Frau für einen Eingeweihten die entschleierte Isis dar. Doch von dieser tieferen Bedeutung ahnen die Leute nichts. Sie wiederholen ihr Leben lang die Geheimnisse der Einweihung, das Isisgeheimnis und begreifen doch nichts davon.

Weshalb ist die Braut in Schleier gehüllt, die sie in der Hochzeitsnacht vor ihrem Bräutigam ablegt, damit er sie bewundere? Kaum jemand kennt den eigentlichen Grund dieses Brauchs. Man hält sich nur an die niedere, grobmaterielle Ansicht davon, anstatt sich vorzubereiten, eines der größten Lebensgeheimnisse zu erfahren. Aber nein, man bereitet sich innerlich nicht darauf vor, weshalb dann auch Unstimmigkeiten und Zerwürfnisse entstehen. Die Frischvermählten begeben sich auf die Hochzeitsreise, in die Flitterwochen wie man sagt, und meinen nun, sie müßten in dieser Zeit sexuelle Lust bis zum Rande auskosten. So legen sie die weihevolle Symbolhandlung des Initiaten aus, der vor Isis, seine Braut tritt, um die Feier der Vermählung zu begehen!

Man spricht auch von der Hochzeit des Lamms. Es handelt sich dabei um dasselbe mystische Geheimnis auf höherer Stufe der Erleuchtung und nicht wie die Leute es heutzutage verstehen und ausüben. In diesen Eheschließungen finden sie weder zum Licht noch zur Erkenntnis, geschweige denn zu Weisheit und Befreiung, innerer Ruhe und Freude; im Gegenteil, dann gerade ist es mit ihrem Seelenfrieden vorbei! Solange sie in dieser irrigen Auffassung verharren, dürfen sie nicht hoffen, das zu finden, wonach sie sich sehnen.

Fragt man eine Mutter: »Wo ist Ihre Tochter?« so wird sie antworten: »Sie fuhr mit ihrem Mann nach Venedig in die Flitterwochen.« Jawohl, in die Flitterwochen, aber was tun sie dort, die beiden Dummköpfe, da sie ja jeglicher Kenntnis und höheren Einsicht entbehren? Sie werden physische Freuden ausleben bis sie sich gegenseitig anwidern. Blind wie sie sind, wird keiner des andern eigentliche Schönheit sehen, nicht seinen Geist, seine Seele, seine ganze innere Pracht, sondern nur die Haut, die Beine, das Grobstoffliche, nichts mehr. Arme Menschheit!
Der Eingeweihte richtet sein Denken nicht auf sinnliche Schwelgerei, sondern er bereitet sich vor für die Hochzeit des Lamms, läutert und heiligt sein Wesen für seine Braut, für unsäglich hohe geistige Freuden.

Werden einem diese Tatsachen klar, dann verblaßt alles andere. Vor dem gleißenden Licht der Erkenntnis werden die verbogenen Ansichten, die sich manche Kirchenlehrer in den Kopf setzten, zerstieben. Die Menschheit wird endlich in reiner Luft aufatmen, und alle an den Wonnen der Lammeshochzeit teilhaben. Jeder ist dazu berufen, dieses hohe Glück zu kosten. Ihr fragt: »Auch die, die schon älter sind?« Ja, gerade sie sind eher dazu bereit ihr Leben mit einem Bräutigam, einer Braut zu teilen, als junge Leute, weil ihre Liebe gereifter, ihr Denken, ihr Streben auf Höheres gerichtet ist und sie daher für die reinen Freuden der himmlischen Liebe aufgeschlossener sind.

Wenn die Männer es erst einmal soweit gebracht haben, in einer Frau das göttliche Sein zu erblicken, dann werden sie, sei sie bekleidet oder nicht, sich nicht sogleich auf sie stürzen wollen, den Kopf verlieren, sondern sich sagen: »O Himmelsmutter, wie schön Du bist! Jetzt begreife ich auch, warum alle Welt sich nach Dir sehnt, Deiner bedarf: Du bist die Quelle des Lebens!«

Ihr alle habt schon die Macht der beiden Prinzipien erfahren. Welche Frau wird verneinen, vom Gesicht eines Mannes, dem sie auf der Straße begegnete, im Zug oder in einem Film sah, oder dessen Beschreibung sie in einem Buch las, tief beeindruckt gewesen zu sein? Und welcher Mann war nicht schon einmal beim Anblick eines jugendfrischen Mädchengesichts hingerissen? Die Frage ist völlig klar; es besteht nicht der geringste Zweifel darüber, daß die beiden Prinzipien mächtig aufeinander einwirken – zu schöpferischem Tun. Niemand wird dies bestreiten. Weit weniger bekannt jedoch ist das einzuhaltende Maß, der zu bewahrende Abstand, die Art des gegenseitigen Einschätzens, um harmonisches Einverständnis zu schaffen, anstelle der gewöhnlich herrschenden Spannungen, Gereiztheiten und Vorwürfe. Wer wollte leugnen, daß das Männliche eine gewaltige Ausstrahlung und das Weibliche eine unwiderstehliche Macht bedeutet? Die aus der Gegenüberstellung dieser beiden Pole hervorgehende Beschwingung hält die ganze Welt in Bewegung: Sie steigern ihr gegenseitiges Kräftepotential, und auf dieses Anfachen gründet sich der Lichtimpuls des Laserstrahls, von dem ich neulich spach.

Die Eingeweihten haben die beiden Urkräfte, männlich und weiblich seit jeher gekannt und verwendet. Von dem Wissen um diese beiden ausgehend, stellten sie gewaltige Energiespeicher her, womit sie gezielte Wirkungen auslösten. Solche Batterien waren aus Männern und Frauen gebildet, die sich vollbewußt und in harmonischer Weise vereinigten. Die Menschen ahnen nichts von den Kräften, mit denen die Natur sie begabte. Richtig eingesetzt vermögen sie gebündelte Lichtstrahlen von solcher Leuchtkraft auszuschleudern, daß Vorgänge kosmischen Ausmaßes damit erzielt werden. Voraussetzung dafür sind geläuterte, seelisch wache, aufgeklärte Menschen, denn sonst brechen nur Katastrophen herein.

Vernunftvoll und mit Bedacht werden wir hierzu den Weg bereiten, eine Bewußtseinserweiterung herbeiführen und vor allem die Auffassung vom Begriff der Reinheit vertiefen. Man glaubt im allgemeinen, ein Mädchen, ein Junge seien rein, weil ihnen die Beziehungen zwischen Mann und Frau noch unbekannt sind. Könnte man jedoch sehen, welche Gedanken einige hegen, wie es in deren Herzen aussieht, wäre man entsetzt, festzustellen, daß sie weit schamloser und verdorbener sind als viele Erwachsene. Bei Jugendlichen arbeitet die Fantasie weit reger und intensiver als beim Erwachsenen.

Selbstverständlich gibt es auch reine junge Menschen, aber sie sind derart unwissend und anfechtbar, daß irgendwer sich ihrer bemächtigen kann. Reinheit ohne Wissen läßt sich nicht lange bewahren. Reinheit ist mehr als nicht zu küssen oder sich nicht küssen zu lassen.

Reinheit gibt es nur im Licht. Fern vom Licht ist keine Reinheit. Licht läutert alles. Zunächst muß es im Denken licht und klar werden – anschließend mag das Gefühl hinzukommen; dann ist dieses ebenfalls rein und klar.

Laßt uns die Frage der Nacktheit noch etwas erläutern. Die Weisen sprechen vom Erkennen der nackten Wahrheit. *Isis* ist die nackte Wahrheit, die dem Wissenden unverschleiert sichtbar wird. Die Schleier, das sind die sieben Schichten:

Die Schlange – Die entschleierte Isis

Physis-, Äther-, Astral-, Mental-, Kausal-, Buddhi- und Atmanebene. Wird der siebte Schleier entfernt, dann erschaut der Wissende die kosmische Mutter, die Natur unverhüllt, d.h. in ihrer lautersten, feinstrahligsten Substanz, untrennbar mit dem Geist verwoben. Wollt Ihr im täglichen Leben jemanden wirklich kennenlernen, so haltet Euch nicht an seiner Kleidung auf, sondern sucht ihn selbst zu erkennen. Wünscht Ihr Euren Meister zu kennen, dann genügt es nicht, ihn essen und trinken zu sehen, es bei seinem äußeren Anschein zu belassen. Ihr müßt sämtliche Hüllen von ihm nehmen, bis Ihr die Ebene erreicht, wo er wirklich weilt; dort werdet Ihr mit ihm bekannt. Ich bin nicht die Isis, sondern der verschleierte Osiris. Haltet Ihr Euch an einem meiner Schleier, meiner sichtbaren Gestalt auf, werdet Ihr Euch bald sattgesehen haben, sucht Ihr jedoch nach dem, der hinter diesem Äußeren west, werdet Ihr seiner niemals überdrüssig, vielmehr einen Quell unerschöpflicher Freude entdecken.

Dasselbe tue ich ja auch mit Euch. Würde ich Euch nicht aus dieser Sicht betrachten, hätte ich längst von Euch genug. Ich würde sagen: »Wie uninteressant, es sind immer dieselben Gesichter.« Glücklicherweise habe ich eine andere Einstellung. Ich habe Euch längst entkleidet, genauso wie Männer es tun, wenn ihnen eine Frau begegnet. Versteht mich aber nicht falsch. Noch nie hat man jene Neigung des Mannes, eine Frau zu entkleiden um ihre Schönheit zu bewundern, richtig zu deuten gewußt. Dieser Drang wurde ihm von der Natur deshalb gegeben, damit er sich nicht nur an das Äußere halte, sondern den Wunsch verspüre, tiefer zu forschen, weiter vorzudringen bis in jene Sphäre, wo die Frau wahrhaft nackt erscheint, d.h. in ihrer strahlenden Unberührtheit, in ihrer herrlichsten Pracht und Schönheit. Oben ist keine Scham mehr, denn es ist ja nicht der leibliche Körper der Frau, ihr Haar, ihr Busen, die man betrachtet, sondern ihre Seele, ihre Gottwesenheit. Die Leute sind mit der

Sprache der Natur nicht vertraut: Sowie gewisse Triebe in ihnen rege werden, geben sie deren primitivster Äußerung freien Lauf, lassen sich gehen, versinken, und ihr Bestes ist dahin.

Wenn ich also sage, daß ich Euch entkleide, dürft Ihr mich nicht falsch verstehen; ich meine damit, ich möchte von Euch nicht nur die irdisch-materielle Hülle kennen, sondern Euch auf einer anderen Ebene, der göttlichen, in Eurem wahren Sein aufsuchen. Wenn ich Euch dort betrachte, sehe ich vor mir lauter Söhne und Töchter Gottes. Wahrlich, das ist wunderbar, ich lebe immerdar in der Freude, inmitten pulsierenden Lebens! Sonst hätte ich schon längst meinen Hut ergriffen und wäre gegangen. Solltet Ihr mit mir nicht ebenso verfahren, anstatt immer nur das Äußere an mir zu sehen? Das mag eine Weile gehen, aber nicht über Jahrhunderte, sonst wird es Euch kaum etwas einbringen. Ich sage Euch das zu Eurem Wohl, damit Ihr zu dem unversiegbaren Freudenquell, zum Leben findet. Die äußere Gestalt ist natürlich schon notwendig, aber sie wird Euch auf die Dauer nicht genügen; sie ist nur ein Ausgangspunkt. Etwa wie eine Phiole, die auch nur solange unentbehrlich ist, als sie jenen Duft in sich verwahrt, jene Quintessenz – den Lebenshauch.

Ihr müßt Euch mit dem Geist befassen, der Licht und Leben verbreitet, beschwingt, Welten erschafft... Er wird Euch niemals enttäuschen, wogegen Ihr sonst früher oder später Enttäuschungen erlebt. Die Gestalt an sich vermag Euch nichts zu geben, wenn ihr kein Leben innewohnt. Ist Leben in ihr, verweilt man gern bei ihr, wenngleich es, ohne daß man es sich eingesteht, lediglich das aus ihr strahlende Leben ist, an dem man sich erquickt. So ist es auch bei einem Bild. Es versetzt uns in Entzücken, weil Leben aus ihm strahlt. Ja, selbst in einem Gemälde ist Leben enthalten: das des Künstlers nämlich, der beim Schaffen etwas von seinem Wesen hineinlegte.

Die Schlange – Die entschleierte Isis

Männer und Frauen ebenfalls sind Bilder, denen der Schöpfer Leben eingab, seinen Lebenshauch, und diesen gilt es aufzuspüren. Ist man nicht gewohnt, darauf Wert zu legen, so werden Streit, Ehescheidungen, Familiendramen nicht ausbleiben.

Fragt Ihr nun, warum Eingeweihte vor der Schönheit eines Menschenwesens in Entzücken geraten, will ich es Euch erklären. Wahrhaft erleuchtete Menschen, die stets nach der oben waltenden Harmonie und göttlicher Vollkommenheit streben, wissen sehr wohl, daß sie sich überall, sowohl in Steinen oder Tieren, wie auch in Pflanzen, Bergen, Seen, Flüssen, Meeren und Sternen widerspiegelt, aber sie wissen zudem auch, daß diese Ordnung, dieses Ebenmaß, diese Vollendung nirgens herrlicher zum Ausdruck gelangt als im menschlichen Körper. Andernorts ist alles nur teilweise vorhanden: die Meere sind ein Teil des kosmischen Leibs; Flüsse, Berge, Himmel, ein anderer. Einzig Mann und Frau geben das Universum in seiner Ganzheit wieder. Gott faßte in ihnen das ganze Weltall zusammen. Wenn die Eingeweihten daher ein Geschöpf erblicken, durch das des Weltalls Pracht sich weit schöner und lieblicher bekundet als bei anderen, so sehen sie es tief bewegt und mit Freuden an und gedenken dabei der himmlischen Schöne. Sie sagen sich: »Dieses Menschenkind zeugt von den hohen Tugenden Gottes.« Durch das Anschauen vereinen sie sich mit der Schönheit Gottes. Der Alltagsmensch, der nicht weiß, daß sich im Menschen der Himmel kundtut, stürzt sich auf das Schöne, beschmutzt und schändet es. Wie Pferde, die auf einer Wiese voller Blumen galoppieren und alles zerstampfen. Wären die Leute eingeweiht, sie würden zehnmal mehr Beglückung vor dieser Himmelspracht empfinden. Welch lichtreiche Eingebungen, wieviel Kraft und Energie, welch hohen Willen schöpften sie daraus, um ihre Arbeit weiterzuführen.

Zu dieser Frage habe ich noch etwas äußerst Interessantes hinzuzufügen. Es ist Euch bekannt, daß die einzelnen Glieder und Organe des Menschenkörpers in Beziehung stehen zu Kräften, die im Kosmos kreisen.* – Anhand dieser Energien wurden die verschiedenen Körperorgane gebildet.

Schon vor ein paar Jahren sagte ich zu einigen unter Euch, mit welchen Bereichen des Universums die Brüste der Frau in Verbindung stehen; sie waren darüber sehr erstaunt. Jeder glaubt, die Frauenbrust sei nur dazu bestimmt den Säugling zu stillen. Dem ist schon so, dazu dient sie auch, aber es könnte sein, daß sie noch eine andere Aufgabe hat, die weniger bekannt ist. Ich sagte, die linke Brust stehe unter dem Einfluß der Mondströme, die rechte unter dem der Milchstraße. Wäre sich die Frau dieses Zusammenhangs bewußt, so könnte ihr dies zu ihrer geistigen Entwicklung von größtem Nutzen sein. Zumeist ahnt sie gar nicht, daß sie dadurch mit der ganzen Natur, ja selbst mit den Menschen verbunden ist. Dennoch, auch wenn sie nichts davon weiß, besteht diese ätherisch-magnetische Verbindung, ihre Brust gibt und empfängt Feinstrahliges.

Einige Zeit nachdem ich diese Enthüllungen machte, sah ich in einem Museum in Spanien das Bild eines kaum bekannten Malers, das eine nackte Frau darstellte, auf deren linker Brust der Mond und auf der rechten die beginnende Milchstraße zu sehen war. Ich staunte nicht wenig und war sehr glücklich darüber, denn es war mir die Bestätigung einer Wahrheit der esoterischen Wissenschaft. Der Maler war bestimmt ein Eingeweihter.

Der Körper von Mann und Frau ist eine Zusammenfassung des Universums. Der Schüler muß ihn voll Andacht und

---

* Näheres hierüber als Zusatz am Schluß dieses Kapitels

Die Schlange – Die entschleierte Isis

Bewunderung anzuschauen lernen, sich an ihm freuen und ihn vor allem als einen Ausgangspunkt werten, der ihm Zugang zur Welt des Geistes vermittelt, auf daß er Gott preise und innerlich wachse. Dann eröffnen sich ihm alle Geheimnisse der Natur – denn Isis selbst, die nun nicht mehr unter seinem Mißbrauch, seiner Gewalttätigkeit an ihrem Körper zu leiden hat, enthüllt sich vor ihm. Sie spricht: »Das ist ein aufmerksamer Mensch, er bezeigt mir Liebe und Achtung; er ehrt mich, darum werde ich mich ihm zeigen.« Die Wahrheit wird ihm offenbar werden, denn Isis ist die Wahrheit. Die Wahrheit wird sich seinem Geiste unverhüllt darbieten, d.h. in der Gestalt, die sie oben hat, nicht wie sie unten ist, in dichte Schleier verpackt, als Illusion und Maya. Also offenbart sich die Wahrheit dem, der sich den Geheimnissen der Liebe gegenüber ehrfürchtig verhält.

Bonfin, 24. Juli 1962

Zusätzliche Bemerkung

Viele haben eine merkwürdige Vorstellung davon, wie der Mensch oben im Himmel beschaffen ist. Sie glauben, er gehe nur mit seinem Kopf und nichts anderem in den Himmel ein, denn Leber, Magen, Gedärme und vor allem das Geschlecht seien keine sehr edlen Organe.

Ich aber sage Euch, der Mensch geht ganz und unversehrt ins Paradies, und wenn Ihr nur wüßtet in welcher Pracht, Schönheit und Reinheit!... Genau wie Gott ihn ursprünglich schuf. Er hat Lungen, jedoch anderer Art, ein Hirn, Ohren, Augen, aber von anderer Beschaffenheit, genauer gesagt, aus völlig verschiedener Substanz. Denn dort oben gibt es keine festen Formen mehr, alles ist Strömung, Licht und Kraft. Es ist, als hätte er einen Magen, Arme, Beine, nichts fehlt, alles ist vorhanden und arbeitet harmonisch aufeinander abgestimmt, aber als Tugend, Eigenschaft und Vermögen.

Die einzelnen Organe unseres Körpers sind im Grunde genommen hohe Eigenschaften und Tugenden in verdichteter Form. Könntet Ihr den Menschen in diesem feinstofflichen Zustand mit den schillernden Farben und Strahlen sehen, die in einem fort von ihm ausgehen, so würdet Ihr Euch niemals an ihm sattsehen.

Die heutige Wissenschaft weiß noch lange nicht, was der Mensch eigentlich ist, wie Gott ihn in seinen Werkstätten oben schuf. Allein große Seher und hohe Meister, die bis dorthin gelangten und es sahen, kündeten davon, daß der Mensch in den hohen Sphären gestaltlos ist, nur aus Kraftströmen, Energie, Lichtstoff und Emanationen besteht, deren Verdichtung die uns bekannten Körperorgane ergab. Also sind Magen, Leber, Milz, Gehirn, Augen, Ohren, Beine, Arme auf höherer Ebene fließende Kräfte. Lebt der Mensch unvernünftig, so löscht er nach und nach seine Lichter aus, seine Tugenden gehen ihm verloren, und die ihnen entsprechenden Organe verkümmern. Damit erklären sich alle Krankheiten und Leiden, die den Menschen befallen.

Bonfin, 1. August 1975

V

Die Gewalt des Drachens

In der christlichen Religion wird der Drache dem Teufel gleichgestellt, und der Teufel, so sagt man, riecht nach Schwefel. Alle die brennbaren Stoffe wie Benzin, Erdöl, Schießpulver und gewisse Gasverbindungen, die in Flammen aufgehen und üble Gerüche verbreiten, das eben ist der Drache. Und dieser Drache ist auch im Menschen vorhanden. Er ist ein Brennstoff, ein Feuer, dank dem man in den Weltraum aufsteigen kann. Weiß jedoch der Mensch nicht mit dieser Kraft umzugehen, so wird er, anstatt nach oben in den Himmel getragen zu werden, zur Erde niedergeschleudert und verschlungen.

Der Drache ist in einem jeden von uns. Also gibt es einen individuellen sowie auch einen kollektiven Drachen, jenen, den Johannes in der Offenbarung erwähnt und von dem er sagt, er werde für tausend Jahre gefesselt und in den Abgrund gestoßen. Damit ist gemeint, daß der Tag kommen wird, da jene allen Menschen gemeinsame Triebkraft, welche in eine Richtung drängt, die nicht göttlich ist und nur Kampf und Mord anstiftet, in himmlische Bahnen geleitet, auf Hohes ausgerichtet, veredelt werden soll. Was glaubt Ihr, was denn sonst mit diesem Drachen im Erdinnern zu geschehen hat?

Wird man ihn dort einfach sich selbst überlassen? O nein, man wird sich seiner annehmen, ihn erziehen! Es werden ihm hervorragende Pädagogen zur Seite gestellt, die ihn richtig schulen. Maniküren, Pediküren sogar, und Zahnärzte werden ihn schicklich, harmlos und vernünftig machen.

Den Drachen tötet man nicht, man erzieht ihn... oder verspeist ihn! Ihr lacht?... Nun, so lest nach, was im jüdischen Talmud steht: dort heißt es, in den Tiefen der Weltmeere lebe ein Seeungeheuer, der Leviathan – die Verkörperung des Bösen – und in den letzten Tagen werde er eingefangen, in Stücke gehackt, eingesalzen und aufbewahrt für den Festschmaus der Gerechten. Ja, so steht es geschrieben... Seht nur, meine lieben Brüder und Schwestern, was für Festgelage der Menschen warten, die sich unter den Gerechten befinden! Was die anderen essen werden, weiß ich nicht; jedenfalls wir, die Gerechten (o ja, man muß es sagen, denn wollte man darauf warten, daß andere es verkünden, so könnte man lange warten!), freuen uns darauf, das Fleisch des Untiers zu verschmausen.

Zwar mögen dabei ein paar Schwierigkeiten auftauchen. Denn, nehmen wir an, sein Fleisch ist zäh wie Schuhleder und man ist zahnlos, was tut man da wohl? – Vielleicht werden dann Soßen beigefügt und allerlei Vorbereitungen getroffen, um es weich zu machen. Auch hängt es davon ab, von welchem Teil ein Stück herausgeschnitten wird; es gibt einen richtig geographischen Zerlegungsplan darüber. Und dann wird man ihn selbstverständlich auch eindosen... Welch wunderbare Aussichten! Mengenweise werden Fabriken den Leviathan zu Dosenfleisch verarbeiten, denn es werden Tausende von Menschen zu speisen sein; aber er ist ja von riesigem Ausmaß! – Freut Euch denn Ihr Gerechten, reibt Euch die Hände, Eure Zukunft ist gesichert!

Ihr seht, meine lieben Brüder und Schwestern, das Böse kann auf sehr verschiedene Weise angewandt werden. Nehmt

Die Gewalt des Drachens

also zur Kenntnis: Die gewaltigen Energien und Brennstoffe sind in Euch selbst, jenes Zündmaterial, das Euch zu himmlischen Höhen emporträgt. Solange Ihr nicht wißt, daß sich diese Kräfte nutzbringend einsetzen lassen, werdet Ihr von ihnen zu Asche verbrannt oder in die Erdtiefe geschleudert.

Erkennt hinfort im Geschlechtstrieb den Drachen, eine unglaublich mächtige Kraft, die die Geschöpfe vorantreibt. Sie ist es, die den Menschen in Bewegung hält, ihn zur Arbeit anspornt. Stets ist die Liebe, ob gut oder schlecht, der Beweggrund allen Tuns, nicht das Geld wie man im allgemeinen denkt. Nach Geld wird gegiert, um die oder jene Frau zu gewinnen, die man liebt, oder den und jenen Gegenstand zu erstehen, nach dem einen verlangt.

Es ist daher wichtig, diese ungeheure Antriebskraft handhaben zu lernen, und hierfür bietet das tägliche Leben zahlreiche Beispiele. Was macht beispielsweise die Köchin? Um Wasser zum Kochen zu bringen, füllt sie es in einen Topf, weil das Feuer sonst ausgelöscht wird oder das Wasser verdampft. Eine Trennungswand ist somit erforderlich, welche die beiden Elemente auseinanderhält. So befindet sich ebenfalls bei allen Fahrzeugen der Treibstoff an einer Stelle, von wo aus er das Auto, Schiff oder Flugzeug vorwärtstreibt, ohne dabei die Reisenden zu verbrennen.

In ähnlicher Weise soll auch der Geistschüler das richtige Maß finden, damit seine Liebe nicht das Herz oder die Seele des geliebten Mädchens versengt. Viele junge Mädchen haben von der Liebe wundervolle Vorstellungen, aber nach ihrer ersten Erfahrung mit einem Mann denken sie bei weitem nicht mehr so ideal und poesievoll darüber, sind angewidert und enttäuscht... Sicher deshalb, weil sich der Mann brutal und ohne Einfühlung benahm. Wenn in eines Menschen Seele das Herrlichste verloren geht, dann war die Liebe eben ein verzehrendes Feuer und vernichtete Dinge, die nicht verbrannt, sondern bestärkt, beseelt und lebendig erhalten werden sollen, um den geliebten Partner bei seinem Aufstieg ins Geistige zu fördern. Warum muß Liebe stets Edles zerstören, wo es doch ihre eigentliche Bestimmung ist, das Gute zu steigern und zu hellerem Glanze zu führen.?

Als erstes muß man daher wissen: Es gibt zwei Arten der Liebe. Eine nur sinnliche, der es an wahrer Zärtlichkeit, Einfühlungsvermögen und Vernunft gebricht: Man hat Hunger und gebärdet sich wie ein Raubtier, stürzt sich auf sein Opfer und leckt sich danach die Finger. Daß der andere verzehrt ist, hat keine Bedeutung, man ist zufrieden und satt.

Anders ist es bei der zweiten Art zu lieben: Man vergißt sein persöhnliches Verlangen, wenngleich man ebenfalls hungert und dürstet. Der Liebende denkt zunächst an den andern, um ihn zu schützen, ihn zu erleuchten, ihm Frieden und Reichtum zu schenken.

Lieben sich zwei Menschen auf diese Weise, dann sind ihrer geistigen Entfaltung keine Schranken mehr gesetzt: Ihre Liebe ist wie das Feuer der Sonne, das alles belebt, erneuert und mit ewigem Gehalt erfüllt. Die Himmel öffnen sich diesen beiden, die nun des Lebens tiefen Sinn erfahren. Etwas Lichtes, unendlich Feines strahlt von ihnen aus, so daß jedermann stehen bleibt und ihnen verwundert nachsieht.

Wo Ihr doch in dieser Schule der Universellen Weißen Bruderschaft seid, solltet Ihr wenigstens eine höhere Art des Liebens erlernen. Ihr seht, meine lieben Brüder und Schwestern, so ist der Drache. Er ist eine ungeheure Kraft, und gelingt es Euch ihn zu bändigen, zu zähmen, vermag er Euch durch die ganze Welt zu tragen.

Sèvres, 4. April 1968

VI

Geist und Materie

Sexualorgane

Eine neue Kultur ist im Kommen, eine weltweite Kultur der Gemeinschaftlichkeit und Brüderlichkeit. Alle Menschen der Erde werden eine einzige Familie bilden, indem sie lernen, einander Verständnis und Liebe entgegenzubringen. Wenn ich sage, sie werden eine einzige Familie bilden, heißt das nun nicht etwa, daß sie alle das gleiche Bett oder denselben Schlafsaal teilen sollen – keineswegs – sondern ich meine damit, es ist wunderbar, gemeinsam zu arbeiten, zu singen, miteinander zu meditieren und zu beten.

Die Natur legte in jeden Menschen den Trieb, die Einsamkeit als etwas Erdrückendes, Unerträgliches zu fliehen, und es ist gut so; nur gilt es die Möglichkeit zu finden, die einen am sichersten vor der Einsamkeit bewahrt. Wieviele junge Menschen haben aus diesem Problem noch nicht herausgefunden! Sie fühlen sich unglücklich, denn sie hätten gerne jemand, mit dem sie gemeinsam im Duett singen können; leider aber finden sie ihn nicht, leiden seelisch darunter und verkümmern. Warum aber auch setzten sie sich in den Kopf, um jeden Preis ein solches Duett zu bilden, das nur rein körperlich besteht? Geht es denn nicht auch anders? Man kann auf vielerlei Weise der Einsamkeit entgehen. Warum hält man sich immer nur an den herkömmlichen Brauch: jemanden besitzen zu wollen?

Vor allem die Frau hat diese Neigung des Besitzergreifens. Sie möchte etwas in Händen halten, mindestens ein Kind. Sie sieht, daß der Mann ihr stets entgleitet, sie ihn nicht zurückhalten kann; darum klammert sie sich an ihr Kind. Da es klein und hilflos ist, ihres Schutzes bedarf, ist sie glücklich, denn sie darf es behalten. Wächst es aber heran, entgeht es ihr ebenfalls, und sie ist erneut unglücklich, weil sie letzten Endes nichts besitzt. Dieser Drang der Frau nach Besitz wirft vielerlei Probleme auf. Ihr fragt: »Und der Mann, will er nicht auch besitzen?« Nein, er will, grob gesagt, körperlich genießen; für ihn heißt besitzen ausnützen und sich sodann davonmachen. Hingegen die Frau möchte den Mann zunächst an sich ketten und ist dann gerne bereit, ihm alles andere zu geben. Der Mann vertröstet sie: »Mach dir nichts daraus, hinterher bringen wir alles ins Reine; laß uns zunächst das hier auskosten.« Aber die Frau ist nicht ganz so dumm; sie weiß, hatte er was er wollte, wird er sie verlassen, und darum sagt sie zu ihm: »O nein, setz erst deine Unterschrift hierhin« und zwingt ihn, eine Verpflichtung einzugehen, einen Vertrag abzuschließen.

Jedwede Bekundung von Mann und Frau, alles Rätselhafte in ihrer Physis, ihrem Gefühlsleben, Charakter, sowie in ihrem Denken haben in jenen Körperteilen, die man allgemein mit »intim« bezeichnet, ihren Ursprung. Diese Organe sind die Zusammenfassung von Mann oder Frau. So trägt denn jeder die Zusammenfassung seines ganzen Wesens mit sich und ahnt nicht, daß dort Geheimstes abzulesen ist, und daß Struktur und Funktion dieser Organe über tief philosophische Fragen Aufschluß geben. Jawohl, man trägt unschätzbare Reichtümer, ein himmelweites Wissen bei sich und ist sich dessen nicht bewußt, daß man im Besitz aller Wertmaßstäbe, aller Schlüssel ist. Es ist unglaublich...

Geist und Materie – Sexualorgane

Es liegt, wie gesagt, in der Natur der Frau, anzusammeln, aufzubewahren, während der Mann zu Verschwendung und Vergeudung neigt. Ein jeder hat dies schon festgestellt, und niemand weiß, worauf es zurückzuführen ist. Es ist zwar offensichtlich, nur haben die Menschen die Zusammenhänge nicht erkannt. Der Charakter der Frau sowie der des Mannes entsprechen der Gestaltung ihrer Sexualorgane. Die Frau ist besitzergreifend, denn wäre sie es nicht, gäbe es keine Neuerschaffung. Ihre Rolle ist es, aufzunehmen, einzubehalten, zu behüten und zu bewahren. Wir in Bulgarien sagen: »Weil die Frau alles anhäuft, hat das Haus so viel Vorrat.« Gewiß, es gibt auch verschwenderische Frauen; sie aber sind keine wahren Frauen, sondern eher verkleidete Männer.

Die kosmische Vernunft gab somit der Frau aus ganz bestimmten Gründen die Eigenschaft, anzuziehen und einzubehalten: Sie darf nicht verstreuen, sonst gibt es keine Kinder. Daß der Mann vergeudet ist nicht weiter schlimm, denn es ist genügend Urstoff vorhanden. Es bedarf unzähliger Saatkörner und Samen um etwas zu ernten. Die Natur sah ein, daß der Mann freigebig sein soll, damit wenigstens eine Geburt zustandekommt, sonst ginge ja alles verloren oder fiele auf unfruchtbaren Boden. Wäre nun aber die Frau ebenso großzügig wie der Mann, führte dies zu Unfruchtbarkeit; deswegen verwahrt sie achtsam das Wenige, das sie bekommt.

Diese physisch bedingte Anlage der Frau, anzusammeln und aufzubewahren, findet sich ebenso in ihrem Charakter wieder; hier allerdings als schwerwiegender Fehler – nämlich die Eifersucht.

Wie trug es sich beispielsweise an Königshöfen, vor allem bei den Sultanen zu? Wie verhielten sich deren Frauen und Lieblingsfrauen? Eine jede von denen, die sich um Könige und Sultane scharten, sei es bei Hofe oder im Harem, war nur von dem einen Wunsch erfüllt, den König oder Sultan ganz für sich einzunehmen, den ersten Platz zu ergattern, seine Lieblingsfrau, die einzige Geliebte zu sein. Dies zu erreichen scheuten sie keine Mühe und schreckten selbst vor Verleumdung und Verschwörung nicht zurück. Es war ein erbitterter Kampf unter den Frauen: Wer wird den König besitzen. Und warum besitzen? Weil ihr dies Vorteile einbrachte. Die Frau war geschmeichelt, daß des Sultans Blick und Wahl auf sie gefallen war. Ja, da war eine Lücke ausgefüllt, ein Sehnen, ein brennendes Verlangen gestillt. Die Rivalinnen zu verdrängen, war ihr jedes Mittel recht. Ihr wendet wohl ein: »So war es aber in der Vergangenheit, bei den Türken!« Und hier in Frankreich, war es nicht etwa auch so? Oh ja, die Geschichte ist voll von Intrigen dieser Art. Die Könige Frankreichs wie Ludwig XIV., Ludwig XV. z.B... Überall wo diese Ludwige glänzten, wollten unzählige Frauen sie einfangen

Es ist durchaus natürlich, daß eine Frau ein Schmuckstück dem Manne sein möchte, den sie liebt und schätzt. Beängstigend ist nur, daß sie anderen Frauen dieselben Vorteile, dieselbe Gunst nicht zugesteht. Sie setzte alles daran, nicht etwa um diesen Fehler auszumerzen, sondern eher, ihn dazuhin noch zu steigern. Frauen können ohne Eifersucht nicht leben; Eifersucht quält und foltert sie, aber sie können ohne sie nicht sein. Man könnte meinen, Eifersucht regt sie an, sie langweilten sich ohne sie! Sie treibt sie dazu, Dinge im Verborgenen zu tun; und dann ja, erscheint ihnen das Leben reizvoll und aufregend!

Die Frau neigt von jeher dazu, andere Frauen um die Vorteile zu beneiden, deretwegen sie auffallen und bewundert werden. Und es gibt sozusagen nicht eine Frau, die es einem Manne nicht verübelt, daß er einer anderen statt ihr ein wenig Zärtlichkeit und Liebe schenkte. Wütend setzt sie alle moralischen und juristischen Gesetze ein, damit er dafür büßen

Geist und Materie – Sexualorgane

muß. Hat er indessen ihr diese Zuneigung bezeugt, ja dann sieht es anders aus, dann tat er recht und ist untadelig!

Wenn ein junges Mädchen auf einen jungen Mann zornig ist, dann nur aus dem Grunde, weil er ihr das nicht gab, was sie von ihm erhoffte, sondern es einer anderen erteilte. Eine grausame Analyse denkt Ihr, keineswegs, sie ist haarscharf und einwandfrei. Welche Frau macht es unglücklich, geliebt zu sein? Sie wünscht und erwartet nur das! Zieht der Mann ihr eine andere vor, so wird sie all sein Tun und Handeln übertreiben und aufbauschen, damit er angeklagt, verurteilt, ja beinahe umgebracht wird. Deswegen sollten die Frauen sich in Freigebigkeit üben, es lernen, sich über das Glück anderer Frauen zu freuen.

Wir wollen nun diese Frage der Sexualorgane bei Mann und Frau von weit höherer, philosophischer Warte aus betrachten. Wenn die unsichtbare Welt manchmal auf gewisse Menschen einwirkt, indem sie ihnen Schranken setzt und Zwang auferlegt, dann geschieht dies, um in ihnen den Willen zum Obsiegen zu wecken, den Wunsch sich zu befreien. Es ist wie beim Schießpulver: Preßt man es zusammen und zündet es an, macht eine gewaltige Explosion alles zu Schutt und Asche. Läßt man ihm hingegen genügend Platz und Raum, wird es, wenn man es anzündet, nur ffff machen und sonst nichts. Lebt der Mensch in Wohlstand und Bequemlichkeit, bringt er in seinem Leben auch nicht mehr fertig als ein ffff... Steht er jedoch unter Zwang und leidet, dann regt sich etwas in ihm, sein Geist; denn er wird sich anstrengen, um aus seiner Begrenzung herauszukommen. Der Mensch leidet und jammert, aber sein Geist ist beglückt! Dasselbe geschieht in den Beziehungen zwischen Mann und Frau. Warum will der Mann in der Liebe eingeengt, gepreßt und gezwungen werden? Weil etwas in ihm sich freut. Ließe die Frau ihm unendlich viel Raum, so fühlte er nichts.

Über diese Dinge habt Ihr wohl noch nie nachgedacht und bildet Euch ein, darüber längst alles zu wissen. Mich aber interessiert nicht, wie es physisch vor sich geht, sondern was sich dahinter verbirgt: das Wesentliche, der tiefe, göttliche Sinn. Es ist stets die Frau, die den Mann einhüllen soll, ihn umschließt wie eine Ringmauer, dieweil er selbst irgendwo aufgelöst im Raum verloren ist, gleich dem in der Materie eingeschlossenen Geist. Warum muß immer die Materie den Geist umfangen? Auch davon haben die Menschen nichts begriffen. Das Urgeheimnis des Schöpfungsvorgangs – die Beziehung von Geist und Materie – ist in diese Organe eingeprägt, die wir alle besitzen und deren man sich Tag und Nacht bedient, ohne ihren tiefen Sinn verstanden zu haben. Man muß versuchen, diesen zu erfassen!

Die Menschen sind bis über den Kopf in die physische Liebe verstrickt. Tag und Nacht tun sie nur das eine ohne jemals die große, heilige Wahrheit zu erschauen, die darin enthalten ist; denn dazu mangelt es ihnen an Zeit und Klarsicht: sie sind von ihren Gefühlen übermannt. Jene aber, die sich der körperlichen Liebe nicht hingeben, haben Zeit, das zu verstehen, was die andern ausüben. Wie kommt es wohl, daß ich die Zeit fand, um die großen Geheimnisse der Schöpfung zu ergründen?...

Bonfin, 8. August 1963

VII

Bekundungen des männlichen und des weiblichen Pols

I

Der weibliche Pol gerät, sobald er des männlichen auch nur von weitem ansichtig wird, bereits in Bewegung. Und desgleichen reagiert der männliche Pol in Gegenwart des weiblichen. Diese beiden sind zwei energiegeladene Potenzen, die, einander gegenüber, in ganz bestimmter Weise miteinander zu wirken beginnen. Leider geht bei den meisten Menschen alles zumeist unbewußt, instinktiv vor sich: Sie laufen, rennen, suchen einander, umarmen sich und machen sich nie die geringsten Gedanken darüber, weshalb wohl die Natur ihnen diese Verhaltensweise eingab und ob sie sich denn nicht auch auf anderen Gebieten anwenden ließe.

Männlich und Weiblich wirken also in ganz bestimmter Weise aufeinander ein, und auch ohne daß Mann und Frau sich dessen bewußt werden, findet dieses gemeinsame Wirken statt: Der männliche Pol wird aktiv, dynamisch, willensbetont, der weibliche aufnehmend. Dies spielt sich normalerweise bei allen Lebewesen ohne ihr Zutun ab.

Die Wissenden aber, die jedes Naturgeschehen weit gründlicher erforscht haben, wenden dieses Gesetz der Polarität in ihrem Innenleben an zur Entfaltung seelischer Eigenschaften. Hierbei geht es nicht mehr um Mann und Frau, sondern um hohe, göttliche Prinzipien. Damit er in seinem Wesen weibliche Eigenschaften wie Empfangsbereitschaft, Unterwürfigkeit, Güte, Sanftmut und Gehorsam zu entwickeln vermag, benötigt der Eingeweihte, der ja männlich ist, die Gegenwart des ihm entgegenstehenden Pols, also den weiblichen und verbindet sich darum mit dem himmlischen Vater.

Wünscht er hingegen seine Macht, seine Geistkraft, seinen Willen zu steigern, tritt er mit dem weiblichen Prinzip, der himmlischen Mutter, in Verbindung. Auf diese Weise entwickelt er sowohl männliche wie weibliche Fähigkeiten in sich und wird zu einem vollkommenen Wesen.

Wie häufig läßt sich dies im täglichen Leben beobachten! Der weibliche Pol macht den jungen Mann zum ritterlichen, mutigen Helden; vor einem Mädchen spielt sich selbst der größte Feigling auf und macht sich wichtig. Ihr entgegnet, dies sei aber nur falscher Schein. Ja vielleicht, aber was treibt ihn denn zu solcher Angeberei? Weshalb möchte er den Helden spielen? Allein wegen der Gegenwart des Weiblichen. Seht beispielsweise: Ein Mann kommt nach Hause und erzählt seiner Frau, daß dieser oder jener das oder jenes zu ihm sagte. »Wie?« ruft die Frau, »dem mußt du's zeigen, geh und versetz ihm Prügel!« – »In Ordnung«, sagt der Mann, um nicht zu zeigen, daß er ein Feigling ist, »er wird schon sehen, mit wem er's zu tun hat!« Er trinkt sich ein bißchen Mut an und macht sich auf den Weg... Unterwegs aber verläßt ihn sein Mut, er kehrt zurück und gibt vor: »Ich war dort, aber er ist nicht dagewesen.« Und die Frau, die es ihm glaubt, ist über ihren Helden von Mann aufs höchste begeistert.

Warum verspürt der Mann das Bedürfnis, sich vor der Frau aufzuspielen? Weil er instinktiv fühlt, daß er sie auf diese Weise gewinnt... Denn die ach so schwache Frau bedarf eines starken Mannes, sie bewundert alles Kraftvolle. Bei Turnieren im Mittelalter war es zumeist die Frau, welche den Sieger belohnte: mit einem Lächeln oder einer Rose. Damals war die Frau sehr empfänglich für Heldentum und Tapferkeit und bewunderte den, der siegreich aus einem Kampf hervorging.

Auch bei Tieren verhält es sich ähnlich: Kämpfen zwei Männchen um ein Weibchen, dann ist stets das siegende Männchen der Auserwählte. Das Weibchen nimmt sich den Stärkeren, den, der am mutigsten war. Frauen mögen schwache Männer nicht. Selbstverständlich gibt es auch Ausnahmen: Manche Frauen sind derart mitleidvoll, daß sie die Schwachen bevorzugen, um sie beschützen zu können.

Werfen wir nun einmal einen Blick ins Menschendasein, um festzustellen, welches die von der kosmischen Weisheit gegebenen Merkmale sind, wodurch diese beiden Prinzipien sich voneinander unterscheiden in bezug auf ihr Verhalten, die Art und Weise wie sie blicken, reden, arbeiten...

Alles, was in der Natur hohl und tief ist, stellt das weibliche Prinzip dar und alles Aufstrebende das männliche Prinzip. Indessen haben Männer, wenn sie sprechen oder singen, tiefe, Frauen aber hohe Stimmen. Wie erklärt sich das? Es ist einfach: Was sich unten befindet neigt dazu, seinen Blick nach oben zu richten, wer aber oben ist, schaut eher nach unten. Hat man den Gipfel erreicht, gibt es nichts Höheres mehr zu sehen, also wendet man seinen Blick nach unten; nur wer unten steht, sieht nach oben.

Übrigens ist es auch im Alltag so: Der Arme strebt nach Reichtum, der Unwissende nach Erkenntnis, der Schwache nach Kraft usw. Darum ist es verständlich, daß die Frau, welche die Tiefe, den Abgrund, die Leere darstellt, sich nach der Fülle, nach dem Oben sehnt, zum Himmel aufschaut, zu ihrem Geliebten – und er beugt sich zu ihr hinab; deswegen bekam seine Stimme einen tieferen Klang. Mit ihrer Stimme äußern Mann und Frau die Grundanlagen ihres Wesens.

Habt Ihr bemerkt, daß, wenn beispielsweise ein Mann und eine Frau sich umarmen, sie ihre Arme emporhebt, um den Nacken des Mannes zu umfangen, hingegen der Mann eher dazu neigt, seine Hände weiter unten anzulegen? Ich zähle diese Einzelheiten nicht auf, um schlüpfrige Themen anzuschneiden; mich interessiert allein die philosophische Sicht dieser Verhaltensweise, und aus den von Mann und Frau instinktiv ausgeführten Gesten entnehme ich äußerst aufschlußreiche Einzelheiten. Die Frau, das Sinnbild der Materie, möchte sich höher entwickeln, sich aufschwingen, hingegen der Mann, der des Geistes Grundzüge reflektiert, begibt sich hinab, um die Tiefe zu ergründen.

Auch im Tun und Handeln von Mann und Frau sind Unterschiede festzustellen. Der Mann ist seinem Wesen nach schöpferisch und die Frau formgebend. Bei der Entstehung eines Kindes beispielsweise ist der Vater der Schöpfer, er gibt den Keim, den Geist, und die Mutter liefert die Stoffe, aus denen sich das Kind bildet. Also erschafft der Mann, und die Frau gestaltet. Beim Erbauen eines Hauses ist der Architekt, der den Bauplan zeichnet, der Schöpfer; das Haus ist noch nicht entstanden, man kann es noch nicht berühren, nicht bewohnen, aber es besteht bereits im Denken eines Menschen. Es muß nunmehr mittels allerlei Materials gebaut werden. Der Gestaltung geht stets die Schöpfung voraus, und diese findet oben im Kopf, im Mentalbereich statt.

Gott erschuf die Welt in einem Augenblick. Ihre Gestaltung jedoch nahm viel Zeit in Anspruch, und während die Welt sich bildete, entstand der Zeitbegriff. Darum spricht man auch von sechs Schöpfungstagen. Diese sechs Tage sind natürlich symbolisch gemeint, denn in Wirklichkeit stellen sie die Zeit dar, die die Bildung und Gestaltung der Welt benötigte; die Schöpfung selbst hingegen fand augenblicklich statt, sie ist das Überzeitliche.

Noch eine Frage. Wenn ein Mann und eine Frau sich küssen, warum läßt sie bisweilen ihre Zunge in den Mund des Mannes eindringen? Sie zeigt damit auf, daß, was unten im physischen Bereich vorgeht, das Gegenteil dessen ist, was oben im Astralen geschieht. Im Körperlichen ist der Mann aussendend, die Frau aufnehmend. Im Astralbereich ist der Mann aufnehmend, weil er dort der Schwächere ist, und die Frau sendet aus; in den Gefühlen ist sie die Stärkere. Oben schenkt die Frau, unten empfängt sie; der Mann gibt unten und empfängt oben. Diese Umkehrung der Pole auf den verschiedenen Ebenen ist ein großes Geheimnis.

Darin liegt auch der Grund, weshalb so viele Irrtümer beim Auslegen von Tatsachen der unsichtbaren Welt begangen werden: Viele Leute bringen diese Umstellung nicht zuwege und vermischen alle Bereiche. Die Hellsehenden sagen, daß im Astralen Formen und Zahlen umgekehrt sind, und das ist übrigens eine wohlbekannte Tatsache: Menschen, die in allerletzter Minute vorm Ertrinken gerettet wurden, berichteten, daß in dem Augenblick, da sie sich an der Grenze zwischen Leben und Tod befanden, sie ihr Leben wie einen Film, aber in umgekehrtem Ablauf vorbeiziehen sahen. Die Erklärung hierzu ist, sie betraten bereits die jenseitige Welt, und dort verhält sich alles umgekehrt.

Was unten ist, ist wie das, was oben ist: Was sich oben im Kopf befindet, der Mund mit Zunge und Lippen, ist wie das, was unten ist, das Geschlecht. Die von Hermes Trismegistus verwendeten Begriffe »unten« und »oben« sind sehr ungenau. Auf jedem Gebiet gilt es zu erkennen, welches Oben und Unten miteinander in Verbindung stehen: Himmel und Erde (oder Himmel und Hölle), Gehirn und Geschlecht (oder Hirn und Magen)... All das, was unten ist, ist wie das, was oben ist, jedoch umgekehrt. Anatomisch gesehen besteht bei Mann und Frau ebenfalls dieser umgekehrte Sachverhalt: Beim Mann ist alles außen, ist sichtbar, bei der Frau dagegen alles inwendig, verborgen und geheim.

Stellt Euch einmal vor, ein sogenannt gutgläubiges, unschuldiges junges Mädchen verführte, ohne es zu wollen, wie man so sagt, einen jungen Mann dazu, mit ihr zu schlafen... Welches wird ihr Verhalten danach sein? Sie wird jammern und weinen, und klagen, daß er ihr Unrecht tat, sie es so sehr bereue. Und der Ärmste, in seiner Ehrlichkeit und Aufrichtigkeit, möchte alles wiedergutmachen; er verpflichtet sich, verspricht die Heirat oder was weiß ich... und insgeheim triumphiert das Mädchen, denn genau das wollte sie erreichen. Natürlich kommt es auch vor, daß der junge Mann sich davon macht und das schwangere Mädchen im Stich läßt; doch damit befassen wir uns heute nicht.

In der Tat, zieht man die Struktur des weiblichen Sexualorgans in Betracht, so stellt sich heraus, daß es eigens dafür geschaffen wurde, den Mann gefangen zu halten. Der Mann bildet sich ein, er sei der Sieger und sie, die Ärmste, das Opfer... Auf keinen Fall! In Wahrheit hält *sie* ihn, zwängt ihn ein, begrenzt ihn; er ist ihr Sklave und somit das Opfer. Dem Anschein nach willigt die Frau ein, fügt sich, aber eigentlich will sie ihn einnehmen, besitzen, damit er ihr sein ganzes Leben lang zu Diensten sei, für sie arbeite usw. Denn seht nur, er ist ärmer geworden, vergab Wertvolles, opferte sich auf, während sie sich bereicherte, einen Keim des Lebens erhielt, worauf nunmehr ein Werden und Gestalten in ihr beginnt. Ja, Schein und Sein!... Der Mann fühlt sich erhaben und stolz, die Frau weit weniger. Aber im Grunde ist sie raffinierter, ihm überlegen, und er der Verführte.

Bekundungen des männlichen und des weiblichen Pols 81

Desgleichen spielt es sich in der Natur ab. Will man einen Vogel, ein Insekt, einen Schmetterling einfangen, so muß man ihn umfangen, festhalten. Und auch der Mensch, der ja innerhalb der Natur lebt, wird von ihr umfangen und beherrscht. Er befindet sich in ihr wie in einem Haus; und in einem Haus können sich, wenn man es betritt, die Türen hinter einem verschließen, man ist eingeschlossen, ein Gefangener. Wer Herr der Sachlage ist, hat stets den andern in seiner Gewalt. Und so ist es auch zwischen Mann und Frau: Sie ist die Stärkere, denn sie beherrscht ihn und für ein paar Augenblicke, für wenige Minuten, ist er ihr preisgegeben.

Die Frau bedarf des Mannes, und um ihn herbeizulocken, spielt sie das Opfer, zeigt sich schwach, zart, schutzbedürftig, denn sie weiß instinktiv, daß der Mann sich gerne als der Stärkste betrachtet, als ein Held, ein Sieger, ein Eroberer. Sie aber will lediglich damit bezwecken, ihn sicherer einzufangen und von ihm alles Gewünschte zu erhalten.

In Wirklichkeit ist keiner besser als der andere, weil beide berechnend sind; nur ihre Vorgehensweisen sind verschieden.

Die gewöhnliche Liebe ist ein wahrer Krieg, ein Kampf, bei dem es darum geht, wer wen besiegt. Von außen gesehen herrscht Freundschaft vor, wird gelächelt, umarmt und geküßt, aber in Wirklichkeit findet ein erbarmungsloser Krieg beider Geschlechter statt, ein gut getarnter Krieg. Denn um über den Gegner zu siegen, heißt es diplomatisch vorgehen. Und erst Jahre später stellt sich heraus, wer von beiden der Gerissenere war.

Ihr ruft: »Das ist ja furchtbar, was Sie hier aufzeigen!« Und dennoch ist es die Wahrheit, sieht man von jenen Fällen ab, wo Mann und Frau ein hohes Ideal, eine weise Lebensanschauung haben und für das Gottesreich wirken wollen. Dann sind sie keine verkappten Gegner mehr, sondern leisten eine gemeinsame Arbeit, wirken bewußt miteinander mittels der ihnen von der Natur verliehenen jeweiligen Fähigkeiten.

Wenn es den Anschein hat, der Mann sei der Angreifer und die Frau das Opfer, so ist dies darauf zurückzuführen, daß der Mann stets unternehmend, willensbetont ist, nichts verbergen kann, jede innere Regung bei ihm klar erkennbar ist. Hingegen die Frau ist dazu geschaffen, zu verheimlichen, nichts zu zeigen; niemand weiß, was in ihr vorgeht. Darum fällt es der Frau auch so leicht, sich zu verstellen; sie empfindet dies nicht als etwas Übles oder Unrechtes.

Sie wartet auf einen Mann, und kommt er auf sie zu, tut sie höchst erstaunt oder als sähe sie ihn nicht. Man weiß nie, was eine Frau denkt oder wünscht; denn sie bekundet sich der ihr eigenen Struktur gemäß, bei der alles nach innen gekehrt ist. Was beim Mann außen ist, ist bei der Frau umgekehrt, innen. Und verbirgt sie etwas oder lügt gar, leistet sie damit lediglich dem Gesetz ihrer Wesensart Folge.

Die Männer ihrerseits handeln nach der Beschaffenheit ihrer Natur, die sie dazu zwingt, gerade und offen zu sein, ohne jegliches Verstecken; ja, häufig sie ungestüm und unbeholfen macht.

Dies sind ein paar anatomische, physiologische, psychologische und... diplomatische Einzelheiten, die jedoch überaus wesentlich sind zu besserem Verständnis der Charakterzüge und des Verhaltens von Mann und Frau.

Abschließend möchte ich noch hinzufügen, daß sowohl der Mann als auch die Frau sich darum bemühen sollen, in ihrem Wesen das sie ergänzende Prinzip zu entfalten. Die Frau soll den männlichen, der Mann den weiblichen Pol in sich entwickeln.

Als ich in Indien war, besichtigte ich zahlreiche Tempel, und beinah in allen, selbst in den kleinsten, war das Lingam

Bekundungen des männlichen und des weiblichen Pols 83

zu sehen, das Symbol der Vereinung von männlich und weiblich. Mehrmals hatte ich Gelegenheit mit Yogis zu sprechen, und ich fragte sie: »Haben Sie den eigentlichen Sinn dieses Symbols richtig verstanden?« Entrüstet sahen sie mich an. Wie konnte ein Europäer es nur wagen, sie danach zu fragen, ob sie jenes seit Jahrhunderten mit zu ihrer Überlieferung gehörende Symbol recht verstehen! »Schon gut«, lenkte ich bei, »weshalb machen Sie denn aber genau das Gegenteil von dem, was Sie erkannten? Sie sind verheiratet – freilich ist dabei nichts Übles und Verwerfliches – aber es besagt, daß Sie das andere Prinzip, das weibliche, außerhalb Ihrer selbst in einem Wesen, das von Ihnen getrennt, Ihnen fremd ist, suchten, wo das Symbol doch veranschaulicht, daß die beiden Pole nicht voneinander getrennt sein dürfen. Das Lingam stellt den vollkommenen Menschen dar, den androgynen Menschen, der beide Pole zugleich in sich trägt. Da Sie nun außerhalb Ihrer selbst nach dem suchen, was ihnen fehlt, dann doch nur, weil Sie dieses Symbol nicht erfaßt haben.«

Nun sahen sie mich an, als hörten sie zum ersten Mal diese Enthüllungen; einige wurden nachdenklich, andere hingegen gerieten beinah in Zorn darüber.

Der Lernende soll nunmehr danach streben, die Eigenschaften beider Aspekte zu äußern: Willens- und Widerstandskraft, Festigkeit, Tätigkeit und den Ehrgeiz sowohl des männlichen Pols, der herrschen, befehlen, sich durchsetzen will... als auch Anpassungsfähigkeit, Feinfühligkeit und den Charme des Weiblichen, das sich fügt, sich aufopfert.

Ist es dem Schüler gelungen, das Doppelwesen Mann-Frau in sich zu haben, dann ist er ein Vollmensch, oder, wie dies in der Einweihungslehre genannt wird, androgyn. Androgyn zu werden war das Idealziel aller Eingeweihten – gleichviel ob Alchemisten oder Kabbalisten usw. – nämlich beide Prinzipien vollkommen entfaltet in sich vereint zu haben, wie die Gottheit selbst. In Gott sind beide Pole vereinigt, und darum liebt Er seine Geschöpfe auch alle, ist voller Nachsicht und erhört ihre Bitten. Stets wurde Gott als ein strenger, grausamer Vater dargestellt, als ein verzehrendes Feuer; doch entspricht dies keineswegs der Wahrheit: Er ist zugleich ein Vater und eine Mutter.

Bonfin, 27. August 1967

Bekundungen des männlichen und des weiblichen Pols

II

Zu dem, was ich heute Vormittag darlegte, möchte ich noch einiges hinzufügen.

Ich sagte, der Mann solle eine Frau und die Frau ein Mann werden; nicht äußerlich natürlich, sondern in ihrem inneren Verhalten, ihrem Denken, Fühlen und Handeln. Verstehen sie es, den Umständen entsprechend sich positiv oder negativ einzustellen, aussendend oder aufnehmend, aktiv oder passiv zu werden, sind sie in der Lage, sehr viele Probleme zu lösen.

In einer Familie beispielsweise: Der Mann kommt verärgert nach Hause, ist aufgebracht gegen seinen Arbeitgeber, der ihn ungerecht behandelte, und läßt bei der geringsten Gelegenheit seine Wut an seiner Frau aus. Ist die Frau nun vernunftvoll und weise, dann verhält sie sich passiv und aufnehmend; sie gibt ihm nicht zurück, sondern bewahrt ihre Ruhe. Daraufhin legt sich der Zorn des Mannes; denn es kam zwischen positiv und negativ zu einem wunderbaren Austausch. Versteht es die Frau sich umzupolen, so gelingt es ihr, die sich entladende Energie sogar aufzunehmen und ihrem Mann in gewandelter Form wiederzugeben, die ihn zu erhellen und zu erheben vermag. Umgekehrt, ist die Frau aufgeregt und zornig, muß der Mann sich rezeptiv einstellen. Leider aber ist weder dem einen noch dem andern diese Möglichkeit bekannt. Bricht der eine in Wut aus, macht der andere es ihm nach, und Streit, Schläge, Trennung sind die Folge...

Der Schüler, sei er Mann oder Frau, muß die Kunst beherrschen, abwechselnd das eine oder andere zu werden, positiv oder negativ.

Noch ein weiteres Beispiel: Ihr begebt Euch zu einem Meister, seid aber nur aussendend, sprecht immerzu, erklärt ihm die Dinge, als wäre er der Unwissende und Ihr hättet ihn zu belehren; und er muß Euch wohl oder übel zuhören. Genau das Gegenteil ist zu tun! Bei einem Meister oder einem Euch geistig überlegenen Menschen sollt Ihr aufnehmend sein, Euch still verhalten, zuhören, um Euch zu bereichern. Jedoch dann, wenn Ihr es mit unaufrichtigen, schlechten, charakterschwachen Leuten zu tun habt, müßt Ihr positiv werden, nicht allein um zu vermeiden, etwas von ihnen aufzunehmen, sondern um dazuhin noch alles Nachteilige zurückzuweisen und ihnen Gutes zukommen zu lassen. Hingegen bei einer Quelle, in eines Meisters Nähe seid aufnahmebereit.

Wie oft kamen Leute zu mir, die derart viel redeten, daß ich kein einziges Wort aussprechen konnte. Danach entfernten sie sich, froh darüber, sich irgendwo geleert zu haben... Ich konnte ihnen in keiner Weise behilflich sein, denn sie ließen mir keine Möglichkeit etwas einzufügen, so sehr aufgeblasen und von sich selbst eingenommen waren sie.

Ein Eingeweihter sieht sogleich, daß mit derlei Leuten nichts anzufangen ist, er ihnen keine Aufgabe stellen, ihnen nicht zur Einsicht verhelfen kann. Es ist mithin überaus wich-

Bekundungen des männlichen und des weiblichen Pols 87

tig, die zwei Pole richtig zu handhaben, zu erkennen, wann man positiv und wann negativ zu sein hat.

Seid Euch im klaren darüber: Wenn Ihr unglücklich und erfolglos seid, so liegt es daran, daß Ihr die beiden Prinzipien nicht einzusetzen wußtet. Stoßen Euch Unheil und Schwierigkeiten zu, so habt Ihr sie selbst herbeigezogen: Ihr wart dementsprechend polarisiert. Also heißt es, sich umpolen, um das Widerwärtige zu entfernen. Ihr müßt imstande sein, das Schlechte, das Ihr Euch zugezogen habt, zurückzuweisen und das, was Ihr abgewiesen hattet, ohne zu ahnen, daß es für Euch gut war, wieder herbeizuziehen.

Gott stellte uns die Lösung aller Probleme vor Augen. Da sich aber niemand die Mühe nimmt, sie zu lesen und zu entziffern, wird die Lösung nicht erkannt, wenngleich die Natur selbst es ist, die sie uns gibt.

Bonfin, 27. August 1967

VIII

Die Eifersucht

Eifersucht trifft man sehr häufig bei Verliebten an. Auch bei den Reichen, deren ganzes Bemühen auf die Erhaltung ihrer Güter gerichtet ist und die darunter leiden, alles ihren Erben hinterlassen zu müssen. Nach ihrem Tode kommen sie zurück zu ihren Besitztümern, ihren Häusern, bleiben dermaßen mit ihrem hinterlassenen Reichtum verkettet, daß sie auch weiterhin versuchen, ihn zu verteidigen und sich darüber grämen. Dadurch, daß sie außerstande sind, die sie an das Irdische fesselnden Bindungen abzubrechen, können sie nicht in höhere Bereiche aufsteigen, sondern nahen immer wieder ihrem Haus, ihrem Geld, neidisch auf jene, die es nun besitzen und sind zutiefst unglücklich.

Die Eifersucht der Verliebten ist noch weit seltsamer. Sie ist die Ursache unzähliger Mißverständnisse und Leiden; sie macht das Leben zur Hölle. Wie viele Ehepaare kommen zu mir, der Mann beschuldigt seine Frau, die Frau ihren Mann der Untreue! Gehe ich der Sache jedoch auf den Grund, stelle ich fest, daß es reine Einbildung war. Weshalb macht man eigentlich all diese Geschichten? Nur deshalb, weil man fürchtet, den geliebten Menschen zu verlieren; ja, und mit welcher Lust, welcher Wonne sucht man ihn zu beunruhigen und zu quälen! »Nur weil ich dich so sehr liebe, quäle ich dich...«

Welch eine Logik! Es kommt allerdings auch häufig vor, daß eine Frau mißmutig und enttäuscht darüber ist, daß ihr Mann sie nicht eifersüchtig belauert. Er beweist ihr seine Liebe, läßt es ihr an nichts fehlen und gewährt ihr völlige Freiheit, doch, statt sich darüber zu freuen, verdächtigt sie ihn, eine Geliebte zu haben. Soll er sie denn anketten, wie ein Drache bewachen, damit sie glücklich sei? Solche Drachen hat es schon gegeben, die ihre Frau tyrannisierten, aber sie war trotzdem unglücklich. Niemand vermag es der menschlichen Natur recht zu machen, glaubt es mir. Läßt der Ehemann seiner Frau alle Freiheit, klagt sie: »Warum hält er mich nicht und läßt mich frei? Nur weil er eine andere hat!« Ist er autoritär und tyrannisch, jammert und klagt sie und sucht nach einem anderen Mann, der sie befreit.

So man etwas für sich alleine behalten möchte, fürchtet man stets, es zu verlieren oder anderen überlassen zu müssen. Eifersucht beginnt an einem zu nagen, die Angst vor dem Verlust dessen, was einem angeblich gehört, erwacht. Wo aber steht denn geschrieben, daß Eure Ehefrau, Euer Ehemann Euch gehört? Ihr kennt sie (ihn) seit 2 oder 10 Jahren, jedoch waren sie auf der Welt, lange bevor Ihr sie kennenlerntet: haben Eltern, einen Schöpfer, existieren seit Millionen Jahren, gehören jedenfalls nicht Euch. Der Mann sagt: »Sie ist meine Frau, wenn ich will, kann ich sie umbringen.« Ganz recht, sie ist deine Frau, aber bis wann wird sie es bleiben? Gott allein weiß es. Ihr seid Verbündete, nichts weiter. Willst du folgenschwere Mißverständnisse oder großes Unglück vermeiden, so betrachte sie als eine freiwillige Mitarbeiterin... oder unfreiwillige – darüber schweigt die Geschichte. Ihr habt Euch zusammengeschlossen zu gemeinsamer Arbeit, zum Bau eines Hauses beispielsweise. Wenn Ihr ein Kind zur Welt bringt,

Die Eifersucht

baut Ihr eine Wohnstätte: Das Kind ist ein Geist, der von weither kommt, und Ihr errichtet ihm ein Haus, Stein um Stein.

Eben diese Angst, das zu verlieren was man hat, ist die Ursache aller Mißverständnisse. Man fürchtet, den geliebten Menschen, den man zu besitzen glaubt, zu verlieren. In Wirklichkeit gehört er einem ja gar nicht! Man setzt alle möglichen Mittel ein, ihn zu halten, quält ihn, zwingt ihm den eigenen Willen auf, schafft damit aber nur Mißhelligkeiten. Und was haltet Ihr damit fest?...

Nehmen wir an, Ihr seid mit einer sehr hübschen Frau verheiratet. Könnt Ihr etwa andere Männer daran hindern, sie anzusehen, zu bewundern, ja ihr sogar zu folgen? An Gelegenheiten hierfür fehlt es nicht, auf der Straße, im Theater, bei gesellschaftlichen Anlässen, bei Bekannten, überall. Ein jeder blickt sie an, und seid Ihr da nicht einsichtig und vernünftig, leidet Ihr darunter. Ihr gleicht einem, in dessen Garten die schönsten Blumen blühen. Er kann nicht verhindern, daß sich ihr Duft verbreitet, und daß ein jeder, der vorübergeht, ihren Duft atmet. Was ist es denn eigentlich, was Ihr so ängstlich für Euch behalten möchtet? Nur der Körper des geliebten Wesens, seine Hülle, sein Gewand... Was den eigentlichen Wert des Menschen ausmacht, sein inneres Wesen, d.h. sein Gemüt (seine Gedanken und Gefühle), läßt sich nicht hinter Schloß und Riegel aufbewahren.

Sich einzubilden, die Seele eines Menschen in seiner Gewalt zu haben, ist der schlimmste Selbstbetrug. Es ist genau, als wollte man Sand flechten oder dem Wind die Richtung weisen. Über die Seele kann man nicht herrschen. Des physischen Leibes kann man sich wohl bemächtigen, nicht aber der in ihm wohnenden geheimnisvollen Wesenheit.

Manche versuchten, mit Hilfe der Magie einen Mann, eine Frau an sich zu fesseln, und das ist durchaus möglich. Es gibt allerlei Zaubersprüche und geheime Verfahren, um Frauen oder Männer zu behexen, aber ich rate niemandem, davon Gebrauch zu machen. Aus welchem Grunde? – Nehmen wir an, Ihr habt es erreicht, die Liebe einer Frau zu erzwingen; und es kann sogar sein, sie ist heftig in Euch verliebt... unter der Sonne ist ja alles möglich!... Umarmt Sie Euch nun und gibt Euch, was Ihr von ihr erwartet, so wißt Ihr nicht, was sie Euch außerdem dabei noch alles übergibt, ahnt nicht, was in ihr vorgeht, was für Geister Ihr wachrieft. Ihr müßt nämlich wissen, daß durch die Macht Eurer Zaubersprüche sich Geister in ihr angesiedelt haben; nicht Geist und Seele der Frau sind Euch in Liebe zugetan, sondern es bekunden sich unterschwellige Wesenheiten, vor denen, könntet Ihr sie sehen, Euch die Haare zu Berge stünden, Ihr den Himmel anflehen würdet, Euch von ihnen zu befreien.

Das Behexen anderer Menschen ist in keiner Weise zu empfehlen! Ihr erlangt zwar das Gewünschte, aber dieweil Ihr Liebe von den Lippen dieser Frau zu trinken wähnt, trinkt Ihr ein Gift, das Euch langsam aber sicher zugrunde richtet. Es ist möglich, Geister aus der Astralebene heraufzubeschwören und ihnen zu befehlen, jedoch der Geist ist frei, läßt sich weder fesseln noch in Ketten legen.

Im Vergleich zu der Angst, die leere Schale, die Hülle, den Körper eines Menschen zu verlieren, wieviel größer und beglückender ist doch die Freude, den Geist zu gewinnen, ihn an seiner Seite zu wissen! Ihr zieht es wohl vor, beides zu haben, den Körper sowie den Geist. Ich kann Euch verstehen, nur gilt es, in anderer Weise vorzugehen. Weder mit Zorn noch mit Gewalt werdet Ihr es schaffen; im Gegenteil, dadurch geht Euch beides verloren. Es bedarf einer ganz anderen Einstellung, damit der freie Geist sich derart an Euch bindet, daß nichts ihn von Euch zu lösen vermag. Das ist der Anfang wahrer Liebeskunst.

Wünscht Ihr, daß ein Mensch Euch liebe, frei und ohne dazu gezwungen zu sein, steht nur eine, unschädliche Mög-

Die Eifersucht

lichkeit offen: Denkt nie Schlechtes über ihn, sendet ihm stets nur lichtvolle, gütige, reine Gedanken. Selbst wenn er hartherzig und böse ist, ertragt alles in Geduld, steht ihm weiterhin hilfsbereit und liebend zur Seite. Liegt Euch wirklich derart viel an ihm, wird er Euch früher oder später ebenso innig zugetan sein, in reiner göttlicher Liebe.

Eifersucht ist ein Gefühl, das sehr schwer zu überwinden ist. Mit Anstrengungen allein ist es nicht getan. Wie ich neulich sagte, vermag man nichts gegen eine bereits ausgelöste Gewalt, denn sie übt einen zu starken Druck aus und reißt auf ihrem Wege alles mit. Versucht einen Fluß nicht aufzuhalten, wenn die Schleusen geöffnet sind, es wäre zu gefährlich; alles wird vom Wasser hinweggespült. Eines könnt Ihr tun: die Schleusen gar nicht erst öffnen. Dann seid Ihr Herr der Lage. Höhere Einsicht und Vernunft allein besiegen die Eifersucht. Denn alle Macht liegt in vernunftvollem Denken.

Nun wird jemand einwenden: »Ja, aber wacht man nicht eifersüchtig über seine Frau, macht sie lauter Dummheiten.« Laßt Euch eines besseren belehren. Das Gegenteil ist der Fall: Gerade wenn man sie eifersüchtig belauert, begeht sie die schlimmsten Fehler. Seid Ihr denn in ihrem Kopf, ihrem Herzen, wißt Ihr, was in ihr vorgeht? Eine Frau würde sich sogar anmaßen, Gott selbst zu täuschen, so geschickt versteht sie sich aufs Lügen. Und solch ein Dummkopf von Ehemann bildet sich ein, sie halten zu können? Etwas gibt es, das ich nie glauben werde, und zwar, daß es einem Mann je gelingen wird, eine Frau zu halten. Sie selbst kann sich bewahren, nicht aber ihr Mann. Mag er sie auch in eine Festung sperren, sie wird den Teufel herbestellen und sich mit ihm vergnügen, um sich an ihrem Mann zu rächen.

Eifersucht führt stets zu Unheil! Indem sie sich dauernd anhören muß: »Du betrügst mich... du betrügst mich...«, wird sich die Frau eines Tages schließlich sagen: »Ich will's doch mal versuchen, es muß äußerst aufregend sein!« – Bisher war sie treu und dachte nie daran, ihren Mann zu betrügen! Er war es, der mit seinem Argwohn im Astralbereich die Vorbedingung dazu schuf, und hat sie erst einmal beschlossen, ihn zu hintergehen, führt sie es nicht nur aus, sondern erweist sich als ein wahres Genie, wenn es darum geht, seine Bersorgnis zu verscheuchen: »Mein Liebling, du kannst ganz beruhigt sein, ich sage die lautere Wahrheit.« Und er, der ihr nicht glaubte, als sie die Wahrheit sprach, schenkt ihr jetzt, da sie lügt, vollen Glauben!

Eifersucht ist ein Mangel an Vernunft. Man hält verbissen am andern fest, weil man nicht erkennt, daß Seele und Geist dessen, den man für sich alleine besitzen möchte, vollkommen frei sind. Beginnt man einzusehen, daß es im Menschen etwas unsäglich Feineres gibt, auf das man sich einzustimmen hat, wird man weitsichtiger und großzügiger; das Verhalten dem geliebten Menschen gegenüber wird einfühlsamer und weiser. Von da an empfindet der andere eine tiefere Zuneigung zu Euch, denn er spürt, daß Ihr denkt und überlegt, keine Gewalt anwendet und er Euch vertrauen darf.

Wenn die Angst schwindet, ändert sich auch Euer Verhalten. Anstatt gereizt, grob, boshaft, rachsüchtig zu sein, findet Ihr zu innerer Ruhe und Gelassenheit und damit die Lösung zu den sich ergebenden Problemen.

Nehmen wir sogar an, Eure Frau liebe Euch nicht mehr. Dann sagt Euch, daß diese Seele frei ist, nicht ewig mit Euch zusammen bleiben wird, vor Euch schon Hunderte anderer Gatten geliebt und nach Euch noch viele andere lieben wird. Wozu sich also den Kopf zerbrechen, weil sie Euch nicht mehr liebt? Und Eure Liebe zu ihr, wird sie denn ewig dauern? Liebtet Ihr sie seit Anbeginn der Welt? Nein. Darum beruhigt Euch und bedenkt, daß es ungerecht ist, so hohe An-

Die Eifersucht

sprüche an sie zu stellen, während Ihr Euch die Freiheit nehmt, zu tun, wonach Euch der Sinn steht.

Die Eifersucht ist ein fürchterliches Gefühl, das den Geist verfinstert. Sie ist der Hölle schlimmster Ratgeber und verleitet die Menschen zu den sinnlosesten Handlungen, welche sie hinterher bereuen, wenn es zu spät ist. Man bringt seine Geliebte in einem Augenblick rasender Eifersucht um, jammert und weint danach und nimmt sich das Leben.

Ich weise Euch jetzt auf etwas hin, das Euch vielleicht entgangen ist: Eifersucht treibt den Menschen in die niederen Bereiche zügelloser Sinnlichkeit. Eine Eifersuchtsszene entfacht noch sinnlichere Liebesglut als zuvor! Um nicht roher, triebhafter Liebe zu verfallen, laßt keine Eifersucht in Euch aufkommen, sonst lebt Ihr wie unter einem Zwang und wißt nicht einmal, wie es dazu kam.

Wieviele Männer machten ihrer Ehefrau, ihrer Geliebten die schrecklichsten Szenen, drohten, sie zu verlassen, dann aber überkam sie ein unwiderstehlicher, sexueller Drang; sie warfen sich ihr zu Füßen, erniedrigten sich und, ihre Menschenwürde vergessend, bettelten sie um eine Liebkosung!...

Der Geistschüler sollte ein für allemal die Eifersucht überwinden. Es ist eine Schande für ihn, weiterhin unter denselben Sorgen und Ängsten zu leiden. Verläßt ihn seine Frau, soll er denken und überlegen, sich sagen: »Es ist traurig, daß ich meine Frau verliere, ich werde nicht so bald darüber hinwegkommen; aber es bleibt mir ja der Himmel, Gott, das Licht, die Lehre, der Meister... Wie reich bin ich doch!« Habt Ihr nur ein Brot, so könnt Ihr nicht großzügig sein, besitzt Ihr aber Mengen davon, verschenkt Ihr sie freigebig, denn Ihr wißt, daß es Euch an Brot nicht mangeln wird. Eifersucht ist ein Zeichen innerer Armut. Wer innerlich reich ist, fürchtet sich nicht vor dem Alleinsein. Auch wenn alle ihn verlassen, fühlt er die Gegenwart unzähliger Geistwesen, die sich seiner annehmen.

Eine der besten Möglichkeiten, die Eifersucht zu besiegen, ist das Erheben der Liebe in höhere Bereiche. Wie erklärt es sich, daß eine Frau, die einen Mann seiner Intelligenz, seines Wissens, seines Geistes und seiner Güte wegen liebt, wünscht, daß alle Welt ihn kennenlernt? Weshalb macht die Tatsache, daß alle zu ihm kommen, sie so glücklich? Weil ihre Liebe eine andere, höhere ist als jene, welche Frauen gewöhnlich für Männer empfinden, zu denen sie sich nur wegen des Aussehens, des Bartes oder der prallen Muskeln hingezogen fühlen.

Es ist somit wichtig, sein Lieben zu wandeln: Mit einer sinnlichen Liebe ist stets Eifersucht verbunden. So ist es tatsächlich: Ist Eure Liebe zu einem Menschen eine rein körperliche, umso unbedingter wünscht Ihr ihn für Euch allein zu besitzen – und schon ist die Eifersucht da. Je idealer und geistiger Ihr ihn jedoch liebt, desto stärker wird der Wunsch in Euch wach, ihn mit anderen zu teilen.

Ich möchte noch hinzufügen, daß eine Frau niemals einen Mann heiraten soll, der um viele Jahre jünger ist als sie; denn damit bereitet sie sich ihr eigenes Unglück vor. Es ist natürlicher, daß ein junges Mädchen einen Mann reiferen Alters liebt, denn Männer altern weniger schnell als Frauen. Ist eine Frau unvorsichtig genug, einen sehr viel jüngeren Mann zu nehmen, wird sie es erleben, daß der junge Mann, den sie zu halten versucht, ihrer allmählich überdrüssig wird, sie verläßt, um sich jüngeres Wild einzufangen, und sie grämt sich zu Tode. Auf derlei Geschichten darf man sich nicht einlassen.

Seid nicht erstaunt, wenn ich häufig auf dieselben Fragen zurückkomme. Es geht nämlich nicht nur um theoretische

Die Eifersucht

Kenntnisse, sondern vor allem um die praktische Erfahrung! Darum wiederhole ich das selbe solange, bis Ihr Euer Wissen auch praktisch anwendet. Seit sieben Jahren greife ich immer wieder dieselben Themen auf, indem ich sie Euch von den verschiedensten Gesichtspunkten aus unterbreite. Insbesondere das Thema der Liebe, denn ich sehe, daß Ihr Euch noch immer mit denselben Problemen herumplagt. Sobald ich merke, daß Ihr Eure Probleme gelöst habt, schlage ich neue Seiten auf. Hat erst das Kollektivbewußtsein eine höhere Stufe erreicht, offenbare ich Euch neue Wahrheiten. Einstweilen genügen Euch die bisher erworbenen Kenntnisse.

Nehmt eine meiner Ansprachen vor, worin ich die Richtlinien unserer Lehre darlege! Beherzigt Ihr sie, so wird sich Euer ganzes Leben erhellen. Solange Ihr Euch mit theoretischem Wissen zufrieden gebt, begegnet Ihr stets denselben Problemen. Was Euch theoretisch bekannt ist, sollt Ihr nun im Praktischen verwirklichen, und eine neue Welt wird sich Euch erschließen.

Sèvres, 24. März 1945

IX

Von Iesod zu Kether

Vergeistigung der Sexualkraft

Auf dem Sephirotbaum wird die Reinheit durch Iesod veranschaulicht, das Reich der Engel, der Kerubim, die für das Fortbestehen und die Reinerhaltung des Lebens sorgen. Deswegen sind auch auf der Darstellung des kosmischen Menschen, Adam Kadmon, die Geschlechtsorgane Iesod, der Reinheit, gleichgesetzt: weil sie Leben zeugen. Gegenwärtig freilich haben bei den Menschen diese Organe nicht viel mit der Reinheit gemein, sollten es aber, damit das Leben geheiligt werde. Die Heiligkeit setzt ein tiefes Verständnis des Sexualproblems voraus. Erst von dem Augenblick an, da der Mensch seine Sexualkraft zu meistern imstande ist, wird er ein Heiliger, auf keine andere Weise. Kein anderer Weg führt zur Heiligkeit.

Oben am Mittelpfeiler des Lebensbaumes liegt die Sephira Kether. Dort walten die Seraphin, Wesen von so erhabener Reinheit und Heiligkeit, daß sie dazu berufen wurden, Gott zu rühmen und zu preisen. Tag und Nacht, so sagt die Offenbarung, wird der Herr durch den Mund der Seraphin gepriesen, die in einem fort singen: »Heilig, Heilig, Heilig, ist der Herr, der Allmächtige, der war, ist und kommen wird.« Die Heiligkeit, die man sich immer oben denkt, hängt im Grunde genommen vom Unten ab. Kether, die Krone, versinnbildlicht die Entfaltung und Vergeistigung der Sexualkraft. Diese Energie, die der Eingeweihte dank seiner Reinheit zu läutern und zu vergöttlichen vermochte, sie ist die Heiligkeit und wird als ein goldener Lichtschein über seinem Haupte sichtbar. Die Heiligkeit bleibt nicht unten, sondern steigt in die Höhe; deswegen auch wird sie oben eingetragen, aber sie stammt von unten.

Die Sephirot stellen die kosmischen Organe dar; Iesod verkörpert im Universum das Fortpflanzungsorgan. Aus diesem Grunde wandelt sich, wenn in dem Lebensbaum Mensch alle Kräfte harmonisch kreisen und er sich durch die Reinheit Iesods geläutert hat, die von unten zum Hirn aufsteigende Sexualenergie und wird als strahlende Aura sichtbar. Kether ist nämlich nicht der Kopf, sondern der Strahlenkranz über ihm, die Aura, jener goldene Lichtschein, wie man ihn auf Kirchenbildern über dem Haupt von Propheten, Aposteln und Heiligen sieht.

Echte Eingeweihte sind jene, die in sich selbst die Reinheit Iesods verwirklicht haben. Wie alle anderen Männer besitzen auch sie dieselben Organe und bilden vielleicht dieselbe Substanz, nur ist sie durchgeistigt und geläutert, steigt auf, um oben im Hirn die geistigen Zentren zu speisen und strahlt über sie hinaus in hellichtem Glanze.

Sèvres, 2. Februar 1969

X

Der geistige Schutzfilter

Fühlt Ihr, meine lieben Brüder und Schwestern, welch ungewöhnlich reine Atmosphäre uns heute Morgen wieder umgibt! Ihr denkt wohl: »Warum spricht er denn immer vom Wetter?« Nun, es könnte sein, daß Ihr es nicht beachtet. Schaut nur diese Farben, dieses Licht, diese Klarheit!... Ich bin stets aufs neue von dieser Reinheit des Himmels beeindruckt...

Seht den Hubschrauber dort... Welches Vorrecht hat er doch, hier vorbeizukommen! Ohne es zu merken erhielt er etwas von der Aura, dieser Lichtflut, die uns umgibt, und trägt es nun mit sich davon... War der Pilot in einer friedvollen, harmonischen Stimmung, so fing er den Segensstrom auf und wird die Keime verbreiten, die ihm von hier zuteil wurden. Gleichsam, als hätte man ihm einen Sack Briefe übergeben, die er nun überallhin verteilen wird. Ja, genauso ist es.

Gelegentlich, wenn Ihr auf der Straße geht, nähert Ihr Euch Stellen, wo finstere Machenschaften, Verbrechen begangen werden. Stimmen Eure eigenen Schwingungen in dem Augenblick mit den von dort ausgehenden überein, so erliegt

Ihr deren Einfluß und fühlt Euch ebenfalls zu üblen Taten getrieben, ohne im geringsten zu ahnen, daß dies aufgrund der ätherischen Einwirkung geschah, die Ihr empfingt, als Ihr an jenen unheilvollen Orten vorbeikamt. Man muß sich allem Negativen verschließen können und sich nur dem öffnen, was harmonisch und lichtvoll ist. Aber wie? Ich will Euch einiges hierzu sagen, worüber Ihr sehr erstaunt sein werdet.

Ich spreche immer wieder über den männlichen und den weiblichen Faktor, denn sie sind für mich der Schlüssel, der mir das Öffnen vieler Türen ermöglicht. Des öftern schon wiederholte ich, daß das Geben im Wesen des Männlichen liegt und das Empfangen im Wesen des Weiblichen, woraus Ihr ersehen mögt, daß ohne Ihr Wissen, die Frau gefährdet ist, durch ihre Sexualorgane unreine, schmutzige Strömungen aufzunehmen. Sie sollte sich deshalb in Gedanken mit einem Filter schützen, der Nachteiliges von ihr abhält und nur guten, segenreichen Strahlungen Einlaß gewährt. Das bedenken die Frauen jedoch nie. Allerdings hat ihnen auch noch niemand gesagt, daß eine gewisse Stelle ihres Körpers einem Schwamm gleich Emanationen aufnimmt. Den Frauen muß dies bewußt werden, damit sie nicht als Abfalleimer dienen für den Schmutz, den die Männer im Vorbeigehen hinterlassen.

Wie viele Männer mustern Frauen auf der Straße und stellen sich dabei schon vor, was sie mit ihnen alles tun könnten!... Und die Frauen, die dies bemerken, fühlen sich geschmeichelt und sind stolz darauf, weil sie nicht wissen, wieviel Schmutz sie im Begriffe sind aufzulesen.

Eine Frau kann ihre Reinheit nicht bewahren, wenn sie sich nicht schützt; deshalb muß sie sich der wichtigen Bedeutung und Aufgabe jener von der Natur in sie gelegten Organe

Der geistige Schutzfilter 103

voll bewußt werden. Sie sollte darüber nachdenken, meditieren und beten, damit sie an dieser Stelle nichts Unreines, keine Larven und Elementarwesen einläßt, die ihr seelisches und selbst ihr körperliches Befinden beeinträchtigen. Übrigens, wenn so viele Frauen an Unterleibskrankheiten leiden, liegt dies zu einem großen Teil auch daran, daß sie sich nicht mit einem fluidalen Schutzfilter versahen, der das Eindringen von Unreinheiten samt deren verheerenden Folgen verhindert hätte. Dann suchen sie Ärzte auf, die doch nicht helfen können, weil ihnen nicht bekannt ist, daß die Heilmittel im Ätherischen zu suchen sind.

Was den Mann betrifft, verhalten sich die Dinge völlig anders, da er von Natur aus nicht empfängt, sondern aussendet. Aber daran liegt es eben: Anstatt bewußt stets nur belebende, lichte, harmonische Kräfte auszustrahlen, schleudert er die meiste Zeit trübe, unsaubere Strömungen von sich und ist stolz, als ein Beispiel strotzender Männlichkeit zu gelten. Er projiziert auf der Astralebene nichts als Unrat, und die Frauen, die dies aufnehmen, sind genauso stolz darauf.

Die Natur schuf den weiblichen Körper derart, daß die Frau nicht wie der Mann nur ein Sexualorgan, sondern darüber hinaus noch sechs weitere besitzt. Gegenwärtig aber vermag die Frau lediglich mit der letzten, der gröbsten Saite zu schwingen. Die anderen schlummern noch in ihr. Eines Tages muß es ihr gelingen, alle anderen Saiten im Einklang mit den Schwingungen des Kosmos ertönen zu lassen. Dann wird sie der Äolsharfe gleichen, die schon beim leisesten Windhauch erklang. Sobald Frauen geistig höher entwickelt sind, wird ihnen bewußt, daß sie jeden Vorgang, jede Anwesenheit zu registrieren vermögen. Sie spüren, daß es sich um einen Apparat höchster Präzision handelt, der sie vom Vorhandensein sowohl von Gutem wie auch von Schlechtem informiert, so daß es ihnen möglich wird, Vorsichtsmaßnahmen zu treffen.

Einstweilen jedoch, ich bitte zu entschuldigen, merkt eine Frau nur während der intimen Beziehung mit einem Mann, daß ihr Wesen reagiert. Höherentwickelte Frauen hingegen fühlen, daß sie eine Einrichtung besitzen, die ihnen in vielem Auskunft erteilt. Es wäre der Mühe wert, daß alle Frauen sich damit befaßten, jene Stelle ihres Körpers mit einem Fluidalfilter zu schützen, um das Eindringen schädigender Einflüsse zu verhindern.

Ich lenke heute die Aufmerksamkeit auf einen zumeist ignorierten Punkt. In der Medizin werden allgemein nur die Anatomie oder Physiologie des Menschen studiert; sie weiß nichts von seinem ätherischen Wesen, das doch das wichtigste ist. Eines Tages aber, wenn sie in der eingeschlagenen Richtung nicht mehr weiterkommt, ihr der Weg versperrt ist, wird sie nicht umhin können, in diesen Bereich vorzudringen. Das Studium der Feinkörper des Menschen ist die einzige Lösung.

Gegenwärtig ist man genauestens über Aufbau und Funktion der Sexualorgane von Mann und Frau unterrichtet, aber man pflegt und bewundert stets nur die Schale, das Gerüst und läßt die kreisenden Energien und Kräfte außer acht, obgleich doch sie das Wesentlichste sind. Die Eingeweihten sind damit sehr wohl vertraut, aber ihr Wissen wird von niemandem gewürdigt.

Der Mann, wie ich bereits sagte, strahlt und sendet aus und ist daher auf geistiger Ebene weit besser geschützt. Der in ihm kreisende Strom schwemmt die Unreinheiten hinweg, nimmt sie nicht auf wie die Frau. Der Mann zieht oben, mit dem Kopf, Strömungen an, die Frau hingegen unten, und sie muß sich deswegen mit Filtern schützen.

Ich fühle, daß Schwestern mich innerlich fragen: »Wie bereitet man aber diesen Filter zu, von dem Sie sprechen?« Mit der Denkkraft. Ihr müßt beten, meditieren und die himmlische Welt bitten, Euch ein schützendes Wesen zu sen-

Der geistige Schutzfilter 105

den, das die unreinen Einwirkungen, die durch das Verlangen, die Gelüste und Leidenschaft der Männer entstanden, von Euch fernhält.

Gelingt es Euch, ein Lichtwesen der himmlischen Welt herabzubitten, das Euch beschützt, werdet Ihr eine bisher nie verspürte Freude, Lauterkeit und Unschuld empfinden – und werdet zu einem Gefäß des Geistes Gottes, zum Tempel des lebendigen Gottes.

Übt Euch denn in diesem Sinne, meditiert, denkt darüber nach... Dabei bessert sich Eure Gesundheit und Euer seelisches Gleichgewicht. Ihr erkennt, was Reinsein eigentlich ist, werdet inne, daß die Beziehung zwischen Mann und Frau ein einziges Schwingen, Austauschen und gegenseitiges Durchdringen auf allen Ebenen ist, und daß dieses Geben und Empfangen in hohen Sphären, in Licht und Reinheit vollzogen wird, nicht nur in den niederen Bereichen.

Auf diese Weise erhebt Ihr Euch allmählich zum Dasein der Engel... Die Engel begegnen einander unaufhörlich, gehen wie die Lichtstrahlen ineinander über, und in diesem Austausch ist nicht die geringste Unreinheit. Sie leben immerzu in Liebeswonne, denn oben im Geistigen waltet nur Liebe. Das Leben der Engel ist ein dauerndes Verschmelzen, ein Lieben in vollkommenster Reinheit. Gelingt es den Menschen, mit ihren sieben Saiten zu vibrieren, so werden sie den Engeln gleich und eine unbeschreiblich herrliche Musik wird dann erklingen. Selig, wer mich verstanden hat!

Denkt weiter über dieses Thema nach mit reinem Gemüt und lichter Gesinnung, und versucht, Euch von Euren alten, überholten Auffassungen zu lösen, die Euch den Zugang zu höherer Einsicht und hellerem Sein versperren. Dann werdet Ihr wahrhaft Söhne und Töchter Gottes.

Selbstverständlich wäre noch viel über die Filter zu sagen, denn des Schutzes bedarf nicht nur ein Organ der Frau. Jeder geistig Strebende weiß, daß er sich inmitten des kosmischen Ozeans befindet und seine verschiedenen Körper, sowohl den physischen als auch die feinstofflichen, mithilfe guter oder schlechter, teils ererbter, teils von ihm selbst aufgenommener Baustoffe bildet. Die Hauptfrage für ihn liegt nun darin, zu wissen, wie er Segenreiches in Herz und Verstand einläßt und Übles fernhält.

Der wirksamste Filter, der alle übrigen in sich vereint, ist die Aura.* Wünscht Ihr gegen alles Schädliche gefeit zu sein, dann arbeitet in Gedanken an Eurer Aura. Seht Euch in leuchtendste Farben gehüllt: in Violett, Blau, Grün, Goldgelb usw. und stellt Euch vor, diese Farben breiten sich um Euch als ein weithin schillernder, kräftig pulsierender, strahlender Lichtwall. Das ist der einzig wahre Filter! Durch diese Aura vermag nichts Unsauberes, Krankhaftes, Düsteres zu dringen, sie läßt Euch die Pracht der himmlischen Welt erschauen, und Ihr werdet Euch darin laben, sättigen, sie trinken, atmen und in diesem Ozean der Liebe und Glückseligkeit schweben.

Jedoch zur Bildung einer solchen Aura genügt es nicht, sich Farben vorzustellen. Damit sie bestehen bleibt, müssen edle Eigenschaften und hohe Tugenden sie stützen. Da jeder Farbton symbolisch eine Tugend darstellt, bleiben die Farben der Aura nur dann erhalten, wenn sie durch die entsprechenden Eigenschaften gespeist und getragen werden. Aus diesem Grunde gaben die Weisheitslehrer Übungen und Methoden an, wodurch die Tugenden entfaltet werden können, welche sodann als Farbtöne erglänzen. Dies nehmen alsbald auch die Geistwesen wahr, die aus ihren Höhen die Erde beobachten,

---

* Vergl. Vortrag »Die Aura« (Band VI)

Der geistige Schutzfilter

wo nur Finsternis herrscht: Sie sehen inmitten dieser Nacht einen Eingeweihten, einen Jünger, der hellen Lichtschein verbreitet, Strahlen aussendet; sie eilen herbei, nehmen sich seiner an, umhegen ihn wie eine Blume, schenken ihm Kraft und Erleuchtung.

Behaltet für heute im Gedächtnis, meine lieben Brüder und Schwestern: Der wirksamste Schutzfilter ist unsere Aura.

Bonfin, 16. August 1962

XI

Lernt sinnvoll essen – dann wird auch Euer Lieben sinnerfüllt!

I

Tag für Tag bereitet Ihr Eure Nahrung zu und eßt... Ihr schluckt aber nicht alles wahllos hinunter, sondern sortiert sie zuvor sorgfältig aus. Seien es Muscheln oder Fisch, Käse, Gemüse oder Früchte, stets haftet etwas Schmutz oder Unverdauliches daran, das abgewaschen oder weggeschnitten werden muß. Der Mensch ist höher entwickelt als das Tier und liest die Nahrung, die er zu sich nimmt, aus; Tiere hingegen tun dies nicht. Was jedoch seine Gefühle und Gedanken anbelangt, trifft er keinerlei Auswahl, schlingt bedenkenlos alles hinunter.* Warum wohl? Wieso läßt er Schädliches in sein Herz und seinen Verstand eindringen, ohne zuvor diese Seelennahrung, die er sich anschickt aufzunehmen, zu waschen und zu reinigen? Warum bedenken Verliebte nicht, bevor sie sich küssen, welcher Art die Speise ist, die sie aufnehmen, um Unsauberes zu entfernen? Deswegen schleichen sich in ihre Gefühle, in ihre Küsse, ohne ihr Wissen unsichtbare Keime ein, die Krankheit und Tod bringen. Ja, tatsächlich, der Tod schleicht sich in die niedere, triebhafte Liebe ein, in der weder Bewußtheit noch Selbstkontrolle und kein Licht zu finden ist. Und ausgerechnet diese Liebe wird allerorts überschwänglich

---

*Siehe Kapitel 1 (Band VII)

gepriesen, besungen und gelobt. Niemand kennt eine höhere Form der Liebe, und wer davon spricht, wird verwundert angesehen, als wäre er von Sinnen.

Alles beginnt schon beim Essen: Bevor man sich zu Tisch begibt, wäscht man sich die Hände. Ja, früher war es sogar üblich, ein Gebet zu sprechen und den Herrn zu bitten, Gast bei Tische zu sein. Bei einfachen, ungebildeten Leuten mag dieser Brauch vielleicht noch bestehen, der moderne, kultivierte Mensch jedoch ist davon völlig abgekommen. Soweit haben Verstand und Kultur die Menschen gebracht!... Sich die Hände waschen und den Herrn herbeibitten waren Übungen, denen ein tiefer Sinn zugrunde lag, und die Eingeweihten, die sie einführten, wollten ihren Schülern damit sagen: »Bevor Ihr einen Menschen liebt, ihn in Eure Arme schließt, ladet die Engel ein, an diesem Festmahl teilzunehmen, wascht Euch aber zunächst die Hände«, mit anderen Worten: läutert Euch, faßt den Vorsatz, ihn nicht zu beschmutzen, ihm Eure Krankheiten, Eure Verbitterung und Traurigkeit nicht zu übertragen. Seht, wie es im allgemeinen vor sich geht: Der junge Mann ist unglücklich und niedergeschlagen, er sehnt sich danach, das geliebte Mädchen in seinen Armen zu halten um Trost zu schöpfen; was aber schenkt er ihr? Er nahm ihr alles hinweg: ihre Kraft, ihre Lebensfreude und hinterläßt ihr dafür nur Schmutz und Unrat. Er hätte sie in solchen Momenten nicht umarmen dürfen, sondern sich sagen sollen: »Ich bin arm und erbärmlich, bin mit Schmutz befleckt, ich werde mich zuerst bereit machen, mich waschen, und wenn ich dann in einem annehmbaren Zustand bin, gehe ich zu ihr und bringe ihr meine Geschenke.« So allerdings wird nie gedacht und dereinst, wenn man es einsieht, wird man tief beschämt darüber sein, wie abstoßend und häßlich man die anderen liebte. Ihr sagt nun: »Aber alle Menschen verhalten sich doch so: Ist man traurig, so möchte man getröstet werden.« Nicht weil alle Welt gedankenlos und eigensüchtig han-

Lernt sinnvoll essen...

delt, müßt Ihr es genauso tun. Übt Euch in Zukunft darin, wie die Sonne, die Engel, die hohen Meister zu lieben, die ihre Liebe vergeben, ohne je zu nehmen, zu rauben, sondern immerzu reich beschenken.

Es gibt Tage, an denen Ihr Euch arm und leer fühlt; haltet Euch dann von dem Menschen fern, den Ihr liebt, sonst wird das Gesetz Euch zur Rechenschaft ziehen, Euch fragen, warum Ihr ihn bestohlen habt. Die Leute sind recht eigenartig: Fühlen sie sich wohl, so verschenken sie ihre Reichtümer weiter, sind sie aber unglücklich und verzweifelt, so berauben sie die, die sie lieben. Sie werden zu Dieben, ja tatsächlich, zu Dieben.

In der Liebe, wie bei der Nahrung, ist das erste Gebot, die vor Euch liegende Nahrung nur dann zu essen, wenn Ihr sie zuvor aussortiert habt. Hierzu ist es unentbehrlich, den genauen Unterschied zwischen dem einen und anderen Gefühl zu kennen, zwischen Egoismus und Selbstlosigkeit, Bedrängung und Befreiung, Verwirrung und Harmonie... Um diese Gefühle allerdings richtig einzustufen, bedarf es äußerster Aufmerksamkeit. Seid Ihr nämlich in den Strudel der Gefühle geraten und Eure Wachsamkeit ließ nach, so befindet Ihr Euch nicht an der Grenze um zu sehen, daß Feinde dabei sind, sich einzuschleichen, Euer Reich zu zerstören. Wachsamkeit, Aufmerksamkeit und Selbstkontrolle sind unbedingt erforderlich, um sich nicht mitreißen zu lassen. Die Menschen aber haben nur eines im Sinn: sich ihren Liebesgefühlen ganz auszuliefern. Wenn das Denken, das Bewußtsein ausgeschaltet ist, sie völlig berauscht sind, dann halten sie dies für die große Liebe. Sie sagen: Ist man nicht berauscht, so fühlt man kaum etwas. Was wissen sie denn schon davon? Haben sie es einmal versucht, geistig hellwach zu bleiben, ihre Gefühle zu überprüfen, sich mit Strömen höherer Sphären zu vereinen, um zu erfahren, welch hohe Freude und Seligkeit sie empfinden und welche Erleuchtungen ihnen zuteil werden? Sie haben noch nie versucht; wie wollen sie dann darüber sprechen?

Ich sagte vorhin, daß die niedere, triebgebundene Liebe todbringend ist, und um Euch dies klarer vor Augen zu führen, weise ich Euch auf ein paar astrologische Gegebenheiten hin: Wie Ihr wißt, ist der Tierkreis, von dem die Astrologen sprechen, den Eingeweihten ein lebendiges Buch, aus dem sie die großen Lebenswahrheiten und das Weltgeschehen ersehen; in ihm ist alles enthalten, was es auf Erden gibt. Die zwölf Sternbilder sind es, die jegliche Lebensform auf Erden schufen und gestalteten. Hat man ein Lebensproblem zu lösen, dann wende man sich an dieses große Lebensbuch der Natur dort oben, den Tierkreis, wie ich es schon öfters vor Euch getan habe.

Greifen wir also nunmehr die Frage der Liebe und des Todes heraus und befragen wir den Tierkreis, welche Zeichen von der Liebe sprechen. Genau gesehen, sagen viele Zeichen etwas von der Liebe aus, insbesondere aber Stier und Waage, denn diese beiden sind die Domizile von Venus. Geht man näher darauf ein, so stellt man fest, daß der Stier die primitive, sinnliche Liebe, die Fruchtbarkeit der Natur darstellt. Der Apis-Stier galt den Ägyptern als das Symbol der Fruchtbarkeit und wurde von ihnen eben deshalb angebetet, um die Kräfte des Stierzeichens auf ihn herabzuziehen und dem Land damit reiche Ernten zu sichern. Den ägyptischen Priestern gelang es durch magische Zeremonien diese Fülle einzusammeln und festzuhalten. Das zweite Domizil der Venus, die Waage, bedeutet eine reine, geistige Liebe. Das heißt nun aber nicht, daß alle jene, bei denen Venus in der Waage steht, eine nur geistige und göttliche Liebe bekunden (tatsächlich können auch noch viele andere negative Einflüsse eine Rolle spielen). Im allgemeinen jedoch ist die Waage das Zeichen geistiger Liebe, die empfänglich ist für Schönheit, Poesie, Musik. Die

Lernt sinnvoll essen...

Liebe des Stiers ist stets darauf aus, zu berühren, zu kosten, die der Waage hingegen bescheidet sich aufs Zuhören und Anschauen.

Die Sternzeichen Stier und Waage müssen mit den ihnen gegensätzlichen Zeichen betrachtet werden: Für den Stier ist es der Skorpion und für die Waage der Widder. Der Skorpion steht im Zusammenhang mit den Geschlechtsorganen, wodurch das sinnliche Wesen des Stiers noch betont wird. Er entspricht dem achten Haus der Astrologie, dem Haus des Todes. Daraus wird ersichtlich, daß sich in die triebhafte Liebe, in der der Mensch wahllos alles verschlingt, Todeskeime einschleichen: zunächst in Form von Streitigkeiten, gegensätzlichen Ansichten und schließlich als Krieg, Aufstände und Zerstörung. Hingegen die Waage ist mit dem Widder verbunden, der den Kopf versinnbildlicht, d.h. Kühnheit, Mut, Strebsamkeit, Unternehmungslust, Aufstieg, geistiges Wachstum, Aufopferung. Christus wird darum auch als Lamm, als Widder dargestellt. Der Widder ist der Kopf, und symbolisch gesehen äußert er sich statt leidenschaftlich und aufbrausend, mit Verstand, Vernunft und Maß. Er ist der Inbegriff des keimenden, sprießenden Lebens. Wenn eine Pflanze wächst, hat in ihr bereits ein Aufleuchten, ein Auslesen stattgefunden: Das Schädliche wurde ausgeschieden, Leben quillt und kreist in ihr.

Der Widder, verbunden mit der Waage, entspricht der geistigen Liebe, in der die Denkkraft darüber wacht, daß nichts Unsauberes aufkommt. Deswegen auch ist der Widder im Tierkreis das erste Sternbild, der Künder der Frühlingszeit, da die Natur zu neuem Leben erwacht. Es ist dies die wahre Liebe, die Liebe der Sonne, die hohe, ideale Liebe eines Eingeweihten, die als Licht, Wärme und Leben erstrahlt. Diese Liebe ist rein, denn das Denken ist gegenwärtig. An der Bewußtseinsgrenze sind Zollbeamte, die nichts Schädliches hereinlassen. Wenn Ihr also das geliebte Mädchen umarmt, bleibt Euer

Denken klar, Ihr seht genau, was in Euch und in ihr vorgeht; Ihr vereint Euch mit der göttlichen Weisheit, es erschließen sich Euch neue Welten, und Ihr erstarkt. Lohnt es sich also, all diese Reichtümer einem flüchtigen Rausch zu opfern?

Leider aber ziehen alle es vor, im Nichts zu versinken, sich darin aufzulösen, und betrachten dies als das wahre Glück. Sie geben es übrigens offen zu, sagen freiweg: »Verliert man nicht den Kopf, so fühlt man nichts.« Mit diesen Worten besiegeln sie ihren geistigen Tod. Das eben ist es, was ein jeder gut heißt und allgemein verbreitet wird. Ist ein Mann wachsam und beherrscht, bekundet er mit seiner Liebe nur Lichtes, Schönes und seiner Partnerin Förderliches, wird sie ihn voller Verachtung ansehen und denken: »Das ist doch kein Mann; er bleibt nüchtern und klar, verliert nicht die Fassung.« Bemerkt sie jedoch einen wirren Blick in seinen Augen, schnauft er, als wolle er die Welt aus ihren Angeln heben, und bricht in seinem Kopf alles zusammen: seine Überzeugungen, Entschlüsse, Pläne, dann sagt sie sich: »Ah, das ist wunderbar; es hat sich gelohnt; was für ein Mann!« Nicht, daß sie ihn so sehr bewunderte, sie ist weit eher stolz auf ihre Macht über ihn, denkt, sie hat ihn in der Tasche. Wenn sie sieht, daß der Mann verwirrt ist, sich verliert, freut sie sich, triumphiert: »Oh, er schien so stark; doch nun ist es vorbei, ich mache mit ihm, was ich will.« Es ist die niedere Natur in ihr, die triumphiert; denn nun kann sie ihn beherrschen, ihm befehlen, ihn an der Nase herumführen, damit er allen ihren Launen nachkommt. Solch ein Sieg aber ist nichts Rühmliches, er ist vielmehr eine getarnte Grausamkeit. Eine Frau sollte sich nicht darüber freuen, ihren Mann oder Liebhaber bis zu dem Punkt kapitulieren zu sehen, im Gegenteil, dann gerade sollte sie sich Sorgen um ihn machen.

Es ist nicht verboten, starke Gefühlsregungen zu haben, man soll aber genauestens darauf achten, welcher Art diese Gefühle sind und nicht die Selbstkontrolle verlieren; sollte wissen, in welche Bahnen sie zu lenken sind. Die Technik schuf sehr mächtige Apparate, wie Raketen beispielsweise. Sendet man sie nun in den Weltraum, so müssen sie unter Kontrolle gehalten werden. Beim Menschen ist es ebenso: Die Liebe kann eine wunderbare Rakete sein, aber sie muß stets geleitet, ausgerichtet, gemäßigt und geläutert werden, damit etwas Göttliches geleistet wird. Und ist dieser Augenblick ausersehen, ein Kind zu zeugen, so wird dieses ein Engel, ein hochbegabter Mensch. Denn in der jenseitigen Welt warten so viele hochentwickelte Wesen auf derart ideale Bedingungen, um sich wiederzuverkörpern.

Ihr müßt wachsam sein, d.h. Euer Licht leuchten lassen, damit Ihr klar seht und Unerwünschtes sich entfernt. Es bedarf einer besonderen Ansprache, um Euch die Wirkung des Lichts auf astraler und mentaler Ebene aufzuzeigen: wie das Licht alle unsauberen Eindringlinge abwehrt.

Versuchen diese, sich in Eure Liebe hineinzudrängen, um von Euch zu zehren, Eure Kräfte zu trinken und Eure Energie, dann strahlt Licht aus, und sie werden sich nicht mehr zu zeigen wagen, weil sie in der Helligkeit gesehen und bekämpft werden! Diese Schädlinge bevorzugen die Finsternis, um sich durchzuschlängeln; darum tut Wachsamkeit not und Helligkeit, die Euch vor ihnen schützt.

Bittet Ihr, bevor Ihr den geliebten Menschen in Eure Arme schließt, um Licht, gleich wie Ihr den Herrn zu Eurer Mahlzeit bittet, auf daß Er sie mit Euch teile, dann übergebt Ihr Eurem Partner Göttliches, Lichtvolles wie er es nie zuvor erhielt, und seine Seele wird Euch ewig dankbar sein: denn Eure Liebe war völlig uneigennützig: Ihr wolltet ihn nur erleuchten, beleben, ihn mit Christus verbinden, der Himmelsmutter, und eine solche Liebe allein ist schöpferisch. Ich höre Euch sagen: »Wie kann man denn aber glücklich sein, wenn man Christus und die Himmelsmutter in seine Liebe mit einschließt? Das ist unmöglich!« Im Gegenteil, nur unter dieser

Voraussetzung werdet Ihr wahrhaft glücklich, denn Eure Liebe wird von Dauer sein; keine Verbitterung, kein Überdruß, weder Reue noch Angst werden Euch mehr befallen. Nur uneigennützige Liebe ist frei von solch negativen Seelenzuständen. Andernfalls gleicht Ihr einem Dieb, der irgendwo Geld entwendete: Zunächst jubelt er, dann aber fragt er sich unausgesetzt: »Hat mich wer gesehen?... wird man mich ausfindig machen?« Und er lebt in ständiger Unruhe. Desgleichen läßt die niedere, ich-bezogene Liebe den Menschen nicht mehr zur Ruhe kommen. Ihr entgegnet: »Aber ja, man ist ganz ruhig!« Na, dann seid Ihr eben ein Tier. Tiere sind immer ruhig. Seht einer Katze zu: Nachdem sie sich über die Maus hermachte, leckt sie sich in aller Ruhe den Schnurrbart! Ist man nur ein klein wenig weiterentwickelt, kann man nicht mehr ruhig sein.

Ihr denkt wohl, ich verlange Unmögliches von Euch. Ja, ich weiß, aber indem Ihr den wahren Sachverhalt, die ideale Lösung eines Problems kennt, habt Ihr bereits einen Schritt vorwärts gemacht, auch wenn Ihr keine nennenswerten Ergebnisse erzielt. Vom Augenblick an, da man eine Wahrheit erkannte, beginnt sie bereits im Innern zu wirken, und man nähert sich ihr immer mehr. Weiß man jedoch nichts von der Wahrheit, dann natürlich erreicht man sie nie. Aber wer sie erfaßt, hat die halbe Wegstrecke bereits zurückgelegt, denn er trägt in seiner Seele das Vorbild idealer Vollkommenheit. Damit eröffnen sich ungeahnte Möglichkeiten für Euch, obwohl noch vieles andere zu erörtern wäre.

Die Frage der Liebe wird allen kommenden Geschlechtern gestellt; alle anderen Fragen verblassen. Die ganze Welt wird sich einzig mit dieser einen lebenswichtigen Frage befassen, der Liebe. Wie man lieben soll, wie man dank der Liebe eine Gottheit werden kann: Denn die Liebe ist Gott und Gott ist Liebe. Hat der Mensch ein rechtes Verhältnis zur Liebe, steht es auch mit seiner Beziehung zu Gott zum besten.

Lernt sinnvoll essen...

Als Jesus zu seinen Jüngern sprach: »Ich habe Euch noch vieles zu sagen, aber ihr könnt es jetzt noch nicht aufnehmen«, was wollte er wohl damit sagen? Er wies auf eben die Frage der Liebe hin, von der er noch nicht zu ihnen sprechen konnte, weil sie vollgestopft waren mit Vorurteilen, die ihnen die Religion Moses vermacht hatte. Seht nur, was Paulus in Bezug auf Kleidung und Schmuck der Frau aussagte und wie die Frau ihrem Mann untertan zu sein habe. Heutzutage belächelt man dies, macht sich darüber lustig, aber ich werde Euch eines Tages mitteilen, aus welchen Gründen von der Kabbalistik her gesehen, er diese Vorschriften gab, und Ihr werdet einsehen, daß sie gar nicht so lächerlich sind. Noch ein paar hochinteressante Fragen, die auf Euch warten! Ihr sagt: »Geben Sie es uns doch heute schon bekannt!« Leider nein, denn ich weiß noch nicht, von welchem Blickpunkt aus ich diese eine Frage behandeln soll. Es kommen mir so viele Dinge in den Sinn, und auch ich muß sie zunächst aussortieren und einordnen. Sie kommen wie Vögel von allen Seiten angeschwirrt, und ich muß sie verscheuchen.

Mithin offenbarte Jesus seinen Jüngern nicht alles, wenngleich er mit ihnen über vieles redete, zumal allein schon das Abendmahl, das er ihnen mit Brot und Wein darbot, von einer Einweihung in die Erkenntnis der beiden Urprinzipien Männlich und Weiblich zeugt, deren tiefen Sinn die Kirche noch weit entfernt ist zu erfassen. Er sagte: »Wenn Ihr von meinem Fleisch esset und trinket mein Blut, so werdet Ihr das ewige Leben haben.« – Wo aber nach diesem Fleisch suchen, um es zu essen und nach diesem Blut, um es zu trinken?... Das sind die großen Geheimnisse, die eines Tages den Kindern Gottes offenbart werden.*

Bonfin, 14. August 1961

---

* Siehe Band I, Kapitel 5: »Von der Liebe kündet der Mund.«

Lernt sinnvoll essen – dann wird auch Euer Lieben sinnerfüllt!

II

Wenn ein Mann und eine Frau einander in Liebe zugetan sind, sollten sie sich nicht völlig absondern, die Verbindung zum Universum, zum Kosmos, zu Gott nicht abbrechen, vielmehr sie aufrechterhalten, Seiner gedenken und all ihre Kraft und Energie Ihm zuwenden. Gilt ihre Liebesenergie nur ihnen selbst, dann wird diese in die unteren Bereiche geleitet, von der Persönlichkeit aufgesogen, und sie selbst bleiben so arm und unerfüllt wie zuvor, wenngleich sie, wie es heißt, sich von der Liebe nährten.

Warum suchen denn eigentlich Männer und Frauen einander? Es ist Hunger, der sie dazu treibt. Sie sind hungrig und wollen essen. Liebe ist tatsächlich eine Speise oder ein Trank, vergleichbar mit dem Brot, das man ißt oder dem Wasser, das man trinkt. Beim Lieben walten dieselben Gesetze, gelten dieselben Regeln wie in der Ernährung: Es ist der gleiche Vorgang.

Der Hunger nämlich bekundet sich nicht allein im physischen Körper. Es gibt beispielsweise Leute, die, obwohl sie sich sattgegessen und mit vollem Magen vom Tisch erheben, noch immer hungrig sind. Sie würden gerne weiteressen, bringen aber nichts mehr hinunter; der Körper ist gesättigt, aber das Verlangen des Astralleibs ist nicht gestillt.

Lernt sinnvoll essen...

Normalerweise sind beide Körper aufeinander abgestimmt: Ist der physische zufriedengestellt, so ist es der astrale ebenfalls. Die Übereinstimmung kann aber auch gestört sein, dann hat entweder der physische Körper noch Hunger, indessen der Astralleib bereits gesättigt ist, oder aber der Körper ist satt und der Astralleib verlangt noch mehr. Das ist ein Mißverhältnis, das allerdings zuweilen auch in der Liebe auftritt: Es kommt vor, daß ein Mensch physisch satt und zufrieden ist, im Astralen aber noch hungert – ein fürchterliches Gefühl – der physische Körper kann nicht mehr, und der Astralleib wünscht und begehrt weiter, sein Hunger ist ungestillt... An dieser Fehlverbindung zwischen dem Physischen und Astralen leiden viele Menschen und sind unglücklich. Ja dieser Mißstand kann sich sogar bis in die Mentalebene auswirken...

Ihr seid wohl erstaunt darüber, daß ich die Liebe mit der Ernährung vergleiche, sie mit Hunger, Durst, Speise und Trank in Beziehung bringe. Dennoch treten dieselben Gesetze in Kraft. In Bezug auf die Ernährung sagte ich mehrmals schon, daß Ihr beim Essen alle anderen Gedanken ausschalten sollt, um den Vorgang der Nahrungsaufnahme mit dem ganzen Kosmos zu verbinden, auf daß die in den Nährstoffen enthaltene Lebensenergie nicht nur Euren physischen Körper stärke, sondern auch nach oben gerichtet und geleitet werde. Dann vollzieht sich Eure Ernährung auch wirklich in rechter Weise und gottgewollt und wird dementsprechende Erfolge zeitigen: Erhabene Gedanken und Gefühle beseelen Euch und regen Euch an zu edlem Tun.

Solange Ihr den Ernährungsvorgang noch nicht begriffen habt, werdet Ihr auch nicht verstehen, was in der Liebe, in den Wechselbeziehungen zwischen Mann und Frau vor sich geht. Ist die Nahrungsaufnahme für Euch nur ein mechanisches Verschlingen der Speisen, lediglich von deren Genuß bestimmt, leistet Ihr dabei keinerlei geistige Arbeit, dann wird es Euch ebensowenig möglich sein, eine solche Arbeit in Euren Liebesbeziehungen durchzuführen, und Ihr bleibt nach wie vor begrenzt und einseitig. Beginnt Ihr hingegen bei der Ernährung damit und lernt nach den neuen Regeln zu essen, so bringt Ihr es dahin, im Seelisch-Geistigen Euch am duftigen Strömen und Fließen lichtreicher Schwingungen zu laben, die aus himmlischen Sphären quellen... Es ist dies eine ganze Wissenschaft für sich, mit der die Menschheit sich fortan befassen wird.

Wenn ich schon seit Jahren auf diesem einen bestehe: der Art und Weise, wie man essen soll, dann nur, weil ich ein ganz bestimmtes Ziel im Auge habe... Wie oft wiederholte ich es schon! Aber es wurde bisher weder verstanden noch in die Tat umgesetzt. Es wird weiterhin gedankenlos gegessen, ohne dabei zu meditieren, sich mit dem Himmel zu verbinden; ihm wenigstens zu danken. Ich wünschte sehr, daß die Aufnahme der Nahrung hier in wirklich initiatischer Weise vollzogen werde. Denn dadurch wird eine viel feinere, subtilere Ernährungsart möglich: sich von den Sternen, den Bergen, den Flüssen, den Pflanzen, den Bäumen zu nähren, sich an Düften, Klängen und am Licht der Sonne zu laben. Auch das ist eine Nahrung, ist ein Sich-ernähren, das auf denselben Gesetzen gründet, denselben Entsprechungen.

Für die Menschen aber ist die Ernährungsweise völlig nebensächlich; es gibt so viele wichtigere Dinge! Sie vernachlässigen damit das Kostbarste, das die Natur im Laufe von Millionen Jahren für sie zubereitete. Sie wissen, man muß essen um zu leben, aber sie tun es mechanisch, gedankenlos, unbewußt und haben darum auch keinen geistigen Gewinn davon, erlangten keine höhere Erkenntnis.

Einverstanden, der Mensch muß sich ernähren, aber das Wesentliche dabei ist, daß man die aufgenommene Energie dem Himmel zurücksendet, und sie nicht ausschließlich zu

Lernt sinnvoll essen...

eigenem Bedarf einsammelt. Man entfaltet damit in seinem Wesen Großzügigkeit und Uneigennützigkeit.

So bringt denn von nun an die beim Essen gewonnene Energie und Kraft mit den Worten dar: »Himmlischer Vater, komm und iß mit mir, ernähre Dich zugleich mit mir«, und ladet dazu noch die Engel und Erzengel ein, diese Mahlzeit mit Euch zu teilen. Diese Einstellung wird viele Wandlungen in Euch bewirken. Wißt Ihr, wie Ihr vorzugehen habt – denn Ihr habt es immer noch nicht erfaßt, jedenfalls sehe ich, daß Ihr es noch nicht richtig macht – dann habt Ihr einen festen Grund geschaffen, um Euch in höhere Bereiche: die der Gefühle, der Liebe aufzuschwingen; Ihr fühlt in Eurem Innern ein Licht, verspürt eine erhöhte Kraft um weiterzugehen, stets im Sinne der göttlichen Gebote. Denn statt alles aufzuschlingen und für Euch zu behalten, ichbezogen, hartherzig und grausam zu sein, leistet Ihr echte, geistige Arbeit.

Um sich sinnvoll zu ernähren, müssen Männer sowie Frauen es lernen, das Göttlich-Erhabene in sich zu fördern und nicht mehr das Tierische, Unterschwellige.

Gegenwärtig jedoch lassen sie, wenn sie sich umarmen, miteinander reden, beieinander sind, spazieren gehen, Kinder zeugen, das Göttliche stets beiseite, vernachlässigen es. Es ist das Letzte, worum sich sich sorgen. Deswegen auch bringen ihnen ihre Beziehungen nicht Segenvolles ein, verursachen im Gegenteil dazuhin Sorgen, Kummer, Zorn und Streit, Krankheiten, Verwirrungen und Selbstmord. Dies bringt selbstverständlich das gesamte Gesellschaftsleben durcheinander. Denn jegliche Dinge sind miteinander verknüpft, stehen in Zusammenhang: Das Geringfügigste reicht bis an den Himmel.

Lernt zunächst sinnvoll essen, dann vermögt Ihr Euch auch auf höheren Ebenen zu ernähren. Wenn erst Männer und Frauen beginnen, sich in ideal-göttlichem Sinne von der

Liebe zu ernähren, wird alles wunderbar und lichtreich sein, der ganze Himmel ist hocherfreut und nimmt an ihrer Liebe teil, neigt sich zu den Menschen, und himmlische Wesen weilen mitten unter ihnen...

Wie vermag man denn himmlische, erhabene Wesenheiten herbeizuziehen, solange man grob, unwissend, egoistisch, verschlossen bleibt, außerstande ist, etwas zu erkennen?

Was ich da sage ist hart, jedoch die lautere Wahrheit. Es muß gesagt werden – dazu bin ich ja hier – denn behalte ich es für mich, so ist der Himmel unzufrieden mit mir und fragt mich: »Wozu bist du nütze?... Was tust du hier?... geh, wir können dich nicht brauchen!« Ihr entgegnet: »Ja, aber es ist unangenehm solches anzuhören.« Immerhin, es ist vorzuziehen, dieses Unangenehme zu beherzigen, um zu vermeiden, weit Schlimmeres zu erleiden.

So wie ich sie sehe, offenbart mir die Ernährungsfrage die verborgensten Geheimnisse der Schöpfung. Sie erschließt mir eine ganze Welt, des Weltalls unendliche Weite... Solange Ihr es derart eilig habt, daß Ihr Euch nicht einmal eine Stunde nehmt zu ruhigem, bewußtem Essen oder Meditieren, werden Euch ungeahnte Vermögen entgehen, die Rätsel des Daseins zu ergründen und vor allem die Sexualkraft in Lichtenergie, hohe Intelligenz und strahlende Schönheit umzuwandeln; Ihr watet weiterhin in niederen Bereichen!

Bringt Ihr all Euer Tun nicht mit dem Kosmos in Einklang, so ist sowohl Eure Ernährung mangelhaft als auch Euer Lieben unzureichend, und Ihr erreicht kaum etwas Nennenswertes. Verbindet Ihr Euch hingegen mit der Gotteswelt, mit der Seele des Alls, senkt Ihr in die Seele Eures Gatten, Eurer Gattin beim Umarmen Lichtfunken, Keime des Lichts, die zwanzig, dreißig Jahre später noch immer wirksam sind und Früchte zeitigen. Denn Ihr habt den geliebten Menschen, anstatt mit Eurer erbärmlich selbstsüchtigen Persönlichkeit, die ihn aller Kraft beraubt, um ihn sodann wie eine ausgepreßte Zitrone wegzuwerfen, mit der unendlichen Schöpfung verbunden.

Die Macht der Liebe reicht bis ins Unendliche, die Kraft der Liebe dauert ewiglich, wenn sie im göttlichen Sinne verstanden wird, d.h. in Zusammenhang gebracht wird mit dem All, für das All.

Bonfin, 12. August 1962

XII

Die Rolle, die der Frau in der neuen Kultur zukommt

Die Bibel erzählt von König Salomon, daß er 700 Frauen und 300 Nebenfrauen hatte... Warum er soviele Frauen hielt, weiß man im allgemeinen nicht und stellt sich vor, daß sie nur seinem Vergnügen dienten, er sich mit ihnen wilden Ausschweifungen hingab. Tatsächlich aber war Salomon ein Weiser, ein Magier, der sogar den Geistern der unsichtbaren Welt befahl. Wie hätte er wohl bei einem lasterhaften Lebenswandel über solche Macht verfügen können? In Wahrheit stand er in einem ganz anderen Verhältnis zu diesen Frauen.

Ihr ahnt noch nicht, welche Rolle der Frau zukommt, die in der Nähe eines erleuchteten, durchgeistigten Mannes lebt, der rein göttliche Magie ausübt. Später freilich erlag Salomon den von ihm ausgelösten Kräften, weil er ihnen nicht mehr zu widerstehen vermochte, ihrer nicht mehr Herr wurde. Während der Glanzzeit seiner Regierung jedoch war seine materielle und geistige Macht sehr groß. Er ließ in Jerusalem den prachtvollen Tempel bauen, fällte außergewöhnlich weise Urteile, und sein Ruhm verbreitete sich über die ganze Welt, denn er hatte sein Reich zu Glanz und Herrlichkeit gebracht.

Jene hohe geistige Strahlung, die von den Eingeweihten angestrebt wird, besaß seine Herrschaft allerdings nicht, und sie erkennen ihm deshalb auch nicht die höchste Rangordnung zu; denn sein Wirken galt vor allem ihm selbst, seinem eigenen Ruhm und Ansehen. Man könnte ihn mit Ludwig XIV. vergleichen. Seine Magie war noch keine Theurgie.

Es gibt in der Magie unterschiedliche Grade. Nur wenige Magier erreichten jenen höchsten, wo das Interesse an der Magie selbst verblaßt und man sich nicht mehr in Zauberkünsten versucht, Naturgeister und Genien nicht mehr zu persönlichen Zwecken beschwört. Die bedeutendsten Magier aller Zeiten widmeten sich solchen Dingen nicht mehr, sondern wirkten ausschließlich für das Reich Gottes, wendeten ihre Kraft und Energie, ihr gesamtes Wissen allein dazu an, Gottes Reich zu verwirklichen. Sie waren Theurgen, d.h. Menschen, die heilige, göttliche Magie ausübten; ihr Wirken war vollkommen uneigennützig. Voraussetzung für eine so hohe Geistesstufe waren natürlich äußerste Selbstverleugnung und Reinheit. Es verlangte sie weder nach Ehre noch Vergnügen, sie waren von dem einzigen Wunsch beseelt, die Erde umzuwandeln und zu läutern, damit Gott zu den Menschen herniederkomme und unter ihnen weile.

Die Stufe vermochte Salomon nicht zu erreichen. Dennoch besaß er ein weites Wissen; vor allem war ihm bekannt, daß die Frau die Materie, den Urstoff spendet, woraus der Heilige Geist, das Gottesprinzip Formen schafft. Der Gottgeist bringt die Kraft, das Feuer, Funken und Keime hervor, jedoch sind diese von so unendlich feiner Beschaffenheit, daß sie alleine nicht bestehen und sich im All auflösen. Damit auf physischer Ebene konkrete, feste, greifbare Formen entstehen, bedarf es der Mitarbeit des weiblichen Prinzips. Darum vermag nur die Frau dank des ätherischen Feinstoffs, des Fluidums, das sie verströmt, die Erstsubstanz zu liefern, mit der es dem Theurgen möglich wird, seine Gedanken, Vorhaben und idealen Ziele zu gestalten. Denn der Theurg verwendet jene Feinstrahlung, welche die Frauen unbewußt in den

Die Rolle, die der Frau in der neuen Kultur zukommt 127

Raum entsenden, um seinen erhaben herrlichen Plänen zur Herbeiführung des Gottesreichs Form zu geben. Darum ist die Werdung von Gottes Reich auf Erden ohne die Frauen ausgeschlossen!

Die Frauen besitzen jene zum Schaffen unentbehrliche Substanz, die sie ins All verströmen. Gäbe es das göttliche Prinzip, den Geist nicht, der diesen Feinstoff verwertet, so blieben sie unfruchtbar, nutzlos, verdorrt, unproduktiv. Sie ihrerseits benötigen die Geistkraft, um Kinder zu gebären... unsichtbare Kinder im Denkbereich, in Geist, Seele und Gemüt, Engel, die fortwährend über die ganze Welt Heil und Segen verbreiten. Darin besteht die Aufgabe der großen Theurgen.

Salomon vollzog seine magischen Werke kraft der Energie, die von seinen zahlreichen Frauen ausging, und mit Erfolg; aber was er betrieb, war keine gottgeweihte Magie. Göttliche Magie ist Weisheit, reines Himmelslicht. Nur wenige brachten es soweit. Beinah alle bedienten sich dieser heiligen Erkenntnisse zu Zauberei, um sich Geld, Ruhm, Frauen, Besitztümer zu beschaffen.

Jeder Versuch, der die Befriedigung niederer Wünsche und Begierden der Persönlichkeit zum Ziele hat, ist Hexerei. Viele namhafte Okkultisten stehen noch auf dieser Stufe – sind weit davon entfernt, Theurgen zu sein.

Hehre, heilige Magie verwendet ausnahmslos alles zugunsten des Gottesreichs: Wasser und Erde, die Luft sowie Pflanzen, Flüsse und Felsen und ebenfalls die Ausströmungen der Männer und Frauen, all die unbeschreiblich duftigen Wirkkräfte, die von ihnen ausgehen und durch den Raum fließen, ohne daß sie jemand aufzufangen und anzuwenden weiß. Und wenn, dann zu eigennützigen Zwecken wie Salomon es tat. Da nun aber das persönliche Ich – wie ich wiederholt aufzeigte – nahe an die Höllenkräfte grenzt, zog Salomon unterschwellige Geister herbei, die an ihm zehrten. Wie sehr er auch versuchte sie zu verjagen, sie kamen immer wieder, bis er ihnen nicht mehr widerstehen konnte und schließlich erlag.

Nun, lassen wir Salomon und kommen wir auf das eigentliche Thema zu sprechen. Wesentlich ist, die Frauen werden sich dessen bewußt, daß sie die duftig-feine Substanz, die sie verströmen, ja ihr Wesen überhaupt und ihr ganzes Dasein dem Gottgeist weihen sollen, auf daß die Engel und Erzengel sich dieses wirklich einzigartigen, unschätzbaren Stoffs zur Formgestaltung des neuen Lebens bedienen. Anstatt immer nur Menschlichem zu frönen, sollten sich die Frauen hinfort in den Dienst des Göttlichen stellen. Dieses neue Ideal lege ich ihnen nahe! Wieviele unter ihnen es anstreben werden, weiß ich nicht. Jedenfalls ist es meine Aufgabe, sie darauf hinzuweisen.

Jahrhundertelang mißbrauchte der Mann seine Überlegenheit gegenüber der Frau; er behandelte sie egoistisch, ungerecht, grausam. Jetzt natürlich erwacht sie. Jedoch nicht im Lichte, sondern sinnt auf Rache, was keineswegs besser ist, auch nicht für sie selbst. Im Gegenteil, die Frau soll dem Mann verzeihen, denn sie ist die Mutter, trägt mehr Liebe in ihrem Herzen als er, neigt ihrem Wesen nach zu Güte, Nachsicht, Großzügigkeit Opferbereitschaft und dürfte deshalb nicht darnach trachten sich zu rächen. Die Frau muß höhere Tugenden in sich entwickeln und sich über die ich-bezogenen Anliegen erheben.

Alle Frauen der Welt sollten sich zusammenschließen zu einem Werk des Aufbaus, der Veredelung und Erziehung an den Kindern, die sie zur Welt bringen und an den Männern. Anstatt die Männer immer nur mit verführerischen Blicken herauszufordern und sich zu sagen: »Wie hübsch bin ich doch, wie anziehend, das will ich ausnutzen...« und damit ihrer Eitelkeit zu schmeicheln, sollten sie die Männer für eine

Die Rolle, die der Frau in der neuen Kultur zukommt

Erneuerungsarbeit an der Menschheit entflammen. Leider – oder glücklicherweise – hat die Natur der Frau gewaltige Anziehungskraft verliehen, daran ist nicht zu zweifeln. Wozu sie diese Gewalt jedoch einsetzt, darauf kommt es an! Eine Frau kann nämlich mit ihrer Verführungskunst einen Mann auch sehr quälen und unglücklich machen.

Gott gab sowohl dem Mann als auch der Frau große Macht, jedoch unterschiedlicher Art. Was der Frau möglich ist, ist dem Mann versagt und was der Mann kann, vermag die Frau nicht. Die Frau spendet die Materie, der Mann den Geist, das Leben. Auf physischer Ebene ist dies einem jeden wohlbekannt, aber auf seelisch-geistiger Ebene weiß man nichts von diesen großen Geheimnissen.

Von nun an müssen alle Frauen sich vereinen, um gemeinsam eine einzige Kollektivfrau zu bilden, die das neue Leben in die Menschheit bringt. Ohne das weibliche Fluidum ist es der Geistkraft nicht möglich sich einzukörpern. – Dies ist von den spiritistischen Sitzungen her bekannt, während derer das Medium den Geistern, die sich bekunden wollen, einen Teil seiner eigenen Materie, seiner Äthersubstanz abgibt. Die Geister hüllen sich in dieses Fluidum ein, um dadurch sichtbar, greifbar zu werden, und es gelingt ihnen alsdann konkret zu wirken, Gegenstände zu verrücken oder gar zu zerstören. Würde man ein Medium während seiner Trance wiegen, ließe sich eine Gewichtsabnahme bis zu mehreren Kilo feststellen, die es am Ende der Sitzung jedoch wiedererlangt. Derlei Schwankungen hängen selbstverständlich von der Menge der abgegebenen Materie ab.

Da Euch nun diese Gesetze bekannt geworden sind, meine lieben Brüder und Schwestern, werdet Ihr begreifen, wie wichtig es für Euch ist, daß Ihr Euch den himmlischen Kräften weiht, damit sie herabsteigen und sich von Euch nähren. Wenn geschrieben steht, daß sich der Mensch dem Herrn als

Opfergabe darbringen soll, so ist damit gemeint, er könne Gott als Speise dienen. Das ist natürlich symbolisch zu verstehen. In früheren Religionen wurden gewissen Wesenheiten aus dem Unsichtbaren Tiere geopfert, damit sie sich an ihnen sättigten. Heutzutage zündet man Kerzen an, brennt Weihrauch, schmückt Altäre mit Blumen, einzig aus dem Grunde, weil der Flammenschein, der aufsteigende Rauch, der Wohlgeruch den Lichtgeistern eine Nahrung sind. Der Mensch indessen vermag noch weiter zu gehen und sich selbst als Opfer darzubringen, auf daß der Herr sich zu ihm neige und sich an ihm, seinem Denken und Fühlen, labe.*

Der Herr nimmt aber dieses Opfer nur an, wenn die Bäume, die Pflanzen, die wir sind, Ihm köstliche Früchte anzubieten haben. Freilich wird Er nicht den Baum essen, sondern lediglich dessen Früchte genießen, der Baum selbst bleibt unversehrt. Unsere Gedanken und Gefühle, das sind unsere Früchte, und Er pflückt sie nur dann, wenn sie köstlich munden. In eben dieser Weise speisen die Eingeweihten die geistige Welt: Sie sind die Obstbäume des Ewigen und Er nährt sich von ihnen.

Fruchtlose Bäume sind dem unfruchtbaren Feigenbaum aus dem Evangelium vergleichbar. Ihr kennt alle die Geschichte... Eines Tages, als Jesus hungrig war, blieb er vor einem Feigenbaum stehen, der aber trug keine einzige Frucht. Da verfluchte Jesus den Baum, der alsbald verdorrte. Es ist klar, daß es sich hierbei um mehr als um einen Feigenbaum handelte, sonst hätte Jesus den armen Baum nicht so hart bestraft. Der Feigenbaum versinnbildlichte für ihn den Sanhedrin. Als Jesus, der Großgärtner kam, um die Früchte einzusammeln, die er vom Volk Israel erwartete, hatte dieses keine für ihn bereit, und Jesus verfluchte es. Darum klagte er weinend: »Jerusalem, Jerusalem, die du tötest die Propheten und

---

*Siehe auch: »Über den Sinn des Opfers in den Religionen« (Band XI)

Die Rolle, die der Frau in der neuen Kultur zukommt

steinigst die zu dir gesandt wurden, wie oft wollte ich deine Kinder versammeln gleich einer Henne, die ihre Kücklein unter ihre Flügel schart, aber du hast es nicht gewollt! Nun wird dein Haus veröden...« und so geschah es auch. Es könnte sein, daß dasselbe Schicksal der europäischen Kultur wartet, falls sie sich nicht auf das innere Wesen besinnt, sich aufrafft, um Gott dem Herrn Früchte entgegenzubringen. Aber es wird nicht einmal an Ihn gedacht...

Die Frauen müssen sich der ungeheuren Arbeit inne werden, deren sie fähig sind. Sie sind die Speicher für den erlesenen Stoff, der die himmlischen Vorhaben und Pläne einkleidet und sichtbar werden läßt. Noch sind sie nur damit beschäftigt, die Begier irgendwelcher Strolche, Dummköpfe oder Verbrecher zu erfüllen, nie die Forderungen der Geisteswelt. So ist es gegenwärtig um die Frau bestellt! Faßten sie hingegen den Entschluß, sich dem Himmel zu weihen, damit diese ganze herrliche Materie zu einem idealen Zwecke genutzt werde, so würden überall auf Erden Lichtquellen erstrahlen, und in der ganzen Welt erklänge die Sprache der neuen Kultur, des neuen Lebens, der himmlischen Liebe. Was zögern sie denn noch, sich zu entschließen? Sie sehen ihre Lebensaufgabe stets nur in allzu gewöhnlichen und alltäglichen Beschäftigungen. Schon von klein auf bereiten sie sich auf nichts Höheres vor, als irgendwo unter die Haube zu kommen und ihre Kinderschar großzuziehen... Sie selbst bereiten sich eine erbärmliche Zukunft vor und klagen danach: »Was für ein Leben!« Dabei lag es allein an ihnen. – Warum steckten sie sich kein erhabeneres Lebensziel? Dann hätte ihre Zukunft eine ganz andere Wendung erfahren.

Ich breite heute eines der tiefsten Geheimnisse der esoterischen Wissenschaft vor Euch aus. Alle jene Eingeweihten, Propheten und Asketen, die sich von der Frau abwandten, weil sie deren hohe Sendung nicht einsahen und daher nicht mit ihr arbeiteten, brachten nichts zuwege. Denn die Gedanken gelangen nur dank der Frau zur Gestaltung.

Deshalb bitte ich zumindest die Schwestern hier in der Bruderschaft, sich vollbewußt dem Himmel zu weihen... nicht mir, sondern dem Himmel. Er mag dann durch mich seine hehren Pläne durchführen. Wesentlich dabei ist die auf Hohes und Ideales gerichtete Gesinnung, nicht das körperliche Aussehen. Ich bitte sie nur um ihre Gegenwart, um ihr Lächeln, ihre Blicke, ihre Emanationen, ihre liebevollen Gedanken und Gefühle. Mit dieser Materie werde ich dann mein Werk tun.

Denn zur Erschaffung schöner Formen in der geistigen Sphäre bedarf es des männlichen Prinzips; dieses allein ist dessen fähig. Eine Frau kann nie ein Magier sein, sie ist von Natur aus nicht dazu geschaffen. Ihr Wesen ist empfänglich, aufnehmend, hellsehend, intuitiv und neigt auch etwas zu Zauberei und Hexenkunst. Ein Magier dagegen muß ungeheuer aktiv und dynamisch sein, muß im vollen Besitz der Manneskraft stehen und ihrer Herr sein. Kann man sich wohl eines zwei- dreimal geknickten Zauberstabs bedienen? Von einem Zauberstab ist dann keine Rede mehr!

Den Zauberstab besitzen heißt ausstrahlen, mit ungebeugtem, festem Willen den höchsten Gipfel erklimmen, um die Weltseele zu erreichen und in ihr aufzugehen. Wie vermöchte wohl ein unbeherrschter, willenloser Schwächling zur Weltseele zu gelangen und sich mit ihr zu schöpferischem Wirken zu vereinen? Das wäre, als wollte ein impotenter Mann ein Kind zeugen! – Auf allen Ebenen walten dieselben Gesetze, und solltet Ihr Euch schockiert fühlen, so steckt meinetwegen den Kopf in den Sand und verstopft Euch die Ohren!

Bonfin, 11. September 1962

XIII

Der Sonne gleich, organisiert die Liebe das Leben

I

Organisieren heißt, lebendige Gestalt verleihen. Das Leben selbst gestaltet jegliche Dinge. Laßt das Wasser fließen, es bahnt sich alleine seinen Weg durch Sand und Steine... Laßt das Leben strömen, es lenkt alles in die naturgewollten Bahnen. Setzt das Leben aus, zerfällt alles. Im Winter wenn keine Sonne scheint, wächst und gedeiht nichts. Zieht der Frühling wieder ein, dann lebt die Natur unter dem zunehmenden Licht und der Wärme auf, sprießen und wachsen Samen und Keime. Und beim Menschen? Solange ihm des Geistes Sonne nicht strahlt, strömt kein göttliches Leben in ihn hinein, und seine Anlagen und Gaben liegen brach und ungenutzt.

Alle, auch die Kinder wissen, daß die Sonne die Keime zum Wachsen bringt. Doch den tieferen Sinn davon haben die Menschen nicht erkannt, sonst würden sie die geistige Sonne aufsuchen und sich ihren Strahlen der Weisheit und der Liebe öffnen, auf daß die von Gott in sie gelegten edlen Eigenschaften, Talente und Vermögen sich entfalten. Wir alle benötigen eine geistige Sonne, nicht nur eine äußere, sichtbare. Unter ihren Strahlen werden die Bächlein fließen, die Vögel singen, die Bäume erblühen und Früchte tragen.

Über den Begriff »organisieren, Ordnung schaffen«, wäre viel zu sagen. Die Menschen verstehen dies immer nur im äußerlichen Sinne, als Regelung und Einrichtung, was jedoch unvollständig ist. Die Liebe ist es, die alle Dinge ordnet! Sind die Menschen von Liebe erfüllt, benötigen sie keine äußere Organisation. Alles geht wie von selbst, ein jeder kennt seine Pflicht, alle Tätigkeit verläuft reibungslos. Fehlt es an Liebe, muß ständig gedroht und bestraft werden, und dennoch ist die gesellschaftliche Ordnung gestört. Auch in der Familie steht alles zum besten, wenn Liebe zugegen ist. Ohne sie jedoch, selbst wenn Ihr die Leute mit Maschinenpistolen zur Pflichterfüllung treibt, ist alle Mühe umsonst.

Wenn die wahre Liebe alle Menschen erfaßt, wird man ihnen kein Gesetz, keine Vorschriften mehr aufzuzwingen haben, denn sie werden genau wissen, welches ihre Aufgabe ist und sie in Harmonie und gemeinsam durchführen. Liebe ist das einzige, was die Dinge organisiert, zum Gedeihen, zur Entfaltung bringt. Führt die Liebe in eine Familie, eine Gesellschaft ein, und Ihr braucht nicht mehr zu mahnen: »Tu das oder jenes, sonst!...« Alle werden es von selbst mit Freuden tun, es bedarf keiner Vorschrift. Wo Liebe waltet, sind Gesetze überflüssig.

Maßregeln traten in Erscheinung, als die Liebe unter den Menschen erlosch. Ja, zu der Zeit, da sie noch wahrer Liebe fähig waren und einander treu blieben, gab es auch keinen Ehestand. Die Ehe wurde eingeführt, weil die Menschen nicht mehr aufrichtig liebten. Nun heiraten sie ohne recht zu wissen, warum und trennen sich alsbald wieder. Um sie zusammenzuhalten, muß daher Gesetze, kirchliche Trauungen usw. eingeführt werden. Braucht es denn aber Verträge, Standesämter und Pfarrer, wenn man einander wirklich liebt. Selbst diese Einrichtungen hindern ja kein Ehepaar daran, sich scheiden zu lassen. Ist man einander hingegen in inniger

Liebe zugetan, dann braucht man nicht einmal des Pfarrers Segen, damit sie ewig dauert. Denn Gott gab bereits seinen Segen! Gott ist in der Liebe derer, die sich wahrhaft lieb haben. Das ist der Segen: die Liebe.

Ich bin nicht gegen Heirat, habe nichts gegen den Segen der Priester, ich erkläre Euch lediglich, daß dies menschliche Einrichtungen sind, die, wenn es an Liebe fehlt, nichts auszurichten vermögen. Das heißt nun aber nicht, man solle nicht zur Kirche oder aufs Standesamt gehen, um die Situation amtlich festzulegen. Ich betone nur, daß jene, die sich wirklich lieben, vor der Natur bereits verheiratet sind, selbst wenn sie nicht darum wissen. Dagegen sind solche, zwischen denen keine Liebe besteht, selbst wenn sie vor Kirche und Staat als verheiratet gelten, vor der Natur nicht vermählt.

Sèvres, 8. Mai 1966

Der Sonne gleich, organisiert die Liebe das Leben

II

So tief ist des Menschen Erlebnisfähigkeit gesunken, daß ihm alle Dinge leblos erscheinen. Ihm sind Erde und Sonne nicht wirklich lebendig, geschweige denn vernunftbegabt! Aber wie ist es dann zu erklären, daß eine Vernunft, die es sonst nirgendwo gab, sich ausgerechnet in das Hirn des Menschen einschlich? Hätte der Mensch seine Vernunft selbst geschaffen, wäre man versucht ihn zu fragen: »Wie kommt es dann, daß du so dumm und engstirnig bist? Bist du der Urheber deiner Intelligenz, wie du behauptest, was hast du dir dann nicht etwas mehr davon zugemessen, ein höheres Begriffsvermögen zugelegt?« Aus rein logischer Überlegung heraus muß darum angenommen werden, daß die im Menschenhirn sich nur sehr unvollkommen bekundende Intelligenz auch anderweitig vorhanden ist, und daß der Mensch, wirklichkeitsblind wie er ist, sein geistiges Wachstum hemmt, indem er der Schöpfung alles Leben abspricht.

In der Natur ist in Wahrheit alles beseelt und vernünftig, sogar die Steine und Metalle. Auf der unendlichen, bis zu Gott hinanführenden Lebensleiter entsprechen sie zwar dem niedrigsten Lebensgrad, sind aber dennoch lebendig. Das Bemühen der Eingeweihten hat zum Ziel, die Menschen dahin

Der Sonne gleich, organisiert die Liebe das Leben

zu bringen, das in der ganzen Schöpfung pulsierende Leben zu erfühlen, damit sie sich dessen reinsten und lichtesten Bekundungen öffnen.

Das ist ja auch der Grund, weshalb ich Euch zur Sonne hinführe: Indem Ihr sie hingebungsvoll betrachtet, ihrer mit liebender Seele gedenkt, wird sie Euch dazu verhelfen, höhere Seinsebenen zu erreichen. Ein neuer Lebensstrom durchfließt alsdann die Zellen Eurer Körperorgane, so daß diese intensiver zu arbeiten beginnen und eine feine, zarte Strahlung verbreiten, deretwegen Ihr allmählich die Zuneigung aller gewinnt. Das nämlich suchen die Leute: das strahlend Lebendige! Ja, so ist es, und es ist zudem eine grausame Tatsache. Seht z.B. eine Frau; sie liebte ihren Mann unsäglich, er bedeutete ihr alles, sie bewunderte ihn über alle Maßen wegen seiner edlen Gesichtszüge, seiner Charakterfestigkeit, seiner hohen Vernunft... Und nun stirbt er; was macht sie nun? Bleibt sie weiterhin mit ihm zusammen? Nein, sie sagt: »Begrabt ihn!« Da das Leben ja nun aus ihm gewichen ist, trennt sie sich von ihm; denn Totes kann man nicht bei sich behalten. Leichen liebt man nicht.

Je länger, desto mehr gleichen die Menschen innerlich Leichnamen, sind erkaltet, lieblos, strahlen kein Licht aus und meinen, damit Erfolg zu haben. Auf keinen Fall, dazu müßten sie sich erst innerlich umstellen, lebendig werden! Lebendig wird man erst, wenn man Liebe ausstrahlt. Es ist doch wahrlich leicht, sich darin zu üben! In einem Augenblick z.B., da niemand Euch sieht, hebt Eure rechte Hand in die Höhe und sendet all Eure Liebe ins Universum, bis hinauf zu den Sternen, Engeln und Erzengeln und spricht: »Ihr alle, ich liebe euch, ich möchte in Einklang mit euch sein!« Diese Gewohnheit, aus Eurem Herzensgrunde innige, vibrierende, kraftvolle Gefühle auszusenden, macht Euch zu einem lebendigen Quell, einem Born der Liebe.

Die Leute suchen sich stets hinter düsteren Mienen zu verbergen, worin weder Liebe noch Güte zu lesen ist; sie merken nicht, wie verderblich eine solche Einstellung ist. Weil ein Dummkopf einmal diese verschlossene, eisige Haltung einnahm, fanden andere es klug, ihn nachzuahmen, und jetzt tun es ihm alle gleich, als hätten sie damit das Trefflichste, des Fortschritts höchsten Gipfel erzielt! Nein, ein solches Verhalten ist sinnlos und albern, man muß versuchen, Liebe auszustrahlen, um lebendig zu werden. Alles, Gesichtsausdruck, Blick usw. sollen belebt sein. Wenn ich manchen in die Augen sehe, stelle ich fest, daß darin kein frohes Leuchten, keine Antwort ist, der Blick ist kalt und hart wie Stein. Ich sehe nicht gerne in solche Augen und wende den Kopf zur Seite. Tot sind solche Blicke. Wann werden diese Leute endlich begreifen, daß man nur das Lebendige liebt, nicht was starr und tot ist?

Übt Euch darin, Tag und Nacht in Liebe zu schwingen, aus der Tiefe Eures Wesens etwas an alle Geschöpfe des Himmels und der Erde zu verschenken, sie, wie der Herr es tut, mit Eurer Liebe zu durchdringen. Das nämlich ist Gottes Tätigkeit: Er beseelt unaufhörlich alle Lebewesen mit Seinem Leben, flößt ihnen Seine Eigenschaften ein.

Jawohl, das tut der Herr: Er erfüllt mit Seiner Liebe die Schöpfung, die unermeßliche, und dieser Seiner Liebe ist es zu verdanken, daß Atome und Energien von selbst gesetzmäßig und in harmonischer Ordnung schwingen und kreisen. Seht als Beweis hierfür: Wenn jemand im Solarplexus Beschwerden fühlt oder an Kopfschmerzen leidet, dann legt Eure Hand liebeerfüllt auf die schmerzende Stelle, und alsbald finden die in Unordnung geratenen Teilchen, dieser Liebe wegen, ihren Platz wieder, und alles Schädliche, was sich eingenistet hatte, schwindet. Aber nur, wenn Ihr eine besonders starke Liebe in Eure Hand konzentriert, verzeichnet Ihr einen Erfolg, ansonsten ist es nicht der Mühe wert, auch nur den Versuch zu unternehmen.

Wollt Ihr lebendig sein, so liebt! »Schön und gut«, entgegnet Ihr, »wir haben begriffen, laßt uns nach Männern, nach Frauen suchen.« Nein, nein, nicht auf diese Weise, damit gerade lockt Ihr den Tod herbei! Bei jeder Energieverschwendung dieser Art zieht Ihr den Tod heran, den geistigen Tod. Wer jene kostbare Quintessenz, die reine Hirnmaterie ist, leichtsinnig und unnütz vergeudet, verliert seine Kraft und stumpft ab. Denen, die ihre Lebenskraft verdrängen, ergeht es nicht besser, sie machen sich krank. Also gibt es nur eine Lösung: all seine Liebe gen Himmel zu senden, damit sie nicht brach liegt, sich ansammelt und Staudämme durchbrechend Verheerungen anrichtet. Darum gilt es, unausgesetzt zu lieben und das Übermaß Eurer Liebe hinauszusenden an alle Lebewesen, die ihrer bedürfen. Wenn ich den Saal betrete und Euch begrüße, sende ich Euch mit meinem Gruß meine innigste Liebe zu, und selbst wenn Ihr es nicht wahrnehmt, so bin doch ich glücklich dabei, und mein Herz wird weit. Ihr habt noch immer nicht erkannt, wie bedeutungsvoll es ist, einander mit liebender Seele zu begrüßen. Wenn wir uns gegenseitig grüßen, sollen Engel und Erzengel, die uns sehen, entzückt ausrufen können: »Welche Lichtfülle, welche Pracht! Laßt uns zu diesen Menschen hineilen, die einander soviel strahlende Liebe schenken!«

Überall finden Menschen zusammen, lieblos, und trennen sich wieder. Auch bei Ehepaaren verhält es sich nicht anders. Sie umarmen sich: »Auf Wiedersehn Liebes... Wiedersehn...«, aber ihre Küsse sind leer. Sie umarmen sich aus Gewohnheit, nur weil es sich so gehört, und das ist jammerschade. Wozu sich dann umarmen? Mit einem Kuß soll man dem anderen etwas übermitteln, das ihn beseelt, ihm neuen Lebensmut schenkt.

Die wenigsten wissen, was ein Kuß eigentlich bedeutet, wie und wann sie umarmen dürfen. Gerade dann nämlich, wenn ein Mann unglücklich und traurig ist, geht er zu seiner Geliebten um sich zu trösten; er übergibt ihr mit seinen Küssen seinen ganzen Kummer, seine Mutlosigkeit, und das arme Mädchen nimmt dies auf und wird davon krank. Männer und Frauen gehen dauernd Beziehungen miteinander ein, aber welcher Art sind diese? Gott allein weiß... oder genauer gesagt, es wissen's die Teufel. Es ist keineswegs untersagt, jemanden zu küssen, ganz im Gegenteil, nur muß man wissen, wie und wann, damit man ihm dabei ewiges Leben übertrage.

Wollte ich nun dazu übergehen, meine lieben Brüder und Schwestern, Euch aufzuzeigen, daß Ihr nicht einmal den von Euch geliebten Menschen zu küssen versteht, wäret Ihr über Euch selbst erschreckt. Eurer Meinung nach ist alles was Ihr tut, vollkommen und ideal; aus der Sicht der Eingeweihten indessen, steht Ihr noch weit zurück.

Die Hauptsache ist das Leben, die Liebe – denn Leben und Liebe sind ein und dasselbe. Ihr sollt Euch darum bemühen, Euch über das dumpfe, erdgebundene, freudlose Alltagsdasein zu erheben. Strebt nach jenem höchsten Ideal: das göttliche Leben, die Liebe Gottes auszustrahlen, und sagt nicht etwa: »Ich bin dessen nicht fähig, ich bin geistig nicht reif dazu, ich gebe es auf.« Ist Euer Ideal auch unerreichbar, unerfüllbar, haltet weiterhin an ihm fest, denn gerade, weil es unerreichbar fern liegt, ist es so herrlich und wunderbar. Wenig Wert hat alles, was leicht erreichbar ist.

Alle Welt klammert sich an Dinge, die man mühelos erlangt, doch ich, der von Kind an Entwordene, habe mir etwas vorgenommen, von dem ich im voraus weiß, daß es niemals in Erfüllung gehen wird, weil es allzu unermeßlich und Erhaben ist. Ja, aber das eben ist es, was mich zu hohen Leistun-

Der Sonne gleich, organisiert die Liebe das Leben

gen antreibt, mich beschwingt und beseelt! Klammere ich mich an Näherliegendes, so schwindet meine Begeisterung. Diesen Zusammenhängen wurde von den Psychologen bisher noch zu wenig Beachtung geschenkt. Ihr werdet sagen, das habe mit Psychologie nichts zu tun. Und ob, das eben ist wahre Psychologie...

Erwägt also nicht lange, ob Ihr fähig seid oder nicht, freudig-helles Leben auszuströmen, göttliche Liebe!

Bonfin, 14. Juli 1975

XIV

Der Liebe ihre ursprüngliche Reinheit wiedergeben

I

Liebt man einen Menschen, so fragt man sich nie, welcher Art diese Liebe ist. Man sagt: »Ich liebe ihn... ich liebe ihn...« Nun, daß man ihn liebt, wird niemand bezweifeln; doch was das für eine Liebe ist, die man verspürt, darüber macht man sich keinerlei Gedanken, denn jedwedes Verlangen und Begehren, alle Anreize und Gelüste nennt man Liebe. Sowie man in etwas verliebt ist oder jemanden liebt, ist es aus mit der Klarsicht; man ist eingefangen, den Gefühlen ausgeliefert: Die Liebe nimmt überhand, und man ist gezwungen nachzugeben – alles vernünftige Denken wird ausgeschaltet, der Verstand verstummt. Vor dem in Liebe entbrannten Herzen hat die Vernunft nicht mehr mitzubestimmen. Das Herz ruft: »Schweig still! Ich allein, nur die Liebe hat das Recht zu sprechen, was willst du mir da 'reinreden?« In Wirklichkeit aber, würden Herz und Verstand gemeinsame Arbeit verrichten, könnte sich die Liebe in weitaus schönerer Form und helleren Farben bekunden.

Je niedriger die geistige Entwicklungsstufe eines Menschen ist, umso unbeherrschter gibt er dem dringlichen Fordern seines Liebesgefühls nach, ohne auch nur zu überdenken, ob sein Lieben selbstlos, rein und dem anderen förderlich ist.

Liebt er, dann ist alles Denken für ihn unnötig geworden. Deswegen gibt es auch so viele Romane, Theaterstücke und Filme, die Liebesfreud und -leid der Verliebten zum Inhalt haben! Gäbe es dieses so überaus spannende Thema nicht, worüber wollten die Romanautoren, Dichter und Dramaturgen denn schreiben? Welch wunderbare Möglichkeit bietet sich ihnen, Verzweiflung, Rache und Morde darzustellen!... Wie hochinteressant, inhaltsreich und belustigend ist dies; alle Welt hat vollauf damit zu tun, auch die Sarghersteller und selbst die Feuerwehr! Einer hat Feuer angelegt, weil seine Liebe keine Erfüllung fand... Klingeln, Sirenen ertönen, Hupen sind weithin zu vernehmen: tatü – tatü –... alles springt zur Seite, um die Feuerwehr durchzulassen, die nun das Feuer zu löschen hat, das ein verliebter Dummkopf entfachte...

Man sollte sich nicht ausschließlich vom Herzen beeinflussen lassen, sondern das Denken einschalten, damit der Wille erhalten bleibt, die inneren Regungen zu überwachen und zu prüfen, für Ausgleich zu sorgen. Die Liebe ist ein herrlicher Impuls, nur mischt sich leider zuviel Leidenschaftliches mit ein, dessen man sich zunächst entledigen muß, damit ihr wahres, eigentliches Wesen zur Entfaltung gelangt. Jede Liebe enthält etwas Göttliches, aber sie muß geläutert werden, weil ihr stets unsaubere Stoffe anhaften, wie ja bekanntlich auch jedem neugeborenen Tier: einem Kälbchen, einem Zicklein... Kommt es zur Welt, ist es nicht gar so sauber, und das Muttertier reinigt es; desgleichen ist es beim Kind. Und mit der Liebe verhält es sich ebenso: Sie ist ein Kind, das lauter Himmelssegen bringt, denn in jeder Liebe ist Gott zugegen. Jedoch muß sie gewaschen, gereinigt, veredelt, gesteigert, befreit werden, damit das Göttliche in ihr sichtbar wird.

Auch in der ichbezogensten, primitiv sinnlichsten Liebe ist ein Funke göttlicher Urkraft verborgen. Immer steht Gott dahinter; nur haben sich allzuviele Fremdstoffe angesammelt,

Der Liebe ihre ursprüngliche Reinheit wiedergeben 145

weil sie mancherlei Zonen durchqueren mußte, die nicht besonders sauber waren, rußigen Schornsteinen, sumpfigem Gelände glichen. Selbst die lichtreichsten Impulse und Kräfte, die uns der Himmel zusendet, müssen durch Schichten hindurch, die sich in unserem Innern infolge unseres Eigenwahns, niederer Gedanken und Wünsche abgelagert haben. Daher sind sie einstweilen wohl noch in Schmutz gehüllt, sind aber lauter kostbarste Edelsteine, die entschlackt werden müssen.

Solange der Mensch sich keiner inneren Läuterung unterzieht, werden alle himmlischen Eingebungen, Schwingungen und Kräfte beim Durchdringen der in seinem Innern noch unaufgehellten Ebenen verunstaltet. Seht beispielsweise: Ein Sonnenstrahl fällt auf eine Wasserfläche; das Wasser bildet ein Hindernis, verformt ihn, und dies um so mehr, je schlammiger das Wasser ist. Ein anderes Beispiel ist eine Petroleumlampe, deren Glasröhre vom Rauch geschwärzt ist: Das Licht der Flamme ist nicht mehr hell leuchtend und strahlend, die Röhre muß geputzt werden. Wir sind einer solchen Petroleumlampe vergleichbar: Das Licht, das in uns brennt und hinausleuchten möchte, dieses Licht, das Liebe ist und Weisheit, es muß erst durch die dichten Ablagerungen in uns hindurch. Und je dicker und düsterer diese sind, um so weniger Licht dringt nach außen.

Es ist klar und einfach, selbst Kinder können dies verstehen: Wir müssen uns läutern und reinigen, uns in dem Sinne bemühen, daß die Hüllen, woraus unser Wesen besteht: der Physis-, Äther-, Astral sowie Mentalleib durchsichtig werden und hell, und das innere Licht, der in uns lebendige Gottesfunke, durch die Finsternis dringen, endlich hervorbrechen und aufstrahlen kann. Der Grund, weshalb dies nur selten der Fall ist, liegt in unserer üblen Angewohnheit, ständig schweren, zähen Schutt anzusammeln wie: Neid, Haß, Bosheit,

Rachegelüste, niedere Sinnlichkeit und rücksichtsloses Ansichraffen. All dieses Unreine zusammen verkrustet sich zu einem undurchlässigen, harten Panzer, einem Erdenleib, dessen Hüllen derart dicht und getrübt sind, daß kaum ein paar Strahlen und Funken, kaum ein Lichtschein hindurchschimmert. Eingeweihte sehen in dieser Hinsicht klar; sie haben in früheren Inkarnationen bereits auf dieses Ziel hin gearbeitet und gehen weiterhin bewußt den Weg der Vervollkommnung. Ihnen gelingt es, die Materie ihres Körpers derart zu verfeinern und zu durchlichten, daß der Glanz des inwohnenden Gottgeists allmählich immer herrlicher aus ihnen strahlt.

Nunmehr fordere ich Euch auf, Euch ganz der Reinheit zu widmen, sie zu ersehnen und anzustreben, über sie nachzusinnen. Durch sie allein vermögt Ihr gefahrlos auf dem Höhenwege weit voranzukommen. Bittet um Reinheit in Eurem ganzen Sein, denn in ihr werden Euch alle Naturgeheimnisse offenbar. Die mit sieben Siegeln verschlossenen Geheimnisse, welche die Menschen seit eh und je zu entschlüsseln suchten, sie tun sich auf vor dem Reinen.

Laßt Euer Herz immerzu mit Liebe erfüllt sein! Unaufhörlich sollen wir lieben: die gesamte Schöpfung, alle Lebewesen und vor allem den Schöpfer, und stets darauf achten, in welcher Weise wir lieben und in welche Richtung wir unsere Liebe lenken. Nur sie ist fähig, dem Menschen Licht und wahre Lebensfreude zu vermitteln; sie ist das Heilende und Segenbringende, ist Gott selbst.

Freilich besteht die Gefahr, daß man Eure Liebe zu mißbrauchen sucht; aber dann müßt Ihr die Weisheit zu Hilfe holen. Habt Ihr es mit Leuten zu tun, die danach trachten, Eure Liebe auszunutzen, dann zeigt ihnen Eure Liebe nicht, tötet sie aber nicht ab, bewahrt sie in Eurem Herzen, auf daß sie in Euch wirke. Laßt Eure Liebe nicht ersterben, sonst geht Ihr zugrunde.

Der Liebe ihre ursprüngliche Reinheit wiedergeben

Die ganze Menschheit bedarf im Grunde nur zweier Dinge: zu lieben und geliebt zu werden, Liebe verschenken und Liebe erhalten. Deswegen soll man sich von all den überlieferten Bräuchen befreien, welche die Seele in ihrer Entfaltung hemmen. Ihr sagt:»Sie sind also mit dieser Jugend einverstanden, die alle Gesetze übertritt, um frei ihrer Liebe zu leben?« Keineswegs, denn sie entbehrt jeglicher Erkenntnis und Weisheit, ermangelt initiatischer Richtlinien. Wohl ist ihr Sehnen, ihr Bedürfnis zu lieben und geliebt zu werden wunderbar, ist der Lebenswille selbst, unter der Voraussetzung allerdings, daß sie im Licht der Wahrheit stehen und handeln, wie die Eingeweihten es lehren.

Bonfin, 10. August 1963

Der Liebe ihre ursprüngliche Reinheit wiedergeben

II

Die meisten sehen das Küssen, den Austausch von Zärtlichkeiten oder mehr, nicht als unrein an. Und tatsächlich, es mag rein sein, aber es kommt hauptsächlich darauf an, welche Gedanken man hegt. Ist es für sie lediglich ein Zeitvertreib, ein Genießen und Profitieren, so verfolgen sie damit ein eigennütziges Ziel, das im Astralen nur Unreinheit erzeugt, und sie beschmutzen sich selbst und ihren Partner. Sind sie jedoch von dem Wunsch erfüllt, dem, den sie lieben, helfend zur Seite zu stehen, ihm Heil und Segen zu spenden, ihn zu retten, dann wird dieses Gefühl sie und ihn läutern.

Nicht die Geste, nicht die Handlung macht rein oder unrein, sondern die Absicht, die Einstellung, die man hegt, das Gefühl, das treibende Verlangen. Selbst die größten Erleuchteten hatten einen Vater und eine Mutter, die das vollziehen mußten, was zur Entstehung eines Kindes notwendig ist. Und schenkten sie einem göttlichen Kind, einem Retter der Menschheit das Leben, dann eben weil sie dies auch beabsichtigten. Gleitet man hingegen ab in den niederen Astralbereich, ist keine Reinheit mehr vorhanden, und wäre man hellsehend, so würde man gewahr, daß man sich von Unrat nährt.

Der Liebe ihre ursprüngliche Reinheit wiedergeben

Um rein zu sein, muß man sich hoch hinauf schwingen und strahlendste, reinste Lichtstoffe aufnehmen. Hat man nicht dieses hohe Ideal, so ist man unrein, selbst wenn man es, unter dem Vorwand rein bleiben zu wollen, bei ein paar Zärtlichkeiten, ein paar Küssen beläßt; und die nachteilige Wirkung ist dieselbe, als hätte man mit einem Mann, mit einer Frau geschlafen. Denn man hat lediglich ein Bedürfnis zufriedengestellt, und jede Berührung, jeder Austausch, die von keinem hohen Ziel motiviert sind, sind eine Beschmutzung.

Es sind Fälle bekannt, wo ein Schwarzmagier, nur indem er die Hand einer Frau berührt, in dieser Frau bereits die Hölle entfesselt: Sie schreit, wälzt sich auf dem Boden... Ja manchmal ist die Berührung nicht einmal nötig: der Magier bläst die Frau mit seinem Atem an, und die Höllengeister dringen in sie ein. Nicht die Gesten also sind wichtig oder unwichtig, sondern was der Mensch fühlt und denkt. Ein Meister umarmt Euch nicht, rührt Euch auch nicht an, aber seine Gegenwart allein genügt, Euch mit Himmelslicht und Liebe zu erfüllen.

Reinheit zieht Göttliches heran, zieht die Engel herbei. Die Leute aber wissen nicht einmal, was Reinheit eigentlich ist: Sie essen und trinken in jedweder Verfassung, hegen irgendwelche Gefühle, irgendwelche Gedanken und reden dann von Reinheit! O nein, nur wenn man sich in gesunder, natürlicher Weise nährt, lichte Gedanken hegt, seine Seele und seinen Geist einem hohen göttlichen Ziele weiht, dann ja, mag man von Reinheit, Heiligkeit sprechen, vorher nicht. Ein Unwissender kann nicht wahrhaft rein sein. »Wie denn?« fragt Ihr, »junge Mädchen sind doch gerade deswegen rein, weil sie von nichts wissen!« Ja sicher, zunächst scheint es wirklich so, als wären sie rein – aber forschen wir nicht weiter danach, was in ihrem Kopf vorgeht! – Und ist diese Reinheit auch echt, sie wird nicht lange vorhalten. Sind sie unwissend, dann werden sie gar bald von einem Ferkel aufgefressen. Wahre Reinheit ist von Dauer und ohne Weisheit und Vernunft nicht zu erwerben.

Sèvres, 3. Januar 1976

XV

Männlich und Weiblich

Wechselbeziehungen zwischen Mann und Frau
I

Einem jeden ist es wohl bekannt, daß hinsichtlich ihrer gegenseitigen Verhaltensweise es im allgemeinen der Mann ist, der die Initiative ergreift und sich der Frau nähert. Ich sage, im allgemeinen, denn beobachtet man, wie es sich heutzutage verhält, dann sind es eher die Frauen, die Annäherungsversuche machen. Normal ist allerdings, daß sich die Frau zurückhaltend verhält, und der Mann, gleich einem Jäger, sich aufmacht und zu ihr hingeht. Ihr meint: »Aber er begibt sich doch zu ihr, weil sie anziehend ist!« Richtig, sie zieht ihn an; sie wirft ihre feinen Netze über ihn, und der Mann nähert sich, ist schon umgarnt und eingefangen. Die Frau macht es dem Angler gleich, der still am Ufer sitzt und lediglich die ausgeworfene Leine einzieht, um den Fisch an Land zu holen. Das ist das Verhalten der Frau: Sie rührt sich nicht, der Fisch kommt herbei und beißt an.

Ihr wendet ein: »Aber auch der Mann zieht an. Wieviele Frauen sprechen davon, daß sie sich zu einem Mann hingezogen fühlten. Jawohl, denn auch der Mann wirft etwas Unsichtbares aus, aber er geht dabei eher wie ein Bergsteiger vor, der einen Haken über einen Felsvorsprung schleudert und dann nachklettert.

Im Unterschied zur Frau wirft er etwas aus, das ihm dazu dient, sich selbst fortzubewegen, während sich die Frau des Ausgeworfenen bedient, um den Mann zu sich zu holen.

Also ziehen sie einander gegenseitig an: Es ist eine Art Krieg, bei dem jeder seine eigene Taktik anwendet, jedoch mit demselben Ziel: zusammenzufinden, Beziehungen aufzunehmen.

Was trägt sich beispielsweise an einem Tanzabend, einem Fest zu, an dem junge Leute und Mädchen versammelt sind? Sie sehen einander an, wechseln ein paar Worte und sind glücklich; denn zwischen ihnen besteht eine Spannung, die sie leicht und fröhlich macht. Dennoch ereignet sich weiter nichts, sie berühren einander nicht einmal, indessen, in der ätherischen Sphäre der Emanationen und Strahlungen vollzieht sich ein Austausch zwischen ihnen...

Wenn sich Männer und Frauen in den dichten, grobstofflichen Bereich der Sexualität hinabbegeben, ist das, was sie körperlich durchführen, nichts anderes als die Konkretisierung dessen, was bereits im Ätherischen zwischen ihnen stattfand. Sie waren sich aber dieser feinen, lichten Austausche nicht einmal bewußt. Denn Männer und Frauen nehmen Liebe erst dann zur Kenntnis, wenn sie im Körperlichen ihren Ausdruck findet, ja, da erst fühlen sie, daß etwas vor sich geht! Erst dann erwacht ihr Bewußtsein; bis dahin nehmen sie nichts wahr.

Noch ein Beispiel: Ergreift jemand das Wort, so ist er aussendend, folglich positiv gepolt, und die ihm zuhören, ob Männer oder Frauen, sind aufnehmend, d.h. negativ gepolt: Sie empfangen das gesprochene Wort und werden, sei es in himmlischem oder teuflischem Sinne befruchtet, je nachdem, ob das Gesagte gut oder von Übel ist.

Männlich und Weiblich...

Die Natur wirkt auf jedem Gebiet nach denselben Grundprinzipien, doch der Mensch anerkennt lediglich das Konkrete, Sichtbare. Das Nichtsichtbare, Subtile, aus dem ja alles Gestaltete hervorgeht, sieht er, erfaßt er nicht, ist ihm völlig unbewußt. Und diesbezüglich eben müßte er aufgeklärt, sein Horizont erweitert werden, damit er einen Einblick erhält in das Herrliche und Schöne, das die Natur ihren Kindern für den Tag bereithält, da sie geistig erwachen.

Der Mann sendet mit seinem ganzen Körper aus; seinen Augen, seinem Hirn, seinem Mund, seinen Händen und insbesondere natürlich mit dem eigens hierfür ausersehenen Körperteil.

Die Frau ihrerseits, ist in ihrem ganzen Körper aufnehmend, vornehmlich an einer zum Empfangen besonders geschaffenen Stelle. Und niemand kann verhindern, daß sich ätherische Austausche zwischen ihnen vollziehen.

Und warum gehen Männer und Frauen gerne gutgekleidet aus? Um Schaufenster zu betrachten, Leute zu sehen? Nein, nicht allein deshalb. Sie ahnen es nicht, daß ihre Lust auszugehen einen tieferen Grund hat und sie darum so gerne durch Straßen und Anlagen spazieren, um mit anderen Menschen und der Natur in Beziehung zu treten; denn der Austausch mit der Umwelt ist lebensnotwendig.

»Ja, aber«, werdet Ihr fragen »was ist mit den Asketen, den Einsiedlern, die sich in Höhlen zurückgezogen haben, um weder Männern noch Frauen zu begegnen?« Sie verzichten auf eine bestimmte Art Beziehungen und öffnen sich Einflüssen, die weniger greifbar und stofflich sind. Sowie man sich einer Einwirkung verschließt, öffnet man sich ganz von selbst einer anderen. Ihr wollt weder hören noch sehen? Dann gehen andere Augen, andere Ohren in Eurem inneren Wesen auf, die ganz andere Dinge wahrnehmen.

In dem Moment, da Ihr mit Euren fünf Sinnen nichts mehr aufnehmt noch aussendet, erwachen in Eurer Seele, Eurem Geist, feinere, höhere Sinne, mittels derer Ihr empfangt und ausstrahlt.* Wenn manche Eingeweihte dazu rieten, einsam in Wäldern oder Bergen zu leben, dann nicht etwa deshalb, um ihren Schülern zu verwehren, aufnehmend oder aussendend zu sein, sondern damit sie sich auf eine höhere Seinsebene aufschwingen und es weiterhin in feinstofflicher Sphäre sind. Man kann nicht umhin abwechselnd aufnehmend oder aussendend zu sein, andernfalls erfolgt der Tod; in ihm ist jeder Austausch unterbrochen. Das Leben beruht in Wechselbeziehungen. Weiß man, wie und mit wen sie in idealer Weise durchzuführen, ist man im Besitze wahrer Lebensweisheit.

Ich sprach bereits schon über die Austausche, die wir mit der festen Materie anhand der Nahrung, mit der flüssigen dank der Getränke pflegen, über den Austausch mit der Luft und den Gasen mittels der Atmung; mit Wärme und Licht durch die Haut (wobei diese die Wärme aufnimmt und die Augen das Licht). Aber diese Austausche sind nicht die einzigen. In höherem Sein besteht die Möglichkeit zu noch weit feineren.

Leider blieben die Menschen auf der ersten Sprosse der Leiter stehen, und ihre Beziehungen beschränken sich auf das Körperliche: Jedoch auf dieser niederen Ebene *können* diese gar nicht göttlich sein, zumal sie ja von der Natur selbst als die gröbsten, primitivsten eingestuft sind. Das reichhaltige Wissen über die Wechselbeziehungen auf den unterschiedlichen Ebenen findet seinen Ausdruck in dem Symbol der Äolsharfe, über deren sieben Saiten der Windhauch streicht

---

* Siehe den Vortrag: »Der Schüler soll seine höheren Sinne erwecken« (Band VI)

Männlich und Weiblich...

und sie zum Erklingen bringt... Diese Harfe stellt den Menschen dar, den Mann sowie die Frau. Ein jeder hat sieben Saiten, die er zum Schwingen und Erklingen bringen soll. Man darf sich nicht etwa einbilden, das Anklingen einer einzigen Saite erbringe vollkommene Glückseligkeit, Wesensentfaltung und Allmacht. Mann und Frau sollen keine ein-saitigen Musikinstrumente sein, sondern ebenso die sechs anderen Saiten erklingen lassen, die sie besitzen. Sie erfahren dadurch ungeahnte Empfindungen und Freuden, eine Wonne und Erfüllung, die den Genuß rein körperlicher Kontakte weit übertrifft. Aber diese Himmelswonne läßt sich mit Worten nicht beschreiben. Man kann Blinden nicht begreiflich machen, was Sonne, Licht und Farben sind. Haben sie diese nicht selbst einmal erblickt und erfühlt, sind alle Erklärungen nutzlos.

Wenn Männer und Frauen beisammen sind, steigert sich in ihnen eine Spannung, das ist normal, so hat es die Natur vorgesehen. Es stellt sich nur die Frage, ob eine kleine Spannung schon Grund genug ist, seine Kraft zu vergeuden und zu verschwenden. Daran erkennt man wer vernünftig ist... oder töricht!

Verschwendet der Mensch diese so kostbare Energie bedenkenlos, zeigt dies an, wie unwissend er ist.

Die Natur nämlich beabsichtigte nicht, daß er sich sofort und in irgendeiner Weise der Spannung entledigen solle. Sie wollte die Menschen vielmehr dazu anregen, über das Wie und Warum nachzudenken, damit sie den tieferen Sinn davon herausfinden und diese Spannung zu hohen geistigen Leistungen nutzen, nach oben leiten und im ganzen Körper verbreiten, so daß alle Körperzellen davon durchdrungen, neu belebt und befruchtet werden. Nicht weil man ein paar Regungen verspürt, soll man sich daran aufhalten. Es ist besser, sie nicht zu beachten, sich anderen Dingen zu widmen oder diese

Energien nach oben, in das Hirn zu leiten. Nie Natur schuf die Spannung nicht, damit man sie abschaffe. Man will seine Ruhe – hat aber keine Unternehmungslust, keinen Antrieb, weil diese Spannung fehlt. Dies mag wohl in gewisser Hinsicht ein Vorteil sein, jedoch bedarf es besonderer Anleitungen, um zu verhindern, daß es sich nachteilig auf die Wesensentfaltung auswirkt.

Tatsächlich ist Spannung, ist ein Druck nötig, um das Wasser bis zum höchsten Stockwerk des Wolkenkratzers hinaufzutreiben! Aber zur Lösung dieses so wesentlichen Problems ist es erforderlich, den Menschen in seiner Ganzheit zu erforschen, sich vor Augen zu halten, daß nicht sein physischer Körper allein zufriedengestellt werden soll. Sicherlich ist es notwendig, ein Gefühl der Entspannung, ein tierisches Wohlsein zu empfinden, denn die Natur hat es so eingerichtet; jedoch darf dies nicht soweit führen, daß man jenem rein biologischen Gefühl alles andere opfert! Spannung ist unentbehrlich, damit die Energien bis nach oben gelangen. Davon wissen die meisten nichts, sie versuchen sich von der Spannung zu befreien, indem sie ihr nachgeben, weil sie sich durch sie bedrängt fühlen. Die Eingeweihten hingegen bemühen sich, sie so lange wie möglich zu erhalten... bis zu hundertfünfzig, ja zweihundert Jahren! Denn gerade diese Spannung ist es, die sie interessiert, nicht die Ent-Spannung. Entspannung kann sogar schädlich sein: Wer nämlich die Sexualenergie nicht auszurichten weiß, damit sie Großes leistet, das innere Räderwerk in Bewegung setzt, läßt sie entgleiten, und sie verursacht viel Unheil.

Laßt uns aber auf die Frage der Wechselbeziehungen zurückkommen. Das Buch der Natur spricht davon, daß ein Mensch nicht rein ist, solange er immer nur nimmt. Reinheit beginnt mit dem Bedürfnis zu geben, auszusenden. Bei diesem überreichen, großzügigen Verschenken ist man rein; kein Gesetz wird einen verdammen. Verurteilt wird nur, wer nimmt;

denn dies macht ihn zum Dieb. Die Menschen nennen es Liebe, aber nein, es ist Diebstahl! Ein junger Mann verspürt Hunger und wirft sich auf das Mädchen, indem er ihr schwört: »Ich liebe dich!« und alle Leute dieser Welt denken: »Das ist doch normal, er liebt sie.« Die unsichtbare Welt dort oben aber sagt: » Er ist ein Dieb, er nahm ihr alles hinweg.« Eignet Ihr Euch etwas an, indem Ihr lediglich einem persönlichen Bedürfnis nachgebt, dann seid Ihr ein Dieb. Man darf nicht vom Verlangen, zu nehmen, erfüllt sein, nur vom Wunsch zu geben.

Es gibt immer einen aussendenden und einen empfangenden Pol, und daraus ergibt sich ein Kreislauf. Halten sich ein Mann und eine Frau in inniger Umarmung umschlungen, dann leitet er eine Energie in die Frau über, die sie aufnimmt und die an ihrer Wirbelsäule entlang bis hinauf in den Kopf dringt, von wo aus sie diese Energie durch ihren Mund in das Hirn des Mannes sendet, der seinerseits nun aufnehmend ist. Der Mann empfängt oben und gibt unten, die Frau nimmt unten auf und gibt oben weiter. Ja, die so zarte, schwache, empfindsame Frau, sie gibt oben: Wüßten die Frauen darum, wären sie in der Lage die Männer mit ihrer Denkkraft zu bessern. Während der Liebe verfügt die Frau dank ihres Denkvermögens über große Macht, weit mehr als der Mann, der leicht den Kopf verliert. Der Beweis hierzu ist: Überrascht man ein sich küssendes Pärchen, dann stottert der junge Mann zusammenhanglose Worte, während das Mädchen seine Haltung bewahrt und allerlei gute Gründe vorbringt; sie, das Mädchen, verliert den Kopf nicht.

Körperliche Beziehungen zwischen Mann und Frau sind an und für sich keineswegs verwerflich oder sündhaft. Wäre dem so, warum hebt dann die Natur seit Anbeginn der Welt bei allen Lebewesen immer nur dieses eine hervor? Wäre der Geschlechtsakt an sich tadelnswert, wie könnte die Natur ihn dann dulden, warum vernichtete der Himmel nicht längst jene, die ihn ausüben? Die Handlung selbst ist weder schlecht noch gut. Die Absicht allein, die man hineinlegt, macht sie anstößig oder heilig.

Stellen wir einen Vergleich an: Was ist wichtiger: der Wasserhahn oder das Wasser, das durch ihn hindurchfließt? Der Wasserhahn ist vielleicht aus Gold, wenn aber nur schmutziges Wasser aus ihm fließt?... Hauptsache ist, das Wasser ist rein. Ebenso ist eine üble Absicht vergleichbar mit schmutzigem Wasser und eine gute mit kristallklarem Quellwasser. Nicht die Liebesgesten noch die Organe sind schuldig. Wichtig ist die Beschaffenheit der Energie, der Ausstrahlung und Quintessenz, die sich verbreiten, welcher Art die psychischen Kräfte sind, die von Mann und Frau während der Liebe ausgehen.

Hat der Mann nichts zur Veredlung seines Charakters und zu seiner Läuterung getan, ist seine Absicht egoistisch und unehrlich, und beschließt er diesen Akt zu begehen, indem er sich verheiratet, wird ihm wohl ein jeder zustimmen, ihn beglückwünschen, seine Familie ihm zu Ehren ein Fest veranstalten, Standesamt und Kirche ihm einerseits das Recht und andererseits den Segen dazu erteilen, aber die Natur wird ihn verurteilen. Denn was übergibt er seiner Frau? Seelische Mängel, Laster, schädigende Einflüsse, sonst nichts. Mag auch die ganze Welt sein Handeln befürworten, die Naturgesetze sprechen ihn schuldig, weil er seine Frau beschmutzt.

Umgekehrt, wirft Euch vielleicht alle Welt vor, daß Ihr nicht miteinander verheiratet seid. Habt Ihr aber die Seele der Frau, die Ihr liebt, mit des Himmels Glanz und Pracht erfüllt, ist sie durch Euch ein himmlisches Wesen geworden, so werden alle Engel im Himmel jubeln und hocherfreut sein.

So wißt denn, meine lieben Brüder und Schwestern, das Gute oder Böse beruht nicht im Befolgen oder mißachten der gesellschaftlichen Regeln, sondern in der Beschaffenheit dessen, was Ihr innerlich mit Euch führt. Den Eingeweihten ist unwesentlich, ob ein Mann und eine Frau ehelich oder unehelich miteinander leben, sie achten auf das, was einer dem anderen zu seinem Seelenheil, seiner inneren Entfaltung und geistigen Höherentwicklung darzubieten hat. An diese Wertmaßstäbe halten sie sich bei ihrer Beurteilung, es ist das allein Wichtige. Ihnen ist bekannt, wie hart ein Mensch an sich zu arbeiten hat, sich zu läutern, innerlich zu festigen, zu vervollkommnen, bevor er in den Ehestand tritt, auf daß der Himmel sich durch seine Nachkommenschaft bekunde. Aber auch die Eingeweihten, die keine Ehe eingehen, arbeiten ohne Unterlaß an ihrer inneren Läuterung und Erhellung, um Träger des Lichts zu werden, ungeachtet der Meinung ihrer Umwelt, die jene verachtet, die nicht heiraten.

Übrigens, ein Eingeweihter ist in Wirklichkeit nicht unverheiratet. Ich werde später noch darauf zu sprechen kommen, aber ich kann Euch jetzt schon sagen, daß viele Eingeweihte Austausche mit Naturgeistern, sogenannten Devas, pflegten, überaus reinen Wesen wie die Elfen, die Salamander und Undinen...Wundervoll duftige ätherische Beziehungen, die sie mit tiefer Beglückung erfüllten.

Ich kann Euch diesbezüglich etwas berichten, das mir selbst widerfuhr. Mehrere Male wachte ich nachts auf, weil ich die Gegenwart von märchenhaft lichten Wesen verspürte, die von unbeschreiblicher Schönheit waren. Sie umgaben mich und blickten mich an, und ich fühlte mich von unsäglicher Liebe zu ihnen erfüllt. Sie berührten mich nicht, sondern sahen mich unverwandt an, und all ihre Kraft strahlte aus ihren Augen. Noch nie sah ich bei Menschen einen solchen Blick. Er schien von sehr weit her, aus höchster Sphäre zu kommen. Dies dauerte Stunden... Später wurde mir bewußt, daß diese Wesen Devas waren, die mich aufsuchten, um mir zu zeigen, daß es in der Natur unvorstellbar Schönes gibt. Dieses Erlebnis wurde mir zuteil, damit ich erfahre, daß es solches wirklich gibt. Jene Devas eröffneten mir eine neue Welt. Ich vermag Euch diese vollkommene Reinheit, dieses Leuchten und Strahlen und die Farbenpracht nicht zu beschreiben... Die himmlische Mutter, die die tiefe meines Herzens, mein Ideal kennt, meine Seele sieht, sandte diese Devas, auf daß ich von ihnen lerne. Sie offenbarten mir, was wahre Liebe ist, die körperlicher Äußerung nicht bedarf.

Ihr sagt: »Ja, aber das ist eine Welt der Illusion.« Nun, was wißt Ihr schon darüber?... Und wären es auch Illusionen, ich zöge sie dem vor, was Ihr Wirklichkeit nennt, die zumeist nur grau und trostlos ist. Besser ist es, in einer überirdisch schönen Welt zu leben, die einem ungeahnte Erkenntnisse und Gefühle erschließt. Was kann man sich mehr wünschen als in Reinheit zu leben und sich immerfort himmlischer Herrlichkeit zu erfreuen, ohne sie triebhaft zu begehren? Ein einziger Blick vermag mehr Glückseligkeit zu vermitteln als alles übrige. Wer es soweit bringt, daß ein Blick ihm alles gibt, der ist der Vollkommenheit nahe.

Einmal, ich war damals noch sehr jung, sagte Meister Peter Deunov zu mir: »Dir genügt ein Blick!« Diese Worte überraschten mich zunächst, und ich verstand ihren tieferen Sinn nicht, jedoch, nachdem ich mich genauestens beobachtet hatte, stellte ich fest, daß sie der Wahrheit entsprachen: Der Meister sah in den Tiefen meiner Seele die Wurzeln und die Struktur meines eigentlichen Wesens, und in einem einzigen Satz hatte er alles zusammengefaßt: Mir genügt ein Blick. Später bediente ich mich häufig des Blicks und entdeckte dabei geheime Gesetzmäßigkeiten, genauer gesagt, wie man sich durch richtiges Schauen heiligt, welche Entzückung, welche

Seelenweite und Erfüllung ein einziger Blick zu geben vermag. Ich habe mich viele Jahre in diesem Sinne geübt. Es umfaßt ein ganzes Wissen, das ich Euch bisher noch nicht enthüllte.

Ich habe ein unstillbares Bedürfnis nach Schönheit und werde mir dies niemals vorenthalten. Man mag mir sagen was man will, ich werde stets antworten: »Tun Sie was Ihnen gefällt, aber laßen Sie mich in Frieden, mein Weg ist völlig verschieden. Ich bezweifle nicht, daß Sie ein Heiliger sind, ein, wie man allgemein sagt, fehler- und tadelloser Mensch, ich erweise Ihnen alle Ehre, aber bitte, lassen Sie mich zufrieden, ich schlug eine Richtung ein, die Sie nicht kennen. Ich habe meinen Weg gefunden.« Ungeachtet fremder Meinung bewundere ich weiterhin alles Schöne. Auf Erden gibt es so viel Schönheit, daß es jammerschade wäre, sie nicht zu schauen.

Man darf sich nicht auf die Schönheit stürzen, um sie zu verschlingen, aber es ist eine wahre Sünde, sie keines Blickes zu würdigen. Wenn die Menschen sie nur dazu verwenden, sich gegenseitig ins Verderben zu ziehen, so ist nicht die Schönheit daran schuld; sie selbst sind zu wenig gereift und geläutert und entfachen ein Feuer in sich, das ihrer Unreinheit wegen nur schwelenden Rauch entwickelt.

Schönheit darf den Menschen nicht zu Fall bringen, sondern soll ihn zu Göttlichem führen, ihm den Weg weisen ins Himmelreich. Ich würde mich gerne nur von Schönheit ernähren, und ich versichere Euch: Wäre Gott nicht Licht und Schönheit, sondern »nur« weise, allwissend und allmächtig, so würde ich Ihn nicht lieben. Weil Er aber die Schönheit ist und ich sein möchte wie Er, liebe ich Ihn. Mich zieht nur Schönheit an, nur reine geistige Schönheit, nicht irgendeine. Denn ich habe eine andere Auffassung von Schönheit. Häufig sehe ich da, wo die meisten vollkommene Schönheit bewundern, abstoßende Häßlichkeit, und dort, wo sie nichts Besonderes erschauen, sehe ich eine Pracht verborgen.

Zu Beginn sagte ich Euch, daß dort, wo die Jugend sich einfindet, um einander kennenzulernen, die jungen Männer ätherische Strahlen und Partikel in den Raum senden, die von den Mädchen, da sie ja aufnehmend sind, unbewußt aufgefangen werden. Ihre Austauschbeziehungen finden also lange bevor sie diese im Körperlichen vollziehen, bereits im Ätherischen statt und genügen den jungen Menschen vollends, um glücklich zu sein. Es ist an der Zeit, daß diese Tatsache den Männern bekannt wird, auf daß sie nurmehr lautere, reinste Lichtteilchen ausstrahlen, welche die Menschen zu heilen und neu zu beleben vermögen. Mädchen und Frauen ihrerseits sollen darauf achten, sich mit einem geistigen Filter zu schützen, um zu vermeiden, daß im Psychischen Schmutzwasser in sie eindringt. Einige sind wahre Schwämme, die alles aufsaugen. Es gibt hierfür mehrere Maßregeln zu beachten, und wenn Frauen so häufig an den Organen dieser Körperzone erkranken, dann nur, weil sie ungeschützt schädigenden Einflüssen ausgesetzt waren.

Da diese ätherischen Austauschbeziehungen doch Tatsache sind, warum dann nicht danach streben, daß sie sich auch ideal und lichtvoll verwirklichen? Weder Heilige noch Propheten, noch hohe Meister können es verhindern, daß die ewigen Naturgesetze sich in ihnen bekunden. Selbst reine, geheiligte Wesen haben gewisse Empfindungen, aber sie sind sich ihrer bewußt, und was sie ausstrahlen, ist das Höchste und Lichtvollste. Dem Eingeweihten ist nur daran gelegen, Lichtreiches und Göttliches auszusenden, zum Wohle der ganzen Menschheit.

Man kann das Sprudeln der Quelle nicht verhindern, noch dem Fluß seinen Lauf verwehren – Hauptsache ist, das Wasser ist rein.

Sèvres, 2. Januar 1967

Männlich und Weiblich

Wechselbeziehungen zwischen Mann und Frau
II

Es wird Euch allmählich immer klarer werden, daß es sich bei den verschiedenen Graden der Liebe, über die ich zu Euch spreche, stets um dieselbe Urkraft handelt, jedoch in unterschiedlicher Bekundung und dementsprechend anderer Empfindung. Beim Umarmen einer Frau hat der Mann gewisse Empfindungen, sieht er sie nur voller Zärtlichkeit an, werden andere Gefühle in ihm wach, die physisch vielleicht weniger stark sind, geistig aber weit inniger und beseligender und in ihm eine unbeschreibliche Freude auslösen. Ja, tatsächlich, ein Lächeln, ein Blick schon vermag den Menschen in helles Entzücken zu versetzen.

Ich spazierte eines Tages in Paris die Boulevards entlang, um mich etwas zu entspannen, denn ich hatte lange meditiert, anstrengende, geistige Arbeit geleistet. Viele Menschen gingen auf der Straße, und ich begegnete Hunderten von Gesichtern; selbstverständlich sahen sie mich an und ich sie ebenso. Aber dann kamen mir zwei junge Menschen entgegen, ein noch sehr junger Mann und ein ebenso junges Mädchen, und im Vorübergehen warf mir dieses Mädchen einen Blick zu, einen unbeschreiblichen, wundervollen Blick – der ganze Himmel strahlte aus ihren Augen – soviel Liebe, soviel

Licht waren atemberaubend, überwältigend. Wer wohl sah mich aus diesem jungen Mädchen an? Denn selbstverständlich war nicht sie es, dich mich in dieser Weise ansah, sondern jemand anderes durch sie hindurch; das Mädchen selbst diente nur als Übermittlerin. Es kommt häufig vor, daß Wesen aus dem Unsichtbaren uns ihre Liebe zu äußern wünschen, möglicherweise unsere Schwesterseele, die sich nicht wiederverkörperte, uns aber stets begleitet und gelegentlich durch die Augen eines Menschen ansieht... Tagelang konnte ich diesen Blick nicht vergessen. Ihr fragt: »Aber haben Sie denn nicht versucht mit ihr zu sprechen oder sie wiederzusehen?« Nein, denn es gibt Dinge, die ich genau kenne, von denen Ihr aber nichts wißt. Da ja nicht sie es war, die mir einen solchen Blick zuwarf, hätte ich nun versucht, sie wiederzusehen, um denselben Blick zu erhalten, wäre ich enttäuscht gewesen; denn sie selbst hätte nie das auszudrücken vermocht, was ein himmlisches Wesen durch sie mir schenkte.

Und glaubt mir, meine lieben Brüder und Schwestern, wenn Ihr es erlebt, daß jemand Euch mit einem solch himmlischen Blick ansieht, laßt es bei diesem Eindruck, lauft nicht hinter dem Menschen her, um erneut denselben Blick zu erhaschen, denn dieser Mensch ist außerstande, ihn in sich selbst zu erzeugen. Ihr kennt die feinstrahlige Sphäre der menschlichen Seele noch nicht. Einen solchen Blick hätte kein Mädchen auf der ganzen Erde mir zu schenken vermocht, so himmelrein und schön war er. Freilich hätte ich nichts anderes gewünscht, als unausgesetzt so einen Blick zu empfangen, aber es war viel zu wunderbar, um häufiger zu geschehen.

Kein einziger Mensch, weder Mann noch Frau, bleibt vor einem himmlischen Blick ungerührt. Und wenn, dann ist er eben ein Stein; selbst wenn er sich für einen Eingeweihten hält, er ist erstarrt und tot. Ein wahrer Eingeweihter ist innerlich rege, lebendig, er hat ein feines Empfinden für alles Schöne, verliert die Fassung nicht vor der Schönheit, sondern erfühlt sie. Rein sein bedeutet nicht, kalt und tot zu sein wie ein Stein. Viele Theorien, viele mystische Übungen sind von abartigen, verformten Anschauungen geprägt, sind abwegig.

Es gilt daher, mit den Blicken etwas auszutauschen, nur darf der Blick nicht herausfordern, er soll freundschaftlich und nicht zudringlich sein.*

Sèvres, 1. Januar 1970

---

* Siehe auch: »Die magische Kraft der Gesten und des Blicks« (Band III)

XVI

Leere und Fülle

Poros und Penia

Es gibt ein Gesetz, das einzuhalten ist, wenn man sein Leben sinnvoll und erfolgreich gestalten möchte. Es ist das Polaritätsgesetz, welches auf den beiden gegensätzlichen Polen, männlich und weiblich, positiv und negativ, ausstrahlend und empfangend, gründet.

Ihr kennt wohl alle den alten Brauch, demzufolge, wer einem Fürsten, König oder Weisen einen Besuch abstattet, Geschenke, seien es Früchte, Vieh oder auch Kunstgegenstände zu überreichen hat. Begebt Ihr Euch in Indien zu einem Guru, so müßt Ihr ihm Obst, und sei es auch nur eine Apfelsine oder Mangofrucht, bringen; geht nicht mit leeren Händen zu ihm! Denkt an die Heiligen drei Könige, die dem Jesuskind Gold, Weihrauch und Myrrhe darreichten; wenngleich sie selber Könige waren und Weise, kamen sie dennoch mit Geschenken beladen zu ihm, denn sie kannten dieses Gesetz.

Derjenige, der sich fortbewegt, aktiv ist und tätig, verkörpert das männliche Prinzip. Der hingegen, der sich nicht rührt, wartet, daß man zu ihm kommt, wie beispielsweise Jesus in der Krippe oder ein König auf seinem Thron, veranschaulicht das Weibliche. Immer ist es das Männlich-Aktive, Dynamische, das sich in Bewegung setzt, um das Weiblich-Passive aufzusuchen. Darum muß es ihm auch etwas zu schenken haben, innerlich reich sein. Das Männliche versinnbildlicht die Fülle, das Weibliche die Leere, die das Männliche mit seinen Gaben reich beschenken soll. Dies ist der tiefere Sinn des seit grauer Urzeit überlieferten Brauchs; er beruht auf einer genauen Kenntnis der Lebensgesetze.

Schon Platon hat dieses Thema bereits im »Gastmahl« behandelt. Sokrates erzählt darin, daß an Aphrodites Hochzeitsfest ein reicher Mann namens Poros (Wohlstand) teilnahm, während an der Tür eine arme Frau namens Penia (Bedürftigkeit) bettelte. Als es Nacht wurde, begegneten Poros und Penia einander im Garten, liebten sich und aus dieser Vereinigung ging ein Kind – und zwar: Eros selbst hervor. Somit ist die Liebe das Ergebnis, das Produkt, das Kind der beiden Gegensätze Fülle (oder Reichtum) und Leere (oder Armut). Die Fülle möchte stets ihren Reichtum der Leere vermitteln. Leere ist wie ein Abgrund, ein Schlund, der darauf wartet ausgefüllt zu werden, und Fülle begibt sich zu ihm hin, nähert sich, um ihm das Ersehnte zu geben.*)

Nehmen wir an, Ihr wollt jemanden besuchen: Ihr übernehmt hiermit die Rolle des Männlichen und müßt daher reiche Gaben mit Euch führen: Sei es, Ihr tragt in den Händen Früchte, Blumen, Geschenke oder in der Seele freundliche Gedanken, herzliche Gefühle; gleichviel ob außen oder innerlich, wichtig ist, Ihr geht nicht leer hin. Das Weibliche nämlich ist nicht sonderlich erbaut von einem, der leer kommt, d.h. nichts zu geben hat, bloß und kümmerlich dasteht. Die Frau (die Materie) bewundert nur solche, die reiche

---

* Siehe hierzu die Bemerkung am Ende des Kapitels.

Leere und Fülle – Poros und Penia

Schätze und große Kraft besitzen. Stellt Euch vor, ein Mann kreuzt eine Frau auf der Straße und sieht sie mit schläfrigen, nichtssagenden Augen an. Meint Ihr, sie fühle sich angesprochen und zu ihm hingezogen? Es ist zwar möglich, denn es gibt Frauen, die sich in solche »Mondaugen« verlieben. Im allgemeinen jedoch bevorzugen Frauen eher einen Mann, der sie mit glühenden Blicken betrachtet; von ihm sagen sie: »Welch ein Mann!« Ein Mann, das bedeutet Reichtum, Macht und Wille, Tatkraft und Dynamik. So ist es doch, oder?

Ja, so steht es im Buch des Lebens geschrieben, nur muß man lesen und ergründen lernen.

Geht Ihr zu Euren Freunden stets mit leeren Händen, tatsächlich oder symbolisch gemeint, werden sie sich schließlich von Euch abwenden; sie werden sich sagen: »Was ist denn das für einer? Jedesmal kommt er leer daher und läßt auch mich noch dazuhin leer zurück!« Sie werden Euch mehr und mehr mißtrauen, sich vorsehen, bis sie eines Tages die Türen ihres Herzens, ihrer Seele Euch völlig verschließen. Auf diese Weise verlieren unkluge Leute ihre Freunde: indem sie nur von ihnen zu profitieren suchen. Geht also nicht zu Bekannten, wenn Ihr Euch ausgelaugt und leer fühlt, ihnen nicht wenigstens einen liebevollen Blick, ein freundliches Lächeln, ein paar herzliche Worte zu bieten vermögt, die wahrhaft lebendige Geschenke sind. Werdet Ihr Euch des eigentlichen Sinns bewußt, der in dem Brauch des Geschenkebringens liegt, so habt Ihr die Möglichkeit, fortan weiser zu handeln.

Gehen wir noch einen Schritt weiter. Wenn Ihr einen Eimer nehmt und zu einer Quelle, einem Brunnen geht, was tut Ihr? Ihr übernehmt die Rolle des Männlichen: geht auf ein Ziel zu, wogegen der Brunnen unbewegt an seiner gewohnten Stelle bleibt. Seid Ihr bei ihm angelangt, so müßt Ihr Euch umpolen, sonst könnt Ihr den Eimer nicht füllen. Also versetzt Ihr Euch für eine kleine Weile in die Verfassung des Weiblich-Aufnehmenden, empfangt, und der Eimer wird gefüllt. Infolge seiner Unbeweglichkeit ist der Brunnen weiblich, aber seines fließenden Wassers wegen, männlich. Auch Ihr seid männlich, solange Ihr Euch fortbewegt; dann aber, wenn Ihr Euren Eimer zum Füllen hinstellt, weiblich. Das Wasser fließt, füllt Euer Gefäß, und Ihr geht zufrieden nach Hause. Ich höre Euch sagen: »Aber das ist doch zu einfach, zu selbstverständlich!« Ja, aber wartet erst ab, was sich aus diesem Beispiel folgern läßt...

Wenn Ihr Euch zu Gott hinwendet, wie verhaltet Ihr Euch da? Gott der Herr weilt oben in seinem Wohnsitz, Er wartet, stellt das weibliche Prinzip dar. Ihr hingegen erhebt Euch in Gedanken zu Ihm, steigt zu Ihm empor, naht Euch Ihm, seid also männlich. Darum müßt Ihr mit Liebe zu Ihm erfüllt sein, Ihm Gaben darbringen, Ihm Euer ganzes Herz, Eure ganze Seele weihen und sprechen: »Dein ist alles, was ich habe...«

Habt Ihr solchermaßen dem Herrn alles hingegeben, so seid Ihr leer geworden, also ein weiblicher Pol. Daraufhin füllt Er, der selbst eine überschäumende Quelle ist, Euer Herz, Eure Seele, und Ihr fühlt Euch innerlich reich beschenkt, mit Licht und Kraft gestärkt und kehrt beseligt zurück. So wechselt man von einem Pol zum andern.

Ihr müßt zunächst den Willen einspannen, Euer Denken, Euer Fühlen aktivieren, d.h. meditieren, Eure Gedanken sammeln und auf Ideales richten. Ist Euch dies gelungen, dann haltet inne, einem Vogel gleich, der sich in die Lüfte schwingt und plötzlich mit weit ausgebreiteten Flügeln reglos durch den Himmel gleitet, schaltet das Denken ab, und laßt Euch nurmehr in Frieden und Licht, in dem tiefinneren Schweigen wiegen. Ihr werdet spüren, wie Kraft und Himmelssegen sich in Euch senken und Euch ganz erfüllen.

Das Aktiv- und das Passivsein sind zwei Verhaltensweisen, deren Auswirkungen ich genauestens beobachtet und erprobt

Leere und Fülle – Poros und Penia

habe. Man muß beide zu verwenden wissen. Wer sich in dauernder Tätigkeit befindet, ist fortwährend angespannt, verkrampft, kennt die Wohltat der Entspannung, der Geruhsamkeit und Gelassenheit nicht, das Gefühl in einer anderen, besseren Welt zu schweben. Dieses höhere Sein zu kosten ist jedoch nur dann möglich, wenn man den ersten Zustand, worin Energien aufgewühlt und freigesetzt werden, durchschritten hat. Meint Ihr: »Das muß ja nicht sein, ich bleibe lieber aufnehmend«, dann ergeht es Euch wie jenen überempfindlichen, allen Einflüssen ausgelieferten Medien, die innerlich erliegen, weil sie das Männlich-Aktive, den Willen nicht entwickelten, den sie zu ihrer Verteidigung, zu ihrer Orientierung im Unsichtbaren benötigen. Ahnungslos geraten sie in den Sog aller finsteren, zerstörerischen Gewalten und fallen ihnen zum Opfer.

Wollt Ihr nicht dasselbe Schicksal erleiden, so müßt Ihr Euch innerlich zunächst als Mann bewähren, d.h. gesammelt, energisch, willensbetont, geistig rege sein. Hernach, mit gefestigtem Willen ausgerüstet, dürft Ihr Euch hingeben, entspannen, passiv werden, denn die von Euch ausgelösten Strömungen und Lichtstrahlen schützen Euch vor feindlichen, schädigenden Einwirkungen. Man muß also gleichzeitig Mann und auch Frau sein. Übt Euch darin, meine lieben Brüder und Schwestern. Vergeßt nie, was ich Euch heute mitgeteilt habe.

Über Fülle und Leere habe ich noch folgendes zu sagen. Ihr müßt Euch im Klaren darüber sein, daß jede Gebärde magisch ist. Folglich, wenn Ihr am Morgen jemanden aufsucht, grüßt ihn nicht mit leerem Eimer, leerer Flasche, Tasse oder Korb, denn, ohne es zu wollen, ohne es zu wissen, wünscht Ihr ihm dabei Leere, Armut, Erfolglosigkeit für den ganzen Tag. Ihr sagt wohl: »Aber das ist doch völlig unbedeutend, niemand auf der Welt denkt sich etwas dabei!« Das unüberlegte Handeln der Leute ist noch lange kein Grund sie nachzuahmen. Mögen sie tun was sie wollen! Wir hier, die wir die Lebensgesetze erlernen, müssen uns darin üben, bewußt zu handeln, uns zu überwachen und uns in jeder Hinsicht zu beherrschen. Ich bitte Euch inständig darum, nehmt es Euch zu Herzen, denn ich wiederhole es schon seit Jahren, und es ist, als hätte ich nie darauf hingewiesen. Sagt Ihr Euren Freunden des Morgens guten Tag, stellt Eure leeren Gefäße hinter Euch ab, nehmt eines, das gefüllt ist, laßt in Eurem Gemüt freundliche Gedanken, wohlwollende Gefühle aufsteigen und wünscht bewußt einen guten Tag. Versteht Ihr es, mit den positiven Kräften der Natur im Einklang zu wirken, dann wird man Euch lieben, schätzen und achten.

Bei manchen Völkern gibt es gewisse Frauen, sogenannte Hexen, denen die magische Wirkung leerer oder gefüllter Gefäße wohl vertraut ist und einen Menschen, dem sie schaden wollen, absichtlich gerade in dem Augenblick aufsuchen, wenn er im Begriff ist, sein Haus zu verlassen. Solches Handeln vermag schwere, ja selbst tödliche Unfälle zu verursachen: Das darf man niemals tun, auch nicht unbewußt, vor allen Dingen aber nicht mit Vorbedacht; denn die Strafe, die darauf folgt, ist schrecklich.

Ich füge noch hinzu: Der Freund, den Ihr besucht, darf wohl leere Gegenstände um sich haben. Doch Ihr, die Ihr zu ihm geht, dürft nicht leer sein. Euch obliegt es, alle seine Behälter zu füllen. Wer wohin geht, einen anderen aufsucht, der muß positiv geladen sein, muß gefüllt ankommen. Jemand wendet ein: »Ich bin aber doch nicht leer, sondern zornerfüllt, voller Vorwürfe, angefüllt mit Rachegedanken und werde all das mit ihm teilen.« Nun ja, es gibt eben Fülle und Fülle... Wir meinen hier nur die lichte, himmlische Fülle... Man kann nämlich auch voller Mist sein, eine Fülle mit sich tragen, die für alle Ewigkeit üblen Geruch verbreitet.

Bonfin, im September 1963

Leere und Fülle – Poros und Penia

Zusätzliche Bemerkung

Die Leere sehnt sich nach der Fülle, um endlich Erfüllung zu finden. Die Fülle wiederum läßt sich von der Leere anziehen, um sie mit Ihrem Reichtum zu beschenken. Es fragt sich nur, ob das je möglich ist, denn die Leere ist grundlos, unermeßlich!... Da nun aber auch die Fülle kein Ende nimmt, versuchen die beiden miteinander einig zu werden, und das hält die Welt in Bewegung...

Was aber die menschliche Seele anbelangt, die jungfräuliche, sie muß aufnehmend, empfangsbereit, arm und demütig sein, um den Gottgeist herbeizuziehen und von ihm befruchtet zu werden. Fülle und Fülle stoßen einander ab. Die Demut hingegen, die Armut bedeutet, ist zugleich ein Reichtum, weil sie den Menschen Gott näher bringt. Gott gegenüber muß man sich demütig verhalten, damit Seine Fülle in uns einflutet. Bleibt man aufgeblasen, von sich selbst eingenommen und hochmütig, so ist dies nicht möglich. Den Menschen gegenüber ist es anders. Wollt Ihr ihnen helfen, oder zumindest vermeiden von ihnen unterdrückt zu werden, so müßt Ihr innerlich in der Fülle stehen. Also gilt es, vor den Menschen reich und vor Gott arm zu sein.

Bonfin, 23. Juli 1963

XVII

Die Liebe in der Einweihung früherer Zeiten

Ja, meine lieben Brüder und Schwestern, wir sollen lieben. »Aber das tun wir doch«, werdet Ihr sagen, »alle Welt ist dabei zu lieben.« Ich weiß, aber vielleicht sollte die Liebe nicht auf diese Weise verstanden werden. Schon in der Vergangenheit wurde in den Mysterien, den heiligen Stätten der Einweihung gelehrt, daß die Liebe die einzige Voraussetzung zu geistigem Wachstum und wahrer Befreiung ist.

Was aber sieht man heutzutage? Genau das Gegenteil. Die Art und Weise, wie die Menschen die Liebe verstehen und ausüben, erniedrigt sie und schränkt sie ein, und was sie dabei kennenlernen: Seelenpein, Eifersucht, Auflehnung, entstammt der Hölle. Sie lernen zwar, aber nur Nachteiliges. Es ist an der Zeit, wiederum auf jenes Wissen zurückzukommen, das einst in den Tempeln der Einweihung gelehrt wurde und dessen ich mich entsinne. Denn ich war damals bereits zugegen. Tatsächlich, man kann nur dann sich heute damit befassen, wenn einem diese Dinge von früher her vertraut sind.

Ich weiß überdies auch, daß einige, die heute in der Bruderschaft sind, Studien dieser Art in vergangener Zeit betrieben und sie nicht zu Ende führten, weil sie die Einweihungsschulen verließen, um ein anderes Leben zu beginnen; und darauf sind alle ihre Schwierigkeiten zurückzuführen. Um ihr einstiges Wissen wiederzuerlangen, müssen sie erneut nach den Regeln und Gesetzen, die damals in den Tempeln gelehrt wurden, leben, weil diese Lebensweisheit nur dann aus der Bewußtseinstiefe aufsteigen kann, wenn man die Vorschriften der Einweihung befolgt und danach lebt.

In den Tempeln wurde der Schüler darin unterrichtet, in welcher Beziehung er zum Schöpfer, zur gesamten Schöpfung und allen Lebewesen zu stehen hat. Dieses geheime Wissen findet sich zusammengefaßt in der Kabbala, jener Lehre vom Schöpfer, der Welt und dem Menschen. Es ist stets dieselbe Weisheit, die von einem Zeitalter zum anderen überliefert wird, seitdem der Himmel sie durch den Erzengel Raziel den Menschen vermittelte. Nie hätten Menschen solche Herrlichkeit und unermeßliche Fülle zu erkennen vermocht, hätten Erzengel sie ihnen nicht durch den Mund großer Eingeweihter offenbart.

In den Heiligtümern, wie gesagt, wurde die Liebe gelehrt. Als erstes die Liebe zum Schöpfer, denn ohne sie ist kein geistiger Fortschritt möglich; jeglicher Kontakt, jede Beziehung zur höheren Welt ist abgebrochen; genau als durchtrennet Ihr die Leitungen, die Euch mit dem Elektrizitätswerk verbinden: Eure Lampen leuchten nicht mehr, und Eure Apparate funktionieren nicht... Darum unterrichteten die Hohenpriester ihre Schüler zunächst darin, niemals das Band zu durchschneiden, das sie mit dem Kraftwerk, Gott, verbindet. Und sie erklärten ihnen, in welcher Weise sie ihre inneren Apparate und Lichter zu säubern und zu läutern haben, um sodann den Kontakt herzustellen.

Der Kernpunkt dieser Lehre der Liebe steht im Evangelium geschrieben: »Du sollst Gott deinen Herrn lieben von

Die Liebe in der Einweihung früherer Zeiten

ganzem Herzen, von ganzer Seele, aus ganzem Gemüte und mit allen deinen Kräften und deinen Nächsten wie dich selbst.« Ja, aber zwischen dem Menschen und Gott ist noch etwas anderes zu lieben. Zwischen Gott und den Menschen ist die Welt, d.h. unzählige Sphären samt ihren Bewohnern. Hierüber gibt es eine umfassende Wissenschaft, die aufzeigt, wie es möglich wird, mit den Wesen dieser oder jener Ebene in Verbindung zu treten, welche Worte auszusprechen, welche Gesten auszuführen sind, mit welchem Duftstoff, welchen Symbolen man sich umgeben, was für Kleidung man tragen soll. Es finden sich in der christlichen Religion nicht viele Bücher, in denen von dieser Hierarchie zwischen Mensch und Gott die Rede ist. Wenn Jesus sagte: »Niemand kommt zum Vater denn durch mich«, so erwähnte er damit einen Teil jener in den Weihestätten dargelegten Lehre, denn er bezeichnete sich als ein Mittler zwischen Gott und den Menschen, als ein Medium, ein Lichtträger.

Von der Erde zum Himmel reicht eine lebendige Hierarchie, die ebenfalls in der Bibel als Jakobsleiter beschrieben ist. Als Jakob Mesopotamien auf Befehl des Ewigen verlassen hatte, ruhte er sich auf einem Stein aus und schlief ein. Er hatte einen Traum und sah eine Leiter, welche die Erde mit dem Himmel verband und auf der Engel hinauf- und hinabstiegen.

Diese Leiter ist nichts anderes als die Hierarchie der Engel, wovon die Kabbala spricht. Sie ist Christus, der Erde und Himmel miteinander verbindet. Selbstverständlich vermag das Wort »Leiter« bei weitem nicht die Herrlichkeit der himmlischen Rangordnungen zu umschreiben, aber man ist in der Sprache auf Worte angewiesen, die nur annähernd einen Begriff von dem vermitteln, was man veranschaulichen möchte.

In den Einweihungen war es der Hierophant, der diese Leiter, diese Zwischenwelt darstellte. Deswegen auch wählten ihn die Schüler, die sich in der wahren Liebe übten, als Ausgangspunkt, um sich von ihm aus bis zur Gottheit zu erheben. Denn uneigennützige Liebe ist es, die höchsten Segen bringt. Doch die Menschen, unwissend wie sie sind, ziehen es vor, ihre Liebe nicht dem Herrn, nicht ihrem Meister zuzuwenden, sondern irgendwo einem Mann oder einer Frau, und sollte dies auch ein schlimmes Ende nehmen.

Das ist's, was sie gelernt haben: Jede höhere Art der Liebe lehnen sie ab und beschränken sich lediglich auf irgendeinen Mann, eine Frau, sagen sich: »Hier halte ich doch wenigstens etwas in Händen, kann mich gütlich tun!« Vom Bezahlen, von den Enttäuschungen reden wir lieber nicht. Man hat sich ruiniert, weil man auf etwas vertraute, das auf keinem festen Grund ruhte. – Solche Menschen haben keine Beziehung zum Himmel und trachten nicht danach, edle Eigenschaften und Tugenden in sich zu entfalten. Verlaßt Ihr Euch auf sie, dann ist es, als würdet Ihr all Euer Hab und Gut auf ein leckes Schiff laden; es geht unter, und all Euer Reichtum versinkt. Das kommt alle Tage vor.

Liebt der Schüler hingegen den Herrn von ganzem Herzen und aus ganzer Seele, sieht er seinen Lehrer, seinen Meister als Stellvertreter Gottes an, so wird er, von diesen beiden uneigennützigen hohen Gefühlen getragen und erleuchtet, den von ihm auserwählten Menschen in völlig anderer Weise lieben, und ohne daß es ihm zum Verhängnis wird. Denn die beiden ersteren, weit erhabeneren Äußerungen der Liebe, werden ihn vor Schaden bewahren, ihm mit Rat zur Seite stehen als innere Stimme, Klarsicht und weise Vernunft. Damit ist vollkommenes Glück und Fülle erreicht, weil in allen drei Welten die Liebe waltet. Ohne die beiden anderen hinterläßt die menschliche Liebe unvermeidlich Asche, Reue, seelische Wunden zurück.

Aber so ist es eben, die Menschen sind blind und verstockt, bilden sich ein, sie können sich Gott, sie können sich

Die Liebe in der Einweihung früherer Zeiten 179

ihrem Meister widersetzen. Indessen schenken sie Dummköpfen ihr ganzes Vertrauen... Seht Euch das nur an!... Den Herrn, der allvermögend ist, allwissend, und ihren Meister, der in dauerndem Einssein mit Ihm lebt und nur daran denkt, sie zu erleuchten, ihnen zu helfen – gegen diese beiden muß man Widerstand leisten, ihnen die Stirn bieten. Einem Trunkenbold, einem zügellosen Menschen, einem Betrüger und Hochstapler vertrauen sie, übergeben ihm ihre Seele, ihren Reichtum, aber einem Meister, dem wird mißtraut! Dennoch ist er es, der Eure Liebe verdient, weil er Euch niemals und in keiner Weise schädigen wird. Selbst wenn Ihr ihm all Euren Besitz darbringen möchtet, weil Ihr ihn liebt, und zu ihm sagt: »Hier ist alles, was ich habe, ich schenke es Ihnen«, wird er antworten: »Behalten Sie es, ich benötige nichts davon.«

Wenn gelehrt wird, Ihr sollt einen Meister lieben, dann nicht seinetwegen, sondern für Euch selbst; denn dank Eurer Liebe werdet Ihr weit vorankommen. Diese Liebe kommt Euch zugute, nicht ihm; er hat anderes zu tun... So sollt Ihr denken.

Indem ich sage, Ihr braucht einen Meister und sollt ihn lieben, dann muß dies im weitesten Sinne des Wortes aufgefaßt werden. Dieser Meister mag auf dem Erdenplan oder im Unsichtbaren sein. Man ist auf ihn angewiesen, wünscht man Beistand und Erleuchtung: auf einen hohen, uneigennützigen Meister, der ein Diener Gottes ist...

Es ist notwendig für Euch zu lieben, und da Ihr Gott und einen Meister lieben dürft, ohne Gefahr zu laufen, wozu dann alles Wertvolle einem Strohkopf, einer leichtfertigen Ziege überlassen? Liebt wen Ihr wollt, jedoch erst an dritter Stelle; dann wird die Liebe, die Ihr für Gott und Euren Meister hegt, Euch beraten, und Ihr seid in Sicherheit. Noch aber seid Ihr es nicht, rauft Euch Tag und Nacht die Haare und klagt: »Nie hätte ich gedacht, daß er – oder sie – so ist!« Natürlich kommt Euch nichts in den Sinn, denn Ihr fragt ja nie jene um Rat, die imstande sind, Euch Klarheit zu verschaffen... Dies erstaunt Euch? Nun, mich auch. Ich staune jeden Tag aufs neue, aber mein Staunen ist von dem Euren völlig verschieden: Ich bin erstaunt, wie die Menschen denken und handeln!

Bonfin, 16. August 1970

XVIII

Liebe ist im ganzen Weltall vorhanden

Was ein jeder sucht, ist Liebe, nicht einen besonderen Menschen, einen Mann oder eine Frau. Der Beweis hierzu ist die Tatsache, daß ein Mann seine Frau verläßt (oder eine Frau ihren Mann), weil er die Liebe bei einer anderen fand. Also suchte er nicht die Frau, sondern die Liebe! Findet er sie aber auch bei der anderen nicht, so wird er weiter bei einer dritten... einer vierten danach suchen. Wesentlich ist die Liebe, nicht die Frau, nicht der Mann. Wozu würden sie sich sonst trennen? – Nehmt nun an, man hätte die Liebe auf eine andere Art und Weise gefunden. Dann braucht man sich nicht mehr nach Männern und Frauen umzusehen, weil man innerlich die Liebe schon besitzt. Einzig deshalb, weil man wahre Liebe noch nicht erfuhr, sucht man bei einem Mann, einer Frau nach ihr.

In Wirklichkeit ist die Liebe im ganzen Weltall vorhanden. Sie ist als ein Element, eine Energie im Kosmos verbreitet. Aber die Menschen sind noch nicht imstande, sie mit ihrer Haut, mit den Augen, den Ohren und dem Gehirn aufzunehmen und begnügen sich damit, sie an gewissen Stellen des Körpers, wo sie angesammelt ist, aufzufinden. An diesen kärglichen Happen erfreuen sie sich kurze Zeit, ahnen nicht, in welch überreichem Maße die Liebe das ganze Weltall erfüllt. –

Liebe ist überall vorhanden, meine lieben Brüder und Schwestern. Dies habe ich von einer Pflanze erfahren – denn, wie ich Euch schon sagte, lerne ich von den Steinen und Blumen, von Insekten, Vögeln... In Nizza sah ich einmal eine Pflanze, die in der Luft aufgehängt war und ihre Nahrung der Luft entzog. Sie hatte es nicht nötig, ihre Wurzeln in die Erde zu vergraben. Ich betrachtete sie eine Weile, und sie sagte zu mir: »Es ist mir gelungen, die mir lebensnotwendige Nahrung, die Liebe, aus der Luft zu schöpfen; wozu sollte ich dann wie meine Schwestern in die Erde dringen? Das ist mein Geheimnis: wessen ich bedarf, entnehme ich der Luft.« Durch dieses Beispiel weitet sich unser Horizont; denn es beweist, daß auch der Mensch dazu fähig ist, sich alles, was er braucht, anderswo zu besorgen, als wie gewohnt ausschließlich nur auf der irdisch-materiellen Ebene.

Lassen wir aber die Leute einstweilen noch wie bisher, an den ihnen vertrauten Stellen suchen. In kommenden Zeiten werden sie höhere Entwicklungsstufen erreichen und die Liebesenergie, die wie Morgentau überall verbreitet ist, aus den Luftschichten entnehmen. Denn die Menschen sind wie die Pflanzen: Manche holen sich ihre Lebenskraft aus Mutter Erde, andere aus der Luft, dem Denkbereich; andere wiederum aus der Sonne, aus Gott selbst: denn Gott ist die Liebe. –

Nehmen wir z.B. den Morgentau. Er ist nichts anderes als in der Atmosphäre versprühtes Wasser, das erst sichtbar wird, wenn es sich frühmorgens auf allen Pflanzen kondensiert. Da nicht jede Pflanze von einem Gärtner gehegt wird, wollte die Natur helfend eingreifen, indem sie allmorgendlich jene hübschen Tröpfchen verteilt, die die Pflanzenwelt am Leben erhält. Also übernahm die Natur die Aufgabe der Pflanzenbewässerung, und jeden Morgen erglitzert die Erde im Tau. Ist

Liebe ist im ganzen Weltall vorhanden 183

Morgentau nicht eine Art kondensierter Liebe? Und Sonnenlicht, ist es nicht ein Liebesstrahlen? Seht Ihr, in der Natur äußert sich überall die Liebe!

Nehmen wir nun die Atmung. Die Menschen können noch nicht mit den Poren ihrer Haut atmen, darum ist ihre Atmung auch noch nicht vollständig und ideal. Einige Yogis indessen brachten es fertig, auch mit ihrer Haut zu atmen und nehmen auf diese Weise alle Lebensnotwendigen Kräfte und Baustoffe auf. Ihr ebenfalls mögt Euch beim Sonnenaufgang üben: Laßt in innerer Sammlung die Sonnenstrahlen durch Eure Haut eindringen und speichert sie im Solarplexus auf. So werdet Ihr nach einigen Monaten oder Jahren fühlen, wie kleine Münder, winzige Pforten sich auftun, die schon immer vorhanden waren, aber von Euch bisher nie in Tätigkeit gesetzt wurden.

Später, wenn es dem Menschen gelingt, mit der Haut zu atmen, wird er seinen Bedarf an Nahrung und Getränken einschränken können, weil er dann sehr viel feinere Substanzen aufnimmt.

Warum benötigt man denn immer einen Mann oder eine Frau um Liebe zu fühlen? Von daher kommen alle Begrenzungen und Schwierigkeiten, Unglück und Abhängigkeit.

Liebe bedeutet das Leben; sie ist unbedingt lebensnotwendig. Selbst die Eingeweihten können ihrer nicht entbehren; sie suchen nach ihr, sammeln und schöpfen sie aus allem und verschenken sie großzügig weiter. Sie leben fortwährend in der Liebe: atmen Liebe, essen, schauen, denken nur Liebe. Deswegen brauchen sie auch keine Frauen: Die Liebe ist in ihnen gegenwärtig! Sie sind von Grund auf von ihr erfaßt, sie lodert und flammt in ihnen, erfüllt sie ganz – es ist wunderbar: sie leben in Liebe! Wozu sie dann anderweitig suchen? Sollten sie diese hohe Beglückung, diese Wonne zerstören, um glühende Kohlen auf ihrem Haupte anzusammeln? Ich bin kein Gegner der Liebe, im Gegenteil, nur solltet Ihr lernen, sie überall wahrzunehmen und zu empfangen. Mir wird sie von allen Seiten zuteil, auch von Euch erhalte ich sie. Wenn Ihr nur wüßtet, wie reich Ihr mich mit Liebe beschenkt!

Ihr sehnt Euch nach Liebe, ja, nur sucht Ihr sie stets da, wo alle Welt danach sucht, an jenen altbekannten, vererbten... sogenannt erlesenen Stellen. Aber da befindet sich nur ein Teil von ihr, ein ganz klein wenig, einige Stäubchen, die nicht ausreichen, um wirklich den Hunger und Durst derer zu stillen, die nach einem ganzen Ozean dürstet. Also müssen sie sich noch anderswohin wenden.

Es ist wie beim Morgentau: Bevor er sich auf Bäume, Blumen und Gräser niederließ, war er bereits im All vorhanden. Was auf physischer Ebene besteht, läßt sich in höheren Bereichen in viel reinerem Zustand wiederfinden. Alle Dinge, die uns heute konkret und sichtbar sind, waren ursprünglich von ätherischer Beschaffenheit und haben sich erst später verdichtet. Zunächst waren sie gasförmig, wurden dann zu Wasser und schließlich zu Erde.

Warum sie dann nicht in jenen Sphären suchen, wo sie licht und duftig fein sind, anstatt in den niederen Schichten, wo sie mit allerlei Unsauberem vermengt sind? Aus dieser Überlegung heraus entdeckten die indischen Yogis die Möglichkeit, dank der Atmung die zur Gesunderhaltung nötigen Stoffe aus dem Prana zu entnehmen. Ja sogar die westliche Medizin hat endlich festgestellt, daß die unwägbaren Feinstoffe, wie Vitamine und Hormone, für das Gesundsein am unentbehrlichsten sind.

Lernt auch Ihr es, die Liebe aus dem Ätherbereich zu schöpfen, denn dort ist ihre Heimat! Es werden Euch nicht nur ein paar Tautropfen zuteil, sondern Eurer wartet ein ganzes Weltmeer, von dem Ihr trinken dürft soviel Ihr wollt, niemand wird es Euch zum Vorwurf machen. Wenn Ihr aber auf Nachbars Rasen lauft, weil man Euch sagte, wie wohltuend es ist, barfuß durch den Morgentau zu gehen, werdet Ihr schon sehen, was Euch blüht. Laßt die Tautropfen und wendet Euch dem weiten Ozean zu... Für ihn braucht ihr nicht zu bezahlen; unabsehbar breitet er sich vor Euch aus, unendlich, unerschöpflich! Allerdings liegt er etwas höher. Sobald Ihr ihn erreicht, flutet er in Euch ein und erfüllt Euch ganz mit Seligkeit und Himmelswonne.

Natürlich ergeben sich auch hieraus Probleme. Käme jemand zu mir und fragte: »Soll ich nun die Beziehungen zu meiner Frau völlig und für immer abbrechen, weil ich diese höhere Liebe erfahren möchte, von der Sie sprechen?« so würde ich erwidern: »Lieber Freund, so einfach läßt sich die Frage nicht beantworten, denn die Angelegenheit ist sehr heikel. Sie müssen sich mit Ihrer Frau einigen; auch sie muß damit einverstanden sein. Sie haben das Problem gemeinsam mit ihr zu lösen, sonst entstehen Ihnen nur Schwierigkeiten. Und wessen Schuld wäre es? Meine. Wen klagte man an, Ehepaare auseinanderzureißen, Familien zu zerstören? Mich. Ich werde immer wieder falsch verstanden, denn niemand hat eine Ahnung, wie er handeln soll.

Zunächst müssen Mann und Frau miteinander übereinkommen und erst dann allmählich damit beginnen, nicht plötzlich und abrupt ihre Beziehungen einstellen. Die wenigsten sind bereit, ihr Leben von einem Tag auf den anderen umzustellen; alle anderen würden nur gesundheitlichen Schaden davon tragen. Man sollte es machen wie jene, die den Entschluß fassen, das Rauchen aufzugeben. Stellt Euch jemanden vor, der drei Pakete Zigaretten pro Tag raucht; läßt er es plötzlich sein, so leidet er derart darunter, daß er zwei Tage später wieder zu rauchen beginnt. Gibt er das Rauchen jedoch allmählich auf, so hat sein Körper Zeit sich umzustellen, und das Problem ist nach einiger Zeit ganz gelöst. Ja, man muß auf jedem Gebiet wissen, wie man vorzugehen hat.

Ihr dürft mich also hinterher nicht beschuldigen und sagen: »Seitdem ich dieser Lehre folge, bin ich der unglücklichste Mensch in der Welt.« War er vorher denn glücklich? Ich glaube nicht. Dem Anschein nach vielleicht; denn solange man nicht nach Höherem strebt, lebt man ruhig dahin... Aber unterdessen häufen sich Unreinheiten an, und eines Tages brechen irgendwelche Leiden aus.

Beschließt man hingegen sich zu läutern, so ist man anfangs wohl ein bißchen unglücklich, weil man dabei einen ganzen Aufruhr in sich auslöst; dafür ist die Besserung aber auch endgültig. Das gilt es recht zu verstehen. Im ersten Fall bereitet sich unter scheinbarem Glück und Wohlbehagen bereits der Verfall vor. Wer den Naturgesetzen zuwiderlebt und behauptet: »Ich fühle mich wohl, es geht mir gut«, der täuscht sich selbst. Er gleicht einem Haus mit schöner Fassade, dessen Balken bereits von Würmern zerfressen sind. Noch steht es, aber es kommt der Tag... Verlaßt Euch also nicht auf das Äußere. Seit Ihr dieser Lehre beigetreten seid, hattet Ihr vielleicht ein paar Unannehmlichkeiten durchzustehen, aber das ist noch lange kein Grund umzukehren.

Ähnlich ergeht es Leuten, die sich vornehmen zu fasten. Bei der ersten Unpäßlichkeit, wie Kopfweh, Herzklopfen usw... bekommen sie es mit der Angst zu tun und geben auf, weil sie sich vorher viel wohler fühlten. Es ist ihnen nicht bekannt, daß das Fasten als Diagnose wirkt und im Körper die anfälligen Punkte aufzeigt, jene Stellen, wo sich Schlacken angesammelt haben. Man sollte eine Fastenkur nicht wegen dem bißchen Übelsein unterbrechen. Natürlich sollte man auch nicht gleich beim ersten Mal 5 oder 6 Tage hintereinander fasten. Auch daran muß der Körper erst gewöhnt werden:

Fastet zunächst nur einen Tag, später 2 Tage... dann 3 Tage... Man muß vernünftig bleiben und die Vorgehensweise genau kennen. Wer sich von äußeren Einzelheiten abschrecken läßt oder nicht weiß, wie er handeln soll, der wird selbstverständlich falsche Schlüsse ziehen.

Echte Beglückung und Freude liegt nicht in körperlichen Beziehungen. Betrachtet beispielsweise zwei verliebte junge Leute, die sich kaum kennen: Sie haben sich noch nicht geküßt, aber in welcher Wonne, welch inniger Freude leben sie! Vom Erwachen bis zum Schlafengehen beschwingt sie der Gedanke, daß es den anderen gibt, daß man ihn wiedersehen wird, mit ihm wird sprechen dürfen, und sie fühlen sich wie im Paradies. Sie schreiben einander ein paar Zeilen, schenken sich Rosenblätter, die sie als Talisman mit sich tragen. Doch sobald sie sich küssen, miteinander schlafen, ist es aus mit diesem Feinempfinden; sie freuen sich nicht mehr wie zuvor, schätzen einander nicht mehr so hoch wie zu Beginn. Unstimmigkeiten tauchen auf, Vorwürfe, es wird abgerechnet. Vorher lebten sie wie im Paradies – warum zögerten sie diese Zeit denn nicht länger hinaus?

Ich weiß, was Ihr mir entgegenhaltet:»Man kann sich auf die Dauer doch nicht mit homöopathischen Mengen, mit Lächeln und Worten nähren, man braucht Handfesteres.« Nun gut, nur seid dann nicht überrascht, werft niemand etwas vor: Löffelt die Suppe aus, die Ihr Euch eingebrockt habt! Es bleibt keine andere Wahl.

Ihr wollt nicht in Licht und Schönheit leben, weil Ihr Greifbares braucht? Nun, ich bin nicht dagegen, nur warne ich Euch. Es ist meine Pflicht, Euch auf die ideale Liebe hinzuweisen, die soviel höher liegt! Sie ist mit Worten nicht zu beschreiben... alles verblaßt neben der himmlischen Liebe, die von nichts und niemand abhängt, in der man immerfort weilen darf und die alle Geschöpfe umfaßt. Ja, ausnahmslos alle Wesen mitsamt ihren Fehlern werden schön und liebenswert; für alle empfindet Ihr dieselbe innige Liebe.

Sèvres, 11. Januar 1970

XIX

Die Schwesterseele

Jeder Mensch hat eine Schwesterseele. Zu der Zeit, da er als Flamme, als Feuerfunke aus dem Schoße Gottes hervorging, war er zwei Wesen in einem, wobei sich beide vollkommen ergänzten, jedes des anderen Hälfte war. Diese beiden sind nunmehr voneinander getrennt, begaben sich in zwei verschiedene Richtungen und entfalten sich nun, jede auf ihre Weise. Sie können einander im Laufe ihrer Entwicklungsphasen wieder erkennen, weil jede das Bildnis der anderen in den Tiefen ihrer Seele trägt, von ihrem Siegel geprägt ist. So verwahrt denn der Mensch in seinem Innersten das Bildnis seiner Schwesterseele. Wenngleich verschwommen, ist es doch in ihm. Darum kommt auch jeder Mensch mit der geheimen Hoffnung auf die Erde, irgendwo einer Seele zu begegnen, die ihm alles gibt, was ihm gebricht und innerlich vollkommen mit ihm übereinstimmt.

Das ist Euch wohlbekannt, denn auch Ihr hofft immerzu darauf, dieser geliebten Seele, deren Antlitz Euch so vertraut ist, eines Tages zu begegnen. Ihr tragt ihr Bild in Eurem Herzen, aber so tief vergraben, daß Ihr es nicht klar erkennt. Manchmal fällt Euch jemand auf der Straße auf, und Ihr denkt: »Das ist sie, ja sie ist's!« als wäre dieser Mensch mit dem inneren Bildnis identisch. Im selben Augenblick ist Euer ganzes Leben wie verwandelt, und Ihr setzt alles daran, diesen Menschen wiederzufinden. Steht Ihr ihm endlich gegenüber und sprecht mit ihm, fühlt Ihr Euch von Flügeln getragen, spürt neues Leben in Euch kreisen, entfaltet auf einmal ungeahnte Fähigkeiten. Jedoch nach einiger Zeit näherer Bekanntschaft stellt Ihr fest, daß er doch nicht der war, auf den Ihr gewartet. Ihr seid enttäuscht und verlaßt ihn, um weiterzusuchen. Ein zweites Mal glaubt Ihr der Schwesterseele in jemand anderem zu begegnen; dieselbe Freude, dieselbe Begeisterung erwacht in Euch, und Ihr liebt von neuem. Aber das gleiche wiederholt sich, Ihr werdet gewahr, daß es auch diesmal nicht jenes Wesen ist, das Ihr ersehntet.

»Dann war dieser Mensch also nicht meine Schwesterseele?« fragt Ihr. Einerseits ja und anderseits nein. Es war die andere Hälfte Eurer selbst, die sich aus der jenseitigen Welt zu Euch begab und sich durch einen Menschen bekundete. Denn zumeist verkörpert sich nur eine der beiden Seelen, während die andere im Jenseits bleibt. Was trägt sich nun eigentlich zu, wenn wir das Gefühl haben, unsere Schwesterseele zu erblicken? In der jenseitigen Welt gedenkt sie unser, wünscht unser Wohlergehen und Glück, und dank diesem geheimnisvollen Band, das zwischen ihr und uns besteht, spürt sie unser Sehnen nach einem höheren Leben, nach Vollkommenheit. Also tritt sie in ein Menschenwesen ein und weilt einige Zeit in unserer Gegenwart. So geschieht es, daß beispielsweise eine Frau ihrer geliebten Schwesterseele in einem Manne begegnet: Diese bezog für eine kurze Zeit eine irdische Behausung, gibt ihrer Vielgeliebten ein Zeichen, sendet ihr all ihre Liebe, ohne daß der Mann selber ahnt, von wem er bewohnt ist. Im allgemeinen aber hat die Frau (oder der Mann, je nach dem, denn dies gilt für beide Geschlechter) das Verlangen nach körperlichen Beziehungen mit dem Menschen, den sie zu lieben begann, und dies hat zur Folge, daß sich die Schwesterseele enttäuscht und traurig von ihr entfernt. Selbstverständlich versucht der Mann den Irrtum der Frau, die ihn für ihre Schwesterseele hielt, auszunutzen, und sie merkt allmählich, daß er nichts weiter als ein Dieb und Heuchler ist, und ihre geliebte Schwesterseele entwich. Aber vielleicht gibt sie sich etwas später in einem anderen Mann wieder zu erkennen...

Allein, dieselbe traurige Erfahrung wird sich so lange wiederholen, bis man endlich der Heiligkeit der Liebe inne geworden; dann erst werden beide Hälften wirklich zueinander finden: sich wahrhaft lieben, sich gegenseitig in Gewänder des Lichts hüllen und in reiner Glückseligkeit schweben, nicht danach verlangen, diese feinen ätherischen Austausche zu überschreiten; denn es ist ihnen bewußt, daß sie sonst ihr Verbundensein mit dem Urlicht unterbrechen. Bis man aber diese hohe Stufe der Beglückung erreicht, wieviele bittere Erfahrungen wird man machen, von denen man sich dann sagt: »Ich aß und trank, bin übersättigt und trotzdem leer und unglücklich, nie fand ich Freude noch Glück bei alledem.« – Es ist unverzeihlich, alle Frauen der Welt gekostet zu haben, ohne davon eine dauerhafte Erleuchtung zu gewinnen; aber die Menschen begnügen sich mit gar so flüchtigen Lichtmomenten.

Zwei Schwesterseelen bedeuten einander alles, kein anderer Mensch auf der Welt ist in der Lage, ihnen die gleiche Fülle und Beseligung zu schenken. Darum also, weil sie Euch nicht bestimmt waren, verließen Euch alle die Männer und Frauen, Verehrer und Geliebten, mit denen Ihr Euch im Laufe Eurer zahlreichen Erdenleben verbunden hattet. Ihr habt zwar eine Weile mit ihnen zusammen verbracht, gleich Topf und Deckel, die nicht zusammen passen. Zwei Seelen hingegen, die Gott gleichzeitig erschuf, stimmen vollkommen überein, nichts und niemand vermag sie zu trennen, und sie befürchten dies auch gar nicht. Wenn in einem Ehepaar der eine

Angst hat, jemand könnte den anderen verführen (und nichts tatsächlich kann dies verhindern), dann ist der Partner eben nicht die inniggeliebte Schwesterseele. Eine Frau liebt einen Mann, geht aber mit einem anderen davon, ein Mann liebt eine Frau, läßt sie jedoch im Stich... Zwei Schwesterseelen erkennen einander hingegen mit absoluter Gewißheit und sind unzertrennlich.

Ein Mensch begegnet seiner Schwesterseele im Laufe seiner Erdenleben zwölfmal: zumeist aber hat dies den Tod zur Folge, weil sich die Daseinsbedingungen einer solch vollkommenen, unbedingten Liebe widersetzen. Das Drama »Romeo und Julia« von Shakespeare hat die Begegnung zweier Schwesterseelen zum Inhalt.

Der Tag wird kommen, da die Schwesterseelen Kinder zur Welt bringen werden, aber dies wird in einer Weise geschehen, die sich völlig von der unterscheidet, die derzeit bei Männern und Frauen noch üblich ist: Sie umgeben sich gegenseitig mit Licht, bestrahlen einander mit ihrer Liebe, und aus der also geschaffenen Atmosphäre gehen Kraftströme hervor, die sie beide einhüllen. Was der Mann alsdann auf die Frau aussendet, wird von ihr in höchster Reinheit aufgenommen, und dabei wird bereits die Gegenwart eines neuen Wesens, ihr künftiges Kind herbeigezogen. Natürlich wird dieses dem Vater und der Mutter vollkommen wesensverwandt sein. In dem Augenblick, da der Geist herannaht, der ihr Kind sein wird, verströmt der Solarplexus der Mutter ein Fluidum, das ihn umhüllt, und wenig später wird das Kind vor seinen Eltern erscheinen, ihnen in allem gleich.

Selbstverständlich ist es den Menschen heutzutage noch nicht möglich, Kinder auf diese Weise zu zeugen. Indessen ereignet sich Ähnliches bereits in spiritistischen Sitzungen: Während sich das Medium im Zustand tiefer Trance befindet, sehen hellsichtige Menschen, wie ein Fluidum aus dessen Solarplexus hervorquillt, gleich einer lichten Wolke, durch die allmählich ein Geistwesen in Erscheinung tritt, das man sogar fotografieren kann. Aber der also verkörperte Geist kann nicht lange sichtbar bleiben, weil der Fluidalstoff bald darauf vom Medium wieder aufgesogen wird. In Zukunft hingegen, wenn die Menschen Kinder auf diese neue Art zur Welt bringen, wird die Materie nicht nur geliehen, wie soeben erwähnt, sondern für immer geschenkt. Damit dies einesTages geschehen kann, müssen die Menschen freilich den Grad vollkommener Reinheit erlangen. Die Art und Weise, wie Kinder gegenwärtig noch gezeugt werden, gleicht der von Tieren. Warum löscht man dabei das Licht und verbirgt sich? Weil die Menschen genau fühlen, daß ihr Tun Gottessöhnen nicht ziemt. Gott ist nicht so grausam und geizig, daß er ihnen nicht eine andere Möglichkeit geboten hätte, aber dieses Geheimnis ging ihnen verloren, weil sie zu tief in die Materie absanken.

Versteht mich nun aber ja nicht falsch; nicht weil Ihr soeben vernommen habt, daß Euer Ehemann, Eure Ehefrau sicher nicht Eure Schwesterseele ist, sollt Ihr Euch ihrer entledigen. Denkt vielmehr, daß Ihr zwei Mitarbeiter seid und eine gemeinsame Arbeit auszuführen habt, daß es also erforderlich ist, Euch zu vertragen bis zu dem Tage, da Ihr voneinander scheiden müßt.

Sèvres, 28. Februar 1942

XX

Zu einer erweiterten Auffassung der Ehe

I

Die meisten Leute beschränken ihre Liebe lediglich auf ihren Ehepartner, vergessen über ihm die ganze übrige Welt, nichts außer ihm existiert mehr für sie, und übrigens sind auch sie selbst nirgendwo zu finden; sie gingen wer weiß wo im Weltenraum verloren. Den Leuten ist eine erweiterte Auffassung der Liebe noch nicht geläufig. Sie machen sie zu etwas armselig Engherzigem, Begrenztem, zu etwas Einseitigem. Es ist nicht mehr die überströmende, göttliche Liebe, die alle Lebewesen labt und speist. Die wahre Liebe umfängt alle Geschöpfe, sie faßt nicht Wurzeln bei einem Einzelnen, engt sich nicht ein. Nun ja, was aber werden jene sagen, deren Ehepartner auf einmal alle Menschen zu lieben beginnt? Sie werden unsere Lehre beschuldigen, Abwegiges zu unterstützen, und anstatt innere Freiheit zu erlangen, halten sie weiterhin stur an ihren alten Ansichten fest. Nun denn, sollen sie darin verharren!

Unsere Lehre ist für die bestimmt, die zu der Einsicht gelangten, daß ihre bisherige Lebensweise ihnen weder Schutz noch Rettung bietet, sie vielmehr daran hindert, sich glücklich und frei in himmlischen Sphären zu bewegen und sich nun nach einem neuen Leben sehnen. Es ist schon längst gefunden, dieses neue Leben und wartet darauf, sich den Menschen offenbaren zu können. Dies war bisher noch nicht möglich, weil sie dafür nicht aufnahmefähig waren. Also mußten sie in ihren Fesseln bleiben, da sie sonst mit den neuen Erkenntnissen nur Schaden angerichtet hätten. Solange die Menschen noch roh und primitiv waren, durfte ihnen nur wenig Freiheit gelassen werden, und es wurde ihnen deswegen auch ein Lebensgefährte zugesellt, was sie daran hinderte, allzuviel Dummheiten anzustellen.

Diese Lehre ist nicht für jedermann, nur für denkende Menschen mit liebender Seele, die ihre Freiheit nicht mißbrauchen. Ihr dürft mich aber nicht falsch verstehen: Ich habe nie gesagt, man solle nicht heiraten, noch Kinder haben, lediglich, Mann und Frau sollten zu einer erweiterten Auffassung der Liebe gelangen, weniger besitzergreifend und eifersüchtig mehr sein. Der Mann wird sich freuen, daß seine Frau alle Menschen liebt, und sie wird über die Weitherzigkeit ihres Mannes beglückt sein, aber beide bleiben innerhalb der Grenzen von Vernunft und Reinheit. In dieser Weise bleibt die Ehe in ihrer heiligsten Grundform, ihren ursprünglichen Gesetzen erhalten, und beide, Mann und Frau, werden durch ihr erweitertes Bewußtsein gewahr, wie engstirnig sie bisher gewesen; daß sie nunmehr ihr Herz öffnen und allen Geschöpfen ihre Liebe entgegenbringen sollen, ohne deshalb die Gesetze der Treue und Vernunft zu übertreten. Das ist die wahre Lösung.

Wir sind nicht gegen die Heirat, befürworten nicht die wilde Ehe wie sie in manchen Ländern eingeführt wurde. Allerdings erkannten sie nach einigen Erfahrungen auf diesem Gebiet, daß diese Neuerung nicht die beste war und kamen auf die altbewährte Form zurück – anstatt eine dritte, die richtige, herauszufinden. Komischerweise fallen die Leute immer von einem Extrem ins andere, entdecken nie die dritte Lösung! Zu jedem Problem nämlich gibt es eine dritte Lösung – nach der ich stets suche... Auch in der Liebe und dem ihr gegenüber einzunehmenden Verhalten gibt es eine dritte Lösung. Solange die Menschen diese nicht kennen, sind sie weiterhin unzufrieden. Jene, die beschlossen haben, ledig zu bleiben, fühlen sehr wohl, daß ihnen etwas fehlt und bedauern zuweilen, nicht verheiratet zu sein. Und die Verheirateten sind ebenfalls nicht glücklich, bereuen ihre Ehe. Ein Beweis, daß keiner den richtigen, dritten Weg fand. Betreten die Menschen diesen Weg, dann werden sie, was immer sie tun, ob sie heiraten oder nicht, stets in Glückseligkeit und Fülle leben.

Der Ehestand darf nicht aufgehoben werden. Er besteht seit so vielen tausend Jahren, daß durch seine Abschaffung eine unüberbrückbare Kluft entstände, allerlei Mißstände und Wirren ausgelöst würden. Nehmen wir nur an, alle sagten: »Die Familie hat keinen Wert, der Mensch soll sich frei mit irgendwem zusammentun dürfen... Freiheit über alles!« Man müßte nach einiger Zeit feststellen, daß in jeder Hinsicht, sowohl physisch als auch psychisch, ebenso im sozialen wie im wirtschaftlichen Leben, verheerende Folgen auftreten und würde schleunigst die Familie wieder einsetzen. Nach einiger Zeit aber hat man genug davon, führt wieder einen lockeren Lebenswandel, gibt sich Ausschweifungen hin, bis man ausgelaugt, erschöpft und angeekelt ist und sich einmal mehr sagt: »Die Familie hat doch Vorteile...« und so geht es unaufhörlich weiter, von einem Extrem zum anderen, bis man endlich die dritte Lösung entdeckt. Dieser dritte Weg ist weder in der Familie noch in der freien Liebe zu finden; er entstammt der Vernunft und ist die Erkenntnis, daß sich Liebe auf andere, höhere Art und Weise bekunden läßt, es ein anderes Verhalten dem geliebten Menschen gegenüber gibt, das weitsichtiger und geistiger ist, wobei Mann und Frau einander Ehrfurcht und Hochschätzung entgegen bringen, einander Vertrauen schenken und uneingeschränkte Freiheit gewähren.

Die überwiegende Mehrzahl der Leute ist dieser neuen Einstellung der Liebe gegenüber unfähig: Zuviel Althergebrachtes lehnt sich in ihnen dagegen auf, hält sie umklammert. So aber zwei innerlich reife, wahrhaft hochstehende Menschen eine Ehe schließen, schenken sie einander von vornherein diese gegenseitige Freiheit. Jeder der Partner ist erfreut, außer dem einen auch noch alle anderen Menschen lieben zu dürfen, doch ohne Mißbrauch. Die Frau versteht ihren Mann, der Ehemann seine Frau, und beide wachsen sie innerlich, schreiten gemeinsam zum Himmel hinan, werden immer lichtreicher und strahlender; denn sie kosten das wahre Leben unendlicher Weite. Das ist die beste Gesinnung. Findet Ihr die Frau, den Mann nicht, die Euch diese innere Freiheit lassen, sondern Euch im Gegenteil dauernd festzuhalten und einzuengen trachten, dann ist es vorzuziehen, keine Ehe einzugehen und sich die Freiheit zu bewahren, die lieben zu dürfen, die einem gefallen, ohne daß jemand einem dieses Recht streitig macht. Ein Mensch mit einer so engherzigen, selbstsüchtigen, besitzergreifenden Wesensart ist es nicht wert, daß man sich an ihn bindet, um dann sein Leben lang täglich die Hölle zu erleben.

Bonfin, 15. August 1962

Zu einer erweiterten Auffassung der Ehe

II

Ich habe noch niemandem, der reich werden möchte, dies zum Vorwurf gemacht. Ich halte es für normal und habe nichts dagegen einzuwenden; es ist vernünftig und durchaus richtig, Reichtümer erwerben zu wollen. Auch ich strebe danach. Also sind wir einer Meinung: Ihr sucht nach Reichtum und ich auch. Nur frage ich mich, ob Ihr, wenn Ihr ihn erworben habt, dann auch restlos glücklich und zufrieden seid. Tatsächlich, solange Ihr nämlich nicht nach jenem Reichtum trachtet, auf den Christus hinwies, als er sagte: »Sammelt Schätze...«, ist nichts Nennenswertes Euer eigen. Der Herr selbst legte in die Menschen jenen Hang, Schätze anzuhäufen. Der Unterschied liegt jedoch darin, daß sie, anstatt sich diese Schätze oben zu holen, sie unten, im Materiellen, zu erwerben suchen.

Und wenn Ihr, meine lieben Brüder und Schwestern, den Reichtum in Euch selbst sucht (denn in Euch oder oben besagt dasselbe) und ihn findet, so fühlt Ihr Euch vollkommen glücklich, reich beschenkt und frei. Den anderen ist es wohl kaum so zumute. Also muß man den Menschen sagen: Ihr begehrt nach Reichtum, das ist recht und nur gutzuheißen; so versucht denn, diesen Wunsch ein bißchen höher auszurichten!

Und was die sinnliche Liebe anbetrifft... Wer legte in die Menschen den Trieb, nach einer Frau, einem Mann zu suchen? Auch das war der Herr. Leider wird dabei aber nur das Physische in Betracht gezogen, und hat man endlich einen Partner gefunden, ist man trotzdem nicht glücklich.

Jeder Mensch sehnt sich nach Liebe, das ist normal und natürlich, nur sollte man sich fragen, ob es denn Liebe nur auf einer einzigen Ebene gibt, sie sich nicht auch in höheren Bereichen finden ließe. Jawohl, tretet Ihr mit dieser Einstellung an die Frage heran, so werdet Ihr die Lösung gar mancher Probleme finden und Euch viel Kummer und Trübsal ersparen. Es ist nichts Verwerfliches daran, wenn man die Liebe im Körperlichen sucht, vorausgesetzt, man betrachtet dies als den Ausgangspunkt, die Liebe in ihrer wahren Gestalt in immer höheren Sphären zu entdecken. Ich weiß, Ihr sehnt Euch nach Eurer Schwesterseele; jeder sucht die seine, nur ich nicht. Warum? Weil ich sie gefunden habe. Nun seid Ihr wohl neugierig darauf, zu wissen, welches junge Mädchen hier... O nein, hier nicht. Meine Schwesterseele sind alle Frauen auf Erden. Mit einer einzigen hat man nur Scherereien, mit allen hingegen besteht keine Gefahr. Alle Frauen der Welt, wie gesagt, sind meine Schwesterseele. So sehe ich diese Frage. Oben bilden alle Frauen zusammen eine einzige Frau. Dort gibt es nur einen Mann, nur eine Frau. Adam Kadmon und seine Gemahlin, die hienieden durch unzählige Männer und Frauen in Erscheinung treten. Tatsächlich gibt es nur eine Frau, und diese eben ist meine Schwesterseele. Ihr fragt: »Zähle ich dazu?« Selbstverständlich, alle sind in meiner Schwesterseele miteinbegriffen.

Wer glaubt, seiner Schwesterseele begegnet zu sein, traf in Wirklichkeit nur einen Widerschein der Schwesterseele, die oben ist, nicht sie selbst, lediglich ein Abbild von ihr in einer Frau, oder in einem Mann. Der Beweis hierzu ist, daß alle

Zu einer erweiterten Auffassung der Ehe

Frauen auf der ganzen Welt stets nur einen Bruchteil der Schönheit des kosmischen Weibes zum Ausdruck bringen: Bei der einen ist es die Haut, bei der anderen die Augen, das Haar... Die durch alle Frauen sich bekundende Schönheit ist die einer einzigen, der kosmischen Frau, der himmlischen Mutter, die alle Wohlgestalt und Vollendung ausstrahlt. Wünscht Ihr also vollkommene Schönheit zu erlangen, so schwingt Euch auf zur Himmelsmutter, die der Inbegriff aller Pracht und Tugend ist. Ebenso tragen auch alle Männer einen Teil der Schönheit und Kraft des himmlischen Vaters in sich, die einen mehr, die anderen weniger. Liebt man daher nur einen Mann, eine Frau, wird man nie wunschlos glücklich sein, denn sie fassen nicht die gesamte Schönheit in sich.

Natürlich darf das, was ich hier darlege, Euch nicht dazu verleiten, die Menschen zu vernachlässigen, um nur allein den Himmelsvater und die Himmelsmutter zu lieben. In einer Familie beispielsweise ist der Vater Sinnbild des himmlischen Vaters, und Ihr sollt ihn deshalb lieben und ehren als einen Mittler, der Euch Gott näher bringt. Und habt Ihr einen geistigen Lehrer, einen Meister, so ist auch er ein Stellvertreter Gottes, und indem Ihr Euch mit ihm verbindet, gelingt es Euch besser, zum Göttlichen hinzugelangen. Macht Euch aber keine falsche Vorstellung: Er kann Euch zum himmlischen Vater hinführen, ist selbst aber nicht der himmlische Vater. Wichtig ist, wie man die Dinge einschätzt. Wesen wie Jesus oder Buddha machen es uns leichter, zum Herrn zu finden, weil sie die Rolle eines Mittlers besser erfüllen als ein Familienvater zum Beispiel. Wieviele gibt es deren schon, die ihrer Aufgabe gewachsen sind? In symbolischer Hinsicht jedoch ist nichts gegen ihn einzuwenden. Mag er auch ein Trunkenbold sein, Analphabet und ungebildet, er ist das Familienoberhaupt und vertritt hiermit den himmlischen Vater. Auch die Mutter, wenngleich ein Haustyrann, eine nicht gezähmte Furie, gleichviel, sie stellt ebenso (wenn auch in denkbar schlechtester Form) die Himmelsmutter dar.

Glaubt nicht, wenn die wahre Lebensweisheit sich verbreitet, werde es keine Liebe und Heirat mehr geben; ganz im Gegenteil, dann gerade werden die Menschen einander wahrhaft lieben, weil sie den tieferen Sachverhalt der Dinge kennen. Oder bildet ihr Euch etwa ein, es sei vernünftig, eines Gecken willen die ganze übrige Welt zu vergessen, sich vorzustellen, er sei das Einundalles, nur weil er ein hübsches Bärtchen hat, das die Sterne vom Himmel verspricht? Das Bedürfnis zu lieben ist naturgewollt, nur sollte man zudem auch wissen, worauf sich diese Liebe zu konzentrieren hat, auf wen sie zu richten ist und in welcher Weise. Verheiratet Euch, habt Kinder und seid Eurem Gatten treu, aber gebt Euch keinen Illusionen hin: Ehemann und Kinder vermögen Euch nur soviel zu geben, wie sie haben.

Ich kenne nur einen Weg, habe nur diesen einen erforscht: die Macht der Liebe. Es ist wesentlich zu wissen, wie man lieben soll, denn zur Gipfelhöhe führt nur die Liebe, nichts sonst. Hysterie, Neurosen und Nervenschäden sind stets Folge einer falschen Einstellung der Liebe gegenüber, deren Energiestrom in die verkehrte Richtung geleitet, unrichtig geschaltet und dosiert wurde.

Immer wieder soll die Liebe höher geleitet werden, von Stufe zu Stufe in stets erhabenere Bereiche, bis sie allmählich in die Lichtsphäre des Himmelsvaters und der Himmelsmutter eingeht.

Sèvres, 31. Dezember 1963 (vormittags)

Zu einer
erweiterten Auffassung der Ehe

III

Ich sprach heute Morgen von jener großen, allumfassenden Seele, der Himmelsmutter, deren Abbild alle Frauen sind. Ich wollte aber damit nicht sagen, die Männer sollten nurmehr allein die Himmelsmutter durch alle Frauen der Erde lieben, nicht mehr heiraten, denn dazu sind nur die wenigsten imstande. Die meisten vermögen nur eine Frau zu lieben, zumindest für eine gewisse Zeit. Nun, es ist sehr lobenswert nur eine Frau zu lieben, aber warum durch diese eine nicht zugleich alle anderen auf Erden schätzen und lieben? Ihr wendet ein, wenn Ihr Eurer Frau sagen würdet: »Liebling, in dir sehe ich alle Frauen der Welt«, wird sie es falsch auffassen. Das mag schon sein; unterwiese man aber ebenfalls die Frauen darin, in ihrem Gatten alle Männer der Erde zu sehen, ist ein Ausgleich geschaffen. Ich weiß sehr wohl, infolge der heute vorherrschenden, noch sehr unzulänglichen Bildung und Erziehung ist eine solche Gesinnung undenkbar, aber mit der Zeit, dank einer initiatischen Schulung und Lehre wird es allmählich möglich werden. Männer und Frauen werden in ihrer Liebe nicht mehr so eifersüchtig, kleinlich und ichbezogen sein. Warum ist denn eigentlich ein Mann eifersüchtig? Weil er von nichts weiß. Ich kann es Euch beweisen. Seht: Ein Ehemann und seine Frau sind beisammen, und nur dank seiner Unwissenheit ist er ruhig und sorglos, denn wüßte er, was in ihrem Kopf vorgeht, wieviele da ein- und ausgehen und etwas mitnehmen! Überdies steht diese Frau auch noch mit den Wesen der Erde, des Wassers und der Luft in Verbindung. Und sieht sie zur Sonne auf, wieviele Engel steigen da herab und hinan, küssen sie und reichen ihr Geschenke! Der Mann aber, der Dummkopf, sagt nichts, denn er sieht nichts. Falls aber ihr körperlich jemand nahe kommt, greift er sogleich zur Flinte... Auch mit ihm verhält es sich so, wenngleich nicht so häufig, weil der Mann psychisch weniger aktiv ist als die Frau und weniger mit den Wesen der unsichtbaren Welt in Verbindung steht.

Es ist mir völlig klar, daß diese Lebensanschauung gegenwärtig bei den Menschen keinen großen Anklang findet, denn sie waren seit Jahrhunderten und Jahrtausenden bemüht, eine bestimmte Lebensordnung zu errichten, und wer sich untersteht, sie von ihren alteingesessenen Überlieferungen zu lösen, läuft große Gefahr. Aber Ihr, meine lieben Brüder und Schwestern, wollt Ihr Euer Leben wahrhaft glücklich, frei und nutzbringend gestalten, im Unendlichen verweilen, dann versucht, die Schönheit, den Liebreiz aller Frauen insgesamt in einer idealen Frau zu finden, die oben ist. Denkt Euch ein unsäglich lichtstrahlendes, wunderschönes Bildnis aus, das das Herrlichste enthält an blühenden Farben, wohlklingender Musik, süßen Düften, Lieblichkeit, duftigem Leben... Natürlich wird dies den Schüler, ob Mann oder Frau, nicht daran hindern, auch noch andere Menschen zu lieben, aber weil ihr Herz, ihre Seele ganz erfüllt ist von der Liebe und Bewunderung himmlischer Schönheit, sind sie vor Versuchungen und Fehltritten gefeit. Und beschließen sie eines Tages dennoch eine Ehe einzugehen, werden sie – dessen bin ich gewiß – mit dieser hohen himmlischen Lebensanschauung sehr viel freier sein, in Frieden, Licht und Freude leben.

Zu einer erweiterten Auffassung der Ehe

Hängt Ihr mit ganzer Liebe an einem einzigen Mann, so ist dieser freilich sehr stolz und glücklich darüber, daß Ihr ihm bedingungslos wie eine Sklavin ergeben seid und nicht ohne ihn leben könnt; es bleibt aber dahingestellt, ob Ihr selbst dabei glücklich seid. Ist das Gegenteil der Fall und der Mann ist der Frau hörig, völlig von ihr abhängig und ihr restlos untertan, schmeichelt dies natürlich ihrer Eitelkeit, daß ein Schwachkopf nicht ohne sie sein kann; ist dies nun aber für einen Mann wirklich wünschenswert? Seit Jahrtausenden haben es die Menschen nur so weit gebracht, sich aneinander zuketten ihrer Eitelkeit wegen. Mag es auch der Wahrheit und allem gesunden Menschenverstand widersprechen, sie sind's zufrieden, ihre Persönlichkeit kommt auf ihre Rechnung, was gilt dann schon Wahrheit oder Vernunft? Männer sowohl als auch Frauen werden tyrannisch und grausam.

Sehen die Menschen in dieser Hinsicht jedoch klarer, wird sich die Sachlage ändern. Ihr ruft aus: »Das ist ja das Ende des Familienlebens, führt zu Unordnung und Anarchie!« Ganz und gar nicht. Diese Liebe ist die wahre Liebe, die nicht auf niederer Stufe verharrt, sondern immerfort sich erneuernd und läuternd wächst und reift und aufgeht im Licht des Ewigen. Mann und Frau verstehen einander, wirken gemeinsam als Verbündete, wachsen geistig. Nicht die geringste Eifersucht kommt zwischen ihnen auf, und sie haben einen segenbringenden Einfluß über die ganze Welt.

Sèvres, 31. Dezember 1963 (abends)

XXI

Vom rechten Schauen und Einschätzen

Alle menschlichen Tragödien sind darauf zurückzuführen, daß niemand weiß, wie die Dinge anzusehen und zu werten sind. Ihr fühlt z.b. eine unwiderstehliche Anziehung zu Frauen – oder zu Männern – und Ihr kämpft und ringt verzweifelt dagegen, ohne den geringsten Sieg davonzutragen; denn Ihr wißt nicht, in welcher Weise Ihr gegen diesen Trieb angehen sollt, ja Ihr richtet Euch beinah zugrunde, denn Ihr glaubt Euch stark genug, diesen gewaltigen Impulsen Einhalt zu gebieten. Aber das ist Hochmut, Überheblichkeit... Womit wollt Ihr denn siegen? Man bildet sich ein, Kräften widerstehen zu können, die einem unbekannt sind und wird stets aufs neue von ihren Hieben getroffen und zu Boden geschleudert.

In einer Einweihungsschule wird der Mensch unterwiesen, daß er sich, um sich behaupten zu können, mit einer höheren Macht verbinden muß, die an seiner Statt den Kampf aufnimmt. Hierzu ein Beispiel: Ihr möchtet der Verführung eines hübschen, aufreizend gekleideten Mädchens entgehen. Verlaßt Ihr Euch hierzu auf Eure eigene Willensstärke, so wird das Verlangen nach ihr, je mehr Ihr Euch dagegen wehrt, nur um so unwiderstehlicher. Seht Ihr in ihr hingegen ein Abbild der himmlischen Mutter, so werdet Ihr nicht nur der Versuchung nicht erliegen, sondern vermögt Euch hoch hinaufzuschwingen und weilt tagelang in wonnevoller Hochstimmung und Poesie... Denkt beim Anblick jeder Frau, jedes jungen Mädchens, daß die himmlische Mutter Euch mit ihrer Gegenwart beehrt und sich Euch durch dessen Antlitz, Blick und Lächeln offenbart... und dankt ihr dafür. So vermitteln Euch diese Töchter der Himmelsmutter eine hohe Beglückkung, ein unsägliches Gefühl innerer Weite und Bereicherung, anstatt Euch zur Versuchung zu werden. Wohin Ihr Euch auch immer begebt, werdet Ihr gewahr, daß das Erdenrund bevölkert ist mit liebreich holden Geschöpfen, deren Anwesenheit Euch mit Freude erfüllen und beseligen...

Einzig aus dem Grunde, weil sie die Dinge nicht aus der richtigen Sicht zu betrachten wissen, fallen die Leute ihren Hängen und Trieben zum Opfer – Anwärter fürs Krankenhaus! Immer wird gekämpft, gerungen; dabei genügt es, eine klare Anschauung der Dinge zu gewinnen – das ist das ganze Geheimnis.

Bedrückt und quält es Euch Frauen, weil Ihr Euch zu den Männern hingezogen fühlt, dann macht Euch ferner keine Selbstvorwürfe mehr, seht in ihnen eine Äußerung des himmlischen Vaters mit Seiner ganzen Pracht, Seiner Vernunft, Seiner Macht. Alsdann wird es für Euch weder Versuchung noch Gefahr, kein Abgleiten mehr geben. Was haben die Leute über dieses Thema nicht alles geschrieben! Weil sie des initiatischen Wissens ermangelten, das ihnen die Dinge im wahren Licht aufgezeigt hätte.

Selbstverständlich begegnet man ab und zu recht jämmerlichen Abbildern des himmlischen Vaters, wie z.B. Trinkern, aber das hat nichts zu sagen, denkt: »Der dort ist wohl etwas verunstaltet und verkommen, ich warte besser etwas ab...« Was wollt Ihr, daran ist nicht der himmlische Vater schuld, Er wollte sich auch durch diesen Mann bekunden, aber der

Vom rechten Schauen und Einschätzen

schleppte Ihn in alle Kneipen, und deswegen entfernte sich der himmlische Vater von ihm; Er hätte sich ja gerne seiner angenommen, aber leider... Zuweilen trifft man auf dem Markt ein Klatschweib, das einen beschimpft; aber auch sie ist ein Wiederschein der himmlischen Mutter. Freilich hat sich die arme etwas sehr Ihrem segenreichen Einfluß entzogen; sie hätte die himmlische Schönheit idealer ausstrahlen sollen, aber sie vermochte es nicht, lebte in ungünstigen Bedingungen und ist eher zu bemitleiden. Wer weiß, vielleicht ist sie im Grunde genommen eine brave Frau und hat ein gutes Herz, sie würde Euch gegebenenfalls ohne weiteres einen Dienst leisten, den ein hübsches Mädchen ablehnen würde.

Haltet also an dem Gedanken fest, daß Männer und Frauen Stellvertreter des himmlischen Vaters und der himmlischen Mutter sind, und Ihr werdet sehen, wieviel Freude und innere Bereicherung Eurer warten, welche gewaltigen Fortschritte Ihr zeitigt. Selbst ohne sein Wissen vermag Euch jeder Mann durch seine Gestalt, seine Ausstrahlung, mit Gott zu verbinden. So sucht also durch den Mann, gleichsam wie durch eine offene Pforte hindurch den himmlischen Vater, denn er ist der Einzige, der alles Höchste in sich faßt, die Vollkommenheit ist. Die Männer sind nur ein Aspekt von Ihm, und selbst alle Männer der ganzen Welt zusammengenommen vermöchten Gottvater in Seiner Herrlichkeit nicht wiederzugeben. Sie ergäben nur ein sehr blasses und unvollkommenes Bild von Ihm. Seht also in jedem Mann, dem Ihr begegnet, eine Brücke, eine Tür zu Gott, und wenig später schon habt Ihr den Menschen vor Euch beinah vergessen, denn Euer Gemüt ist erfüllt von der Gegenwart des Herrn, Ihr verspürt nicht mehr das Verlangen, mit ihm ein Gespräch anzuknüpfen, um ihn kennenzulernen; er diente lediglich dazu, Euch mit Gott zu verbinden, dankt es ihm und entfernt Euch.

Ist es ein reizendes junges Mädchen: schaut es an und richtet Eure Begeisterung auf die himmlische Mutter. Denn wer, glaubt Ihr, gab diesem Mädchen seine Schönheit? War es das Mädchen selbst? Wäre dem so, dann hätte sie sich noch weit hübscher machen sollen! Indessen, sie vermag sich ja kein einziges Haar hinzuzufügen, noch kann sie ihre Nase um einen Millimeter verlängern oder verkürzen. Was versteht sie denn von den hohen mathematischen Gesetzen, um ihrem Körper dieses Ebenmaß, diese Wohlgestalt zu verleihen? Das Mädchen besitzt dieses Wunderwerk vielleicht ganz unverdienterweise. Also war es eine Vernunft über ihr, die sie damit bedachte, und warum sollte man nun nicht begeistert sein über diese göttliche Vernunft? Ihr seht, wenn man folgerichtig denkt, kann man nicht umhin, nach dem Urheber, dem Schöpfer zu suchen und auszurufen: »Himmlische Mutter, wie konntest Du nur so Wundervolles bilden? Über welch hohe Intelligenz verfügst Du, um diese lieblichen, reinen, vollendeten Formen zu erfinden? Mit tiefer Bewunderung schaue ich zu Dir auf!« Sprecht einen Augenblick lang zu Ihr, bleibt ein Weilchen mit Ihr zusammen... Inzwischen ist vielleicht das Mädchen weggegangen. Bereut es aber nicht, nicht sie ist das Wesentliche, worauf es ankommt; sie verhalf Euch lediglich dazu, das lichtstrahlende, ideale Wesen aufzufinden, dem sie ihre Schönheit verdankt. Nicht das Mädchen verdient Eure Bewunderung und Liebe, schon gar nicht, daß Ihr ihretwegen verwirrt und unglücklich seid und Euer Leben verfehlt.

Versteht es wohl, meine lieben Brüder und Schwestern, die Ursache alles Lasterhaften und Abwegigen, der Verführungen und Fehltritte liegt in einer unrichtigen Anschauungsweise. Man hält sich lediglich beim Äußeren des Mädchens, des Jungen auf, erblickt nur die physische Gestalt, versucht nicht, weiter zu sehen. Wie will man sich da heraushalten? Man wird von übermächtigen Impulsen erfaßt und zur Tat gezwungen.

Vom rechten Schauen und Einschätzen

So saht Ihr die Dinge wohl noch nie, nicht wahr? Wie kommt es dann, daß ich diese Tatsachen erkannte? Und wieviele andere entdeckte ich überdies noch, wenn Ihr nur wüßtet!... Aber wie sie Euch mitteilen? Wer ist denn schon aufnahmebereit dazu? Selbst das, was ich eben darlegte, wird weder verstanden noch begriffen, noch angewendet werden. Nahmt Ihr nur 5% davon auf, wäre das bereits viel... Ja, auch jene, die hierher kommen, ahnen den Wert dessen nicht, was sie hier lernen könnten, um ihr Leben umzuwandeln. All dies erscheint ihnen fernliegend, unmöglich, undurchführbar.

Ich weiß, es ist sehr schwer, aber macht wenigstens den Versuch, es zu verstehen; dann habt Ihr einen Schlüssel in Händen. Ansonsten müht Ihr Euch weiterhin ab und klagt: »Ich bringe es nicht fertig, ich schaffe es nicht...« und Ihr werdet es tatsächlich nicht schaffen, weil Ihr Euch nicht die Mühe nahmt, Euch ernstlich mit dem zu befassen, was Euch aufgezeigt wurde. Lernt also erst mal das richtige Schauen! Ich kenne das Drama vieler Familien: Bald ist es der Mann, der seine Frau betrügt, oder die Frau, die ihren Mann hintergeht.. Alle leben in Lügen verstrickt. Wüßten sie, wie sie sich gegenseitig zu betrachten und einzuschätzen haben, fühlten sie sich beide stark und glücklich.

Bonfin, 31. Juli 1965

XXII

Analyse und Synthese

»Die Analyse ist ein Abstieg in die Materie und die Synthese ein Aufstieg in die Sphäre des Geistes. Begibt man sich in die Höhe, nimmt man immer weniger die Einzelheiten der Dinge wahr, gewinnt jedoch einen Überblick über das Ganze und erschaut eine größere Anzahl Tatsachen und Gegenstände. Je höher man steigt, desto mehr zwingt sich einem die Synthese auf. Dank der Synthese vemag man eine Gesamtheit zu erfassen, denn man entdeckt von einem einzigen Blickpunkt aus den Zusammenhang aller Dinge und nähert sich damit dem wahren Wissen. Wissen heißt, von höchster Warte alles sehen und erkennen. Man erwirbt dadurch Macht, Gesundheit, Lebensfreude. Diese drei: Macht, Gesundheit und Freude ergeben sich allein aus der Vereinigung aller Energien und deren Ausrichtung auf einen einzigen Punkt, wo es kein Abzweigen mehr gibt.«

Diese Definition von Analyse und Synthese mag Euch wohl in Erstaunen versetzen, denn sie wurden noch nie in diesem Sinne ausgelegt. Dennoch stimmt es genau: Die Analyse ist ein Hinabsteigen in die Materie. Will man die Dinge genauer erkennen, muß man ihnen nähertreten, sie voneinander trennen, um sie gründlicher erforschen zu können. Aber ein solches Auseinandernehmen der Dinge führt allmählich zum Tode, der übrigens nichts anderes ist, als die vollendete Analyse. Wogegen die Geburt eine Synthese darstellt: Die einzelnen Grundstoffe vereinigen sich, bilden ein Ganzes und das Kind kommt zur Welt! Die Geburt eines Kindes versinnbildlicht die Synthese sämtlicher Energien und Partikel.

Die Synthese ist das Leben, die Analyse der Tod. Das ist auch der Grund, weshalb die in der heutigen Zeit so weitverbreitete Neigung, alles zu analysieren, so gefährlich ist. Alle Fachleute beispielsweise sind Analytiker. Sie nehmen nur eine Einzelheit, ein Organ in Augenschein und lassen alles übrige außer acht, den Menschen, das Universum als Ganzes. Sie gehen somit dem Tode entgegen. Selbstverständlich ist die Forschung, die Spezialisierung notwendig. Die Menschheit braucht Fachleute, die mit den Einzelheiten bestens vertraut sind. Aber indem man immer nur analysiert, sieht man letztenendes nicht mehr das Ganze als solches.

Die Wissenschaft arbeitet zunehmend im Sinne der Analyse, entdeckt immer winzigere Bestandteilchen der Materie: zersetzt, zergliedert, spaltet auf... und sucht auf dieselbe Weise auch den Menschen zu erforschen, indem sie ihn zerfetzt, in Sücke zerlegt.

Dieser Hang, alles aufzuteilen und zu trennen, ist in allen Wissenschaften derart geläufig, betont und hervorgehoben, daß er ebenso beim Menschen in sittlicher und geistiger Hinsicht Veränderungen bewirkt: Ein jeder möchte sich von den andern absondern, abseits leben, und die Folge davon sind Feindschaft, Parteilichkeit, Krieg... So weit bringt es die Analyse! Auch innerhalb eines Landes, eines Volkes, ist nicht selten Vaterlandsliebe z. B. lediglich eine Äußerung dieses allgemeinen Sichabsondernwollens. Alle sind für die Analyse, fürs Trennen, Scheiden, Auseinanderreißen, Zerstückeln. Sogar in der Familie sind alle derart analytisch geworden, daß sie nichts mehr ertragen, dauernd in Haarspalterei begriffen

Analyse und Synthese

sind: Mutter und Vater, Eltern und Kinder... Niemand sieht ein, daß man sich mit der Synthese befassen sollte, welche Liebe, Verständnis und Eintracht bedeutet.

Alle üben sich im Analysieren, schätzen über alles die Analyse, und diese treibt den Menschen stets dazu, nach Bazillen und Krankheiten zu suchen... Erfreute man sich bester Gesundheit, lebte in der Synthese, brauchte man sich keinen Analysen zu unterziehen. Wozu denn auch diese dauernden Analysen: Analysen von Blut, von Urin oder was weiß ich noch allem?... Weil man so sehr analysiert ist, daß man ohne dies nicht mehr auskommt.

Lebt in der Synthese! dann wird die Analyse gegenstandslos: Wie es um Euren Urin steht, werdet Ihr nie erfahren, und es muß auch nicht sein, denn Ihr seid wohlauf. Gegenwärtig verfechten alle die Analyse, die Trennung. Selbst die Bretagne wird analytisch und Korsika ebenso... alle werden sie zu Analytikern – und Frankreich wird bald völlig analysiert, in Stücke aufgeteilt sein. Wir hingegen befürworten die Synthese: sind dafür, daß alle Länder sich zu einem einzigen Land vereinigen. Dann wird Leben kreisen! Synthese bedeutet ewigwährendes Leben, Unsterblichkeit. Aber nur wenige werden verstehen, was ich meine, ich weiß; denn ihr Sinn ist fehlgeleitet durch die allerorts verbreiteten Einflüsse: in Zeitschriften, Büchern, Filmen. Immer soll etwas ausgemerzt, abgetrennt, ausgerissen werden...

Ja, ich gehe noch weiter und sage, daß Menschen, die nur eine Frau, einen Mann wählen, ebenso Analytiker sind, weshalb ihnen denn auch allerlei Unangenehmes, Leid und Unglück zustoßen: Sie haben die anderen beiseite geschoben, sehen niemanden außer einem, freuen sich nicht ihrer Mitmenschen, wollen sie nicht einmal kennenlernen, außer einem einzigen.

In der Universellen Weißen Bruderschaft lernen die Menschen Synthetiker zu werden, synthetisch zu denken. Sie hat zum Ziel, die Menschen der ganzen Welt zu vereinen, die ganze Menschheit zu lieben und nicht nur einen Menschen, der einem das Leben versauert. Nun werdet Ihr beleidigt sein und sagen: »Wie kann er sich nur erlauben, über das, was so hehr und heilig ist wie Liebe und Ehe in solcher Weise zu sprechen? Er setzt sie herab, entwürdigt sie.« Keineswegs, ich erkläre lediglich aus philosophischer Sicht, wie sich die Dinge verhalten. Ob Ihr nun dieses oder jenes vorzieht, ist Eure Angelegenheit, ich schalte mich nicht ein; ich erkläre unvoreingenommen und treuherzig, und Ihr habt dagegen nichts einzuwenden.

Die Liebe ist eine Synthese: Wenn man liebt, will man stets sich nähern, zusammenbringen, vereinen. Durch die Analyse lernt man. In der Synthese fühlt man, und erlebt. Beim Analysieren kann man nur wenig empfinden, wogegen man in der Synthese kaum etwas lernt. Aber man fühlt, die Seele weitet sich, man kostet Himmelswonne und Entzücken.

Ist der Mensch von heute immer weniger imstande, Himmlisch-Erhabenes zu erleben, dann nur, weil er sich allzusehr in die Analyse begeben hat. Begegnet Ihr jemandem, so beginnt Ihr unweigerlich ihn zu analysieren: seine Nase, seinen Mund, seine Gesten... seine Fähigkeiten oder Fehler, seinen Beruf, wieviel er verdient. Liebt Ihr ihn, dann interessiert Euch dies alles nicht; Ihr liebt ihn wie er ist, fühlt sein inneres Wesen, schwingt in Einklang mit ihm: Es waltet die Synthese. Geschieht es aber, daß Ihr gegen ihn erzürnt seid, stellt sich sofort die Analyse ein, und Ihr schneidet ihn in Stücke. Danach, wenn Ihr Eure Liebe zu ihm wiederfindet, vergebt Ihr ihm, weil Ihr das Ganze seht und darüber die Einzelheiten vergeßt. Die Synthese hält sich nicht an Kleinigkeiten auf, im Gegensatz zur Analyse, die sich darauf nicht nur versteift, sondern sie dazuhin noch derart aufbauscht, daß um eines Flohes willen die ganze Decke verbrannt wird. Wegen eines winzigen Fehlers metzelt man jemanden restlos nieder.

Analyse und Synthese

In Wahrheit ist dieser Mensch ein Gottessohn, aber das tut nichts, wird nicht bedacht; man sieht nur den Fehler.

Im Gedanken des Tages, den ich Euch zu Beginn vorlas, heißt es: »Dank der Synthese vermag man eine Gesamtheit zu erfassen... und nähert sich damit dem wahren Wissen. Wissen heißt, von höchster Warte alles sehen und erkennen.« Jawohl, wahre Erkenntnis ergibt sich aus der Synthese. Jenes Wissen, das die Analyse vermittelt, ist nicht die eigentliche, tiefgründige Weisheit, denn es erfaßt nur das oberflächlich Sichtbare, ist daher unvollständig. Indem man die Dinge einzeln, voneinander getrennt erforscht, erfährt man nicht viel Nennenswertes. Zu wahrem Wissen verhilft allein das Zusammenfügen der einzelnen Teile, denn nur gemeinsam bringen sie hervor, was sie vereinzelt nicht besaßen, nämlich: das Leben. In ihm ist das wahre Wissen. Zerlegt man das Gefüge in seine Bestandteile, entweicht das Leben. Das Wissen um Beschaffenheit, Geruch, Geschmack oder Gewicht dieses oder jenes Teilstücks ist kein wesentliches, weil es kein Leben vermittelt. Vereint man jedoch die einzelnen Bestandteile, so ergibt sich etwas Neues, und dieses Neue ist das Leben. Was immer Ihr über die Eigenschaften der Dinge in Erfahrung bringt, solange kein Leben in Euch ist, seid Ihr nicht im Besitz wahrer Erkenntnis.

Jenes Wissen, das eine Zusammenschau des Ganzen gewährt, ist das Wissen um das Einssein aller Dinge. Die Einheit ist der lebendige Urgrund allen Seins, denn sie bedeutet das Ausrichten sämtlicher Lebenskräfte und Impulse auf einen einzigen Punkt. Gelingt dies einem Menschen, dann kreisen seine Energien beruhigt und harmonisch, wirken vereint und verhelfen ihm zu großer Macht. Solches Einssein ist das eigentliche Wesen des Geistes.

Den Menschen ist eine derartige Weltschau nicht bekannt, weil sie den Weg der Materie gewählt haben. Das ist wohl recht und gut; sie machen Entdeckungen, bringen es zu Wohlstand. Machen sie aber so weiter, dann entfernen sie sich so sehr von der Einheit des Geistes, die allein Einstimmigkeit zwischen den Menschen gewährleistet, daß sie völlig verfeindet und ich-süchtig geworden, sich schließlich gegenseitig ausrotten. Beschließen sie jedoch, von nun an auf dem Weg des Geistes, der Einheit, der Liebe, der Synthese zu gehen, wird die Universelle Weiße Bruderschaft auf der ganzen Welt möglich sein, denn alle sind dann nur noch von dem einen Wunsch beseelt: sich zusammenzufinden, miteinander zu singen, sich gemeinsam zu freuen und zu lernen. Das ist die Synthese. Sie besteht nicht etwa darin, aneinanderzukleben wie die in den Gegenständen zusammengepreßten Atome und Moleküle, sondern es ist ein Zusammenschluß aller, um das Reich Gottes auf Erden, das Goldene Zeitalter Wirklichkeit werden zu lassen.

Indem sich die Menschen in die Materie hineinbegeben, versinken sie in ihr. Sie meinen, sie werden frei, dabei mauern sie sich ein. Sie mögen nicht auf die Eingeweihten hören, halten an ihrem Standpunkt fest, und so wird man sie eines Tages vom Gewicht ihrer eigenen Last – der ihnen so lieb gewordenen Materie, an die sie sich klammern – erdrückt sehen. Arbeitet Ihr jedoch im Irdisch-Materiellen aus der Sicht des Geistes heraus, dann seid Ihr Herr der Materie: Sie fügt sich, weil sie die innere Kraft in Euch spürt. Andernfalls gehorcht sie Euch nicht und höhnt: »Haha, es ist mir gelungen ihn einzuwickeln, er kommt allen meinen Wünschen und Launen nach. Das will ich ausnutzen, ich mache ihn zu meinem Sklaven.« Die Materie, müßt Ihr wissen, fürchtet den Menschen nicht. Er wies den Geist zurück und wird nun sehen, was mit ihm geschieht. Denn noch niemand hat es fertiggebracht, sich auf diese Weise von ihr zu befreien. Mehr und mehr fesselt und knebelt sie ihn, nagelt ihn fest, und er nimmt ein schlimmes Ende.

Analyse und Synthese

Hier in der Universellen Weißen Bruderschaft werdet Ihr in einer Lehre unterwiesen, die Euch das ewige Leben bringt, glaubt mir. Es ist allerdings erforderlich, die bisherige Denk- und Lebensweise von Grund auf zu ändern. Ich zeige Euch seit Jahren, wie dies zu machen ist; darum sollen auch jene, die zum ersten Male hier sind, es erst erlernen und sich darin üben. Denn man darf sich nicht vorstellen, es werde einem in einem Tag alles klar werden, alles ins Reine kommen. Ein Student begab sich eines Tages nach Deutschland zu einem berühmten Professor der Naturwissenschaften und fragte ihn: »Sehr geehrter Herr Professor, ich möchte Naturwissenschaft studieren, jedoch in kürzerer Zeit, als die anderen Studenten; ist das möglich?« – »Ja, durchaus«, erwiderte der Professor, »sehen Sie, wie die Natur es macht: Für einen Kürbis benötigt sie nur ein paar Monate, für eine Eiche hingegen braucht sie ein Jahrhundert. Was also wollen sie werden, ein Kürbis oder eine Eiche?«

Dasselbe frage ich Euch: Wollt Ihr ein Kürbis sein oder eine Eiche?...

Bonfin, 25. August 1974

XXIII

Die Mutterliebe

Denkt Euch ein junges Mädchen. Bevor es heiratet und Kinder hat, geht ihm die Liebe zu Gott, ein reiner Lebenswandel, Vernunft und Erkenntnis über alles, es forscht nach dem Wesen der Dinge, meditiert, betet und bemüht sich, in allem vorbildlich zu werden. Sie verheiratet sich, bekommt ein Kind... Was nun? Sie setzt ihr Ehe- und Familienleben, das Wohlergehen ihres Kindes allem voran und gibt alles andere auf. – Betrachten wir uns einmal dieses Verhalten etwas genauer.

Alle Welt wird ihr natürlich Recht geben, es normal finden, daß sie für ihr Kind alle geistigen Interessen aufgibt... denn sie ist ja doch die Mutter und es ist ihr Kind. Alle Mütter, alle Väter stimmen ihr zu. Ich hingegen stimme dieser allgemeinen Ansicht nicht ohne weiteres bei. Denn diese Mutter vergißt das Höchste und Wesentlichste. Für sie hat nur noch ihr Kind Geltung; seinetwegen übertritt sie die kosmischen Gesetze, hadert sogar mit Gott und beschuldigt Ihn der Ungerechtigkeit und Grausamkeit, wenn dem Kinde etwas zustößt, es krank wird oder stirbt. Ein jeder bewundert solch eine Mutterliebe, ich aber nicht.

Die Tatsache, daß sie ausschließlich nur ihr Kind liebt und nicht auch die anderen Kinder, nicht einmal Gott, beweist, daß sie nur sich selbst in ihrem Kinde liebt, lediglich an sich selbst denkt, nicht an das wahre Wohl ihres Kindes. Genau besehen verhält es sich nämlich folgendermaßen: Sie entfernt sich von den Sphären des Lichts, um sich ganz dem Kind zu widmen; dadurch aber entzieht sie ihm alles Gottverwandte und Himmlische, die pulsierenden Schwingungen des Lebendigen, hält es fern von der beseligenden Klarheit und Fülle geistiger Dimensionen. Denn mit ihrer engstirnigen, ich-bezogenen Liebe, trennt sie ihr Kind von jener Welt, worin sich sein Wesen entfalten, es unsterblich werden könnte. Mit ihrer Fürsorge und Pflege führt sie es der Hölle zu, da sie es ja von der Lichtfülle und All-Einheit abkapselt.

Wie Ihr seht, liegt hier ein seit Jahrtausenden ungelöstes Mißverständnis vor. Tatsächlich sollte eine Mutter, die ihr Kind wirklich liebt, es nicht aus der himmlischen Sphäre herausreißen, worin alle Lebewesen sich voll entfalten sollen. Kehrt sie sich von Gott ab und lebt nur noch für ihr Kind, so ist in ihrem Denken nichts Göttliches mehr enthalten, und sie nährt ihr Kind mit lichtloser, toter Nahrung.

Eine Mutter sollte sich ihres Kindes erst dann annehmen, wenn sie zuvor bei Gott lebendiges Licht schöpfte, um es ihm zu überbringen. In ihrer ängstlichen Besorgtheit meint sie, ihr Kind würde sterben, wenn sie es nicht unablässig umhege... Im Gegenteil, es wird auferstehen! Und sollte es auch sterben, während sie sich in Gottes Gegenwart aufhielt, so wird es bei ihrer Rückkehr wieder auferstehen! Bleibt sie jedoch bei dem Kinde und nähert sich nicht zu Gott, vermag sie es, falls es stirbt, in keiner Weise zu erwecken. Ihr sagt, es sei schwierig, meinen Ausführungen zu folgen. Keineswegs, denn, unterläßt es die Mutter bei ihren alltäglichen Beschäftigungen, sich Gott zuzuwenden, d.h. dem hell leuchtenden, lebendigen Urquell, so ist sie nicht in der Lage, segenspendende Strahlungen auf ihr Kind zu verströmen, die einen Ausnahmemenschen aus ihm machen. Ihre alltägliche, sentimentale Liebe schafft ein alltägliches Kind. Es ist wohlauf, gut gekleidet, aber eben ein Kind wie alle anderen, weil es fern von Gottes Gegenwart erzogen wurde.

Die im wahren Wissen der Einweihungslehre unterrichtete Mutter begibt sich zu Gott und bittet Ihn:»Allmächtiger Vater, ich komme zu Dir, auf daß Du mir für mein Kind Licht und Einsicht, Liebe, Gesundheit, Schönheit schenken mögest...« Wendet sie sich alsdann ihrem Kinde zu, durchwirkt sie es mit reichen Gaben und himmlischen Gütern, welche Mütter im allgemeinen nie wahrnehmen, noch empfinden. Sie sagen, ihnen fehle die Zeit dazu... O doch, nur hindert ihre selbstsüchtige Liebe sie daran, zu einer solch erweiterten Lebensanschauung zu gelangen. Darum wird die Erde auch weiterhin immer nur von gewöhnlichen Durchschnittskindern bevölkert sein, weil die Mütter unwissend sind!

Solange Väter und Mütter stur und fest an ihre Familie gebunden sind, es gar nicht einmal wagen, sie für eine kurze Zeit zu verlassen, um geistig zu wachsen und Lebensweisheit zu erwerben, gelingt es ihnen nicht, ihre Familie wahrhaft zu fördern und glücklich zu machen. Es ist nicht möglich, die Angehörigen seiner Familie zu bessern und höher zu führen, wenn man allzu nahe mit ihnen zusammenlebt. Das heißt nun aber nicht, man müsse sich körperlich von ihnen trennen; es geht lediglich darum, sich von ihren Anschauungen und Ansichten zu distanzieren: sich von einer unvernünftigen Art sie zu lieben und zu verstehen, abzukehren. Sowie man verheiratet ist und Kinder hat, ist es aus und vorbei mit dem Streben nach Idealem und Höchstem: man ist unterjocht, eingefangen in den Urinstinkt der Mutterschaft, wird eine behütende »Gluckhenne«, wie man so sagt. Überall nichts als Gluckhennen!

Ich höre Euch rufen: »Das ist ja ein wahrer Kreuzzug gegen unsere Kinder!« Ganz und gar nicht, und vielleicht liebe ich Eure Kinder sogar mehr als Ihr selbst! Das wäre noch zu erwägen. Wenn jemand Eure Kinder wirklich liebt, dann bin ich es; wohl der einzige. Ihr nämlich wißt sie nicht zu lieben!

Ein Sohn forderte von seiner Mutter Geld, um es zu verprassen und drohte mit Selbstmord, falls sie es ihm verweigerte. Da sprach die Mutter: »Geh mein Sohn, bring dich um, Leute wie du braucht man nicht auf Erden. Ich wollte aus dir einen edlen, guten Menschen machen, und du führst dich wie ein Verbrecher auf. Mach deinem Leben ein Ende, das ist noch das Beste... Ich werde Gott danken, wenn du nicht mehr bist.« Nun, dieser Kühnheit seiner Mutter wegen kam der Sohn zum ersten Mal zur Vernunft und wurde ein verantwortungsbewußter, rechtschaffener Mensch. Jahre später sagte er: »Es war meine Mutter, die mich rettete!« Hätte sich die Mutter die Haare gerauft und gejammert: »Ach, mein armer Sohn, tu mir das nicht an, hier, nimm das Geld«, wäre er durch ihre Schuld ein Tyrann geworden. Desgleichen handeln die meisten Eltern; ihrer blinden Gutmütigkeit, ihrer Schwäche und Nachgiebigkeit wegen machen sie aus ihren Kindern unerbittliche Tyrannen. Hinterher sagen sie entschuldigend: »Aber wir lieben sie doch...«, rechtfertigen ihre Kurzsichtigkeit, ihr erzieherisches Versagen, ihre psychologische Unkenntnis mit den Worten: »Wir lieben unsere Kinder.« Das also versteht man unter Elternliebe! Anstatt zu bekennen: »Wie schwach und unwissend wir doch sind!« sagen sie: »Wir lieben sie eben!« Ich bin der einzige, der das nicht glaubt. Aus diesem »wir lieben sie« höre ich etwas anderes heraus, nämlich: «Was sind wir dumm und blöde!« Das ist's was ich höre.

Die Mutter darf sich nicht vom Himmel entfernen, um bei ihrem Kind zu bleiben, sie soll es vielmehr zum Himmel hinanführen und es ihm sagen, an der Wiege schon, wenn es

Die Mutterliebe 225

noch außerstande ist sie zu verstehen: »Ich nehme dich mit ins Himmelreich, in Licht und Harmonie«; denn des Kindes Seele hört zu und begreift. In dieser Weise beginnt die Mutter schon sehr frühzeitig mit der geistigen Erziehung ihres Kindes, solange es noch klein ist; ansonsten wird aus ihm nichts mehr als ein Durchschnittsmensch, wenn nicht gar ein Verbrecher. »Wie, ein Verbrecher? Mein Kind ist ein wahrer Engel!« In ein paar Jahren wird man schon sehen, ob es ein Engel ist. Bist du dumm, wirst du es erleben, ob es ein Engel ist! Bist du aber vernünftig, dann ja, und es wird vielleicht sogar mehr als ein Engel – eine Gottheit.

Die Sache ist völlig klar, stimmt genau. Wie Ihr darüber denkt, ist eine andere Frage; wesentlich ist, was ich davon halte. So lernt doch zu denken wie ich, mein Gott, bringt diesen Mut auf!

Abraham liebte seinen Sohn Isaak, dennoch war er bereit, ihn zu opfern, Gott wollte prüfen, ob Abraham Ihn mehr liebe als seinen Sohn. Die Frage, wen man mehr liebt, ob Gott oder sein Kind, ist immer noch offen. Väter und Mütter ahnen nicht, daß dieselbe Frage an jeden von ihnen gerichtet ist. Gott stellte Abraham auf die Probe und verlangte von ihm den Sohn als Sühnopfer. Ihr denkt: »War Gott denn nicht hellsehend genug, um Abrahams Liebe zu erkennen? Hatte Er es nötig, sich ihrer zu vergewissern?« O nein, der Herr wußte im voraus, was Abraham tun würde, Er sah dessen Herz, kannte seine Gedanken; Abraham war es, der nicht wußte, welche Liebe in ihm stärker war, und es war unerläßlich, daß ihm dies bewußt wurde.

Damit er Klarheit darüber gewinne, auferlegte ihm Gott diese Prüfung. Sie diente nicht Gott als Ermittlung, sondern Abraham selbst. So dienen auch die von Gott uns zugesandten Prüfungen zur Selbsterkenntnis. Wir selbst nämlich kennen unsere Grenzen nicht, wie weit unsere Ausdauer, Einsicht, Kraft, Gutherzigkeit und Großmut reicht oder wie schwach und dumm wir sind... Man hat eine hohe Meinung von sich, bildet sich ein, ein Genie oder sonst was Großes zu sein und versagt vor der kleinsten Prüfung, begreift in der Folge nicht, wie es dazu kam. Abraham aber liebte den Herrn über alles; er wußte, Gott hatte ihm diesen Sohn geschenkt und konnte ihn daher auch jederzeit wieder zurücknehmen.

Warum denken die Mütter nicht auch so? Sie wollen ihr Kind behüten und bewahren, widmen sich ausschließlich ihm und verlassen den Herrn und meinen, in ihrem Schutze sei es vor allem gefeit. Welchen Schutz können sie ihm aber schon bieten, da sie selbst nicht unter dem Schutz des Allerhöchsten stehen, sich von Ihm abwandten? Welcher Hochmut, welche Eitelkeit! Abraham verhielt sich wie ein echter Eingeweihter, tat den Willen Gottes und bereitete Isaaks Opferung vor. Und Gott, der kein blutrünstiges Ungeheuer ist, tauschte in letzter Minute Isaak gegen einen Widder aus. Nunmehr wußte Abraham, wie weit seine Liebe zu Gott reichte, welchen Opfers er fähig war, und dies genügte. Eine Mutter, die nicht bereit ist, wie Abraham zu handeln, ist erstens keine kluge Mutter und zweitens zu hochmütig: Sie bildet sich ein, es besser zu wissen als Gott, ob ihr Kind zu leben oder zu sterben hat. Bei einer derart primitiven Auffassung der Mutterliebe wird das Kind ihr, selbst wenn es am Leben bleibt, viel Leid verursachen, denn sie führte es ja nicht dem Licht entgegen, sondern hielt es davon ab! In ihrem Denken nimmt diese ihre Liebe den ersten Platz ein, erfüllt sie ganz. Später aber muß sie ihre irrige Ansicht auf die eine oder andere Weise büßen, weil sie ihre eigentliche Aufgabe nicht erfüllte, die darin bestand, im Himmel zu weilen und ihr Kind bei sich zu haben.

Man darf sich durch niemanden vom Himmel abbringen lassen: weder durch Kind noch Frau, noch Mann, denn nur indem man mit dem Himmel in Verbindung bleibt, vermag man ihnen Gutes zu tun. Entfernt Ihr Euch vom Licht, um

Die Mutterliebe

wer weiß wem einen Gefallen zu tun, so zieht Ihr alles mögliche Unheil auf Euch: Ihr habt weder den Himmel noch die Erde, d.h. weder Gott noch den Beistand dieser Leute, für die Ihr so große Opfer brachtet und steht allein und verlassen da. Trachtet Ihr nach dem Himmel, so gewinnt Ihr ebenfalls die Erde, denn sie richtet sich stets nach dem Himmel, gehorcht und dient ihm. Wendet Ihr Euch aber vom Himmel ab und klammert Euch an die Erde, dann besitzt Ihr weder den Himmel noch die Erde, sie entgleitet Euch, und Ihr seid völlig einsam.

Ist es nur eine sentimentale Anhänglichkeit, die Euch bindet, werdet Ihr früher oder später leiden. Wollt Ihr solchem Seelenleid entgehen, dann gebt Vernunft, Weisheit und Gott den Vorrang. Und alles was Ihr liebt und ersehnt wird Euch gehören. Alle Kinder, die Ihr wahrhaft und selbstlos, in Übereinstimmung mit dem Göttlichen liebt, gehören eigentlich Euch und nicht ihrer Mutter, die sie auf engstirnige und besitzergreifende Weise liebt. Ihr sagt: »Aber das ist doch nicht möglich! Die Bande des Blutes sind nicht abzuleugnen...« Diese Bande sind bei weitem nicht die stärksten, glaubt mir, es gibt vielerlei Bindungen... In Wahrheit seid Ihr nur mit den Menschen, ob Kind, Mann oder Frau, wahrhaft verwandt und vereint, denen Ihr in himmlischer Liebe zugetan seid. Von außen gesehen ist die Blutverwandtschaft die stärkste Bindung, aber wie oft kommt es vor, daß die Angehörigen ein und derselben Familie nichts miteinander gemeinsam haben, weil sie geistig anderen Familien zugehören! So könnt Ihr beispielsweise körperlich einer Bauernfamilie entstammen und geistig einer königlichen. Oder im Gegenteil, Ihr seid das leibliche Kind einer Königsfamilie, Eure wahre Familie hingegen zählt nur Strolche und Bettler.

Wie verhält sich wohl jemand, der seine Familie wahrhaftig liebt, wenn diese in Not geraten ist? Er hat den Mut, sie für einige Zeit zu verlassen und in einem anderen Land Geld zu verdienen. Einem anderen dagegen, der seine Familie nicht so innig und restlos liebt, fehlt dieser Mut. Dem Anschein nach, wie Ihr seht, läßt der erste die Seinen im Stich, aber er tut dies, um ihnen zu helfen; reist in die Ferne, erarbeitet sich ein Vermögen und macht bei seiner Rückkehr die ganze Familie glücklich. Hingegen der, der sich von seinen Angehörigen nicht trennen wollte, lebt weiterhin mit ihnen in Armut. Klar und deutlich ausgedrückt heißt dies: Ein wahrer Vater, eine wahre Mutter verläßt das Kind, die Familie und begibt sich in die »Ferne«, d.h. ins himmlische Reich, um dort Reichtümer zu erwerben. Kehren sie dann zurück, werden alle reich beschenkt. Wer dies nicht begreift, kommt von seiner Familie nicht los – aber was bietet er ihr? Nichts Besonderes, billige Kleinigkeiten, ein paar in einer Schublade vergessene Brotkrusten.

Ein wahrhaft fürsorglicher Vater, eine vorsorgende Mutter, gehen ins »Ausland«. Für wie lange? Es kommt darauf an: eine halbe Stunde, eine Stunde... Vielleicht auch einen Tag oder drei Monate, und wenn sie zurückkehren, verteilen sie reiche Geschenke.

Da seht Ihr, meine Argumente vermag sogar Eure Logik nicht zu erschüttern! Und sind die Mütter mit mir nicht einverstanden, so sollen sie nur kommen und mit mir diskutieren! Ich werde ihnen folgendes sagen: »Ihr gebt vor, Euer Kind zu lieben, seht Euch aber einmal Eure Liebe genauer an. Liebtet Ihr Euer Kind tatsächlich, dann nämlich würdet Ihr Euch dorthin, »in die Fremde« begeben, zumindest für 10 Minuten, eine halbe Stunde... Ja dann, wahrhaftig, wird es Eurem Kind an nichts fehlen. Wer weiß, womöglich ist auch der Bonfin hier ein solches Ausland, wohin Ihr kommen sollt, um viel Geld zu verdienen, d.h. Erkenntnisse und Lebensweisheit, die Ihr hernach auf Eure Familie verströmen könnt.

Die Mutterliebe

Allein das Bestreben, seine Mitmenschen zu Gott hinzuführen, ist wahre, echte Liebe. Alle andere Liebe und Zuneigung hat es auf eigenen Gewinn abgesehen, ist lediglich Berechnung. Wie oft schließt man sich jemandem an, ist aufmerksam und freundlich zu ihm, macht ihm Geschenke; doch nur aus Berechnung, mit der heimlichen Absicht, sich seine Gunst zuzuziehen, von seinem sozialen Einfluß zu profitieren. Selten nur handeln Menschen uneigennützig. Auch wenn sie etwas schenken, steckt eine kleine Berechnung dahinter. Ja, selbst die Liebe der großen Erleuchteten ist gezielt! Auch sie möchten etwas erreichen: nämlich Gottes Liebe und Schutz. Aber dies ist kein irdisches Hab und Gut. Die Eingeweihten trachten nach dem Ruhme Gottes. Und dies ist auch das einzige, wonach zu streben erlaubt ist: Gott gleich zu werden, wie Er zu strahlen, zu schaffen wie er.

Ich, zum Beispiel, möchte nicht behaupten, meine Liebe sei absolut uneigennützig, ich kann nur versichern, daß meine Liebe eine andere Zielsetzung, einen anderen Gegenstand hat. Es bringt nur Vorteile, Gott zu lieben, denn man gewinnt dabei das ewige Leben, erwirbt sich Licht und Freiheit... Dies aber kann nicht mehr als Gewinnsucht angesehen werden, weil das ewige Leben, Licht und Freiheit, Himmelsgaben sind. Ihr seht, man ist auf Gewinn aus und kämpft gleichzeitig dagegen an – man versucht, das niedere Bestreben zu überwinden um eines höheren willen.

Jedes Zufriedenstellen von Begierden und Trieben der Persönlichkeit ist niederes Wollen. Möchtet Ihr hingegen Euer Sehnen nach Licht, ewigem Leben und unvergänglicher Schönheit stillen, dann ist das ein ideales, hohes Verlangen – und darum geht es ja!

So gibt es denn ein niederes und ein höheres Streben, aber eine Absicht liegt stets vor. Es wird empfohlen, selbstlos und uneigennützig zu sein, jedoch ist dies nur eine Sprechweise.

Um es genau zu sagen und den Sachverhalt sinngetreu zu beschreiben, müßte man ein anderes Wort wählen, nicht mehr von Selbstlosigkeit sprechen, sondern von höherem Streben!

Wenn auch noch einige Fragen ungeklärt blieben, meine lieben Brüder und Schwestern, seid unbesorgt, ich komme noch darauf zu sprechen. Ihr seid hier in einer Schule, und jeder Tag bringt ein bestimmtes Programm, gibt immer neue Probleme zu lösen. Forscht in Eurem eigenen Innern, sinnt nach, so werdet Ihr für die Fragen, die Euch beschäftigen, in bälde eine Lösung finden. Ängstigt Euch nicht. Befaßt Euch für heute nur mit der Frage der Liebe: wie Ihr Eure Familie, Eure Kinder wahrer und idealer lieben könnt.

Bonfin, 10. August 1963

XXIV

Leere und Fülle

Vom Sinn des Entsagens

Gedanke des Tages:

»Wie ließe sich wohl in eine Flasche, die bis zum Rande gefüllt ist, noch eine andere Flüssigkeit hinzugeben? Man muß sie zuerst leeren! Desgleichen ist es auch beim Menschen; macht er sich nicht frei von seinen üblen Gewohnheiten und Mängeln, wie sollen dann hohe Tugenden und Eigenschaften in ihm Einlaß finden? Sein Wesen ist ja bereits ausgefüllt!... Darin eben liegt der tiefere Sinn von Verzicht und Entsagung: In dem Leerwerden, dem Aufgeben gewisser Angewohnheiten, wie z.B. Rauchen, Lügen, Verleumden. Und dadurch wird er bereit, anderes, weit besseres aufzunehmen. Sowie man ein Fehlverhalten ausmerzt, tritt an dessen Stelle alsbald eine gute Eigenschaft. Es ist dies ein physikalisches Gesetz. Wie soll man einen Menschen mit Himmelswonne erfüllen, der voller Laster ist? Es ist ausgeschlossen! Mag er auch sein ganzes Leben bei dem weisesten Lehrer der Menschheit verbringen, solange er sich nicht leert, um Höheres, Reineres in sich einfluten zu lassen, bleibt er unverändert derselbe.«

Wer sich des eigentlichen Wertes der Entsagung inne geworden, dem ist klar, daß sein Verzichten ihm selber zugute kommt, er damit in seinem Innern eine Leere schafft, in die göttliche Gaben und Kräfte eintreten können. Solange ein Mensch das nicht einsieht, denkt er: »Aber wenn ich nicht mehr rauche, in keine Kneipe, kein Nachtlokal mehr gehe, was habe ich dann noch vom Leben?« Ganz im Gegenteil! So man den Mut aufbringt, sich solch nichtssagender Vergnügen zu enthalten, werden sie von beglückenderen Freuden erlesener Art ersetzt.

Nichts Einfacheres als dies: Eine Flasche, die bereits voll ist, kann man nicht noch mehr füllen. Ist sie allerdings mit Lebenselixier gefüllt, darf man sie nicht leeren! Aber wenn sie nur Schlamm und Moder enthält, wozu dies dann aufbewahren? Die Menschen verstehen sich leider zumeist nur darauf, Schmutziges in sich aufzunehmen, nicht aber sich dessen zu entledigen. Von Kind auf umgaben Leute sie, die nicht gerade vorbildlich waren und ihnen ihre eigenen schlechten Gewohnheiten, üblen Denk- und Handlungsweisen übermittelten. Um nun von alledem frei zu werden, sich zu erneuern und zu verjüngen, das Eingeprägte auszulöschen, müssen sie nach anderen Vorbildern suchen, nach Menschen, die wie Sonnen sind.

Ein jeder strebt im Leben lediglich nach einem Beruf, einer eigenen Familie, einem Haus mit allem Komfort und ist's zufrieden – er begnügt sich mit einem solch mittelmäßigen Dasein. Hie und da liest er ein Buch, hört Schallplatten, macht einen Spaziergang, begibt sich auch mal zu einer Versammlung, und das wär's. Auf diese Weise macht er keinerlei Fortschritte, fügt seinem Dasein nichts Neues bei, das überragender, strahlender wäre! Ja, er ist sich der Gefahren eines derart verlangsamten Lebensrhythmus' gar nicht einmal bewußt! Alle möglichen körperlichen und seelischen Leiden umlauern ihn, passen den Augenblick ab, in ihn einzudringen, ihn anzunagen und auszuzehren.

Leere und Fülle – Vom Sinn des Entsagens

Die universelle Weisheit hat den Menschen nicht deshalb so wundervoll geschaffen, damit er dahindöse und vegetiere: Sie begabte ihn mit zahlreichen Vermögen, damit er sich unaufhaltsam immer höher entwickeln könne. Er löst dabei in den Tiefen seines Wesens feinste geistige Schwingungen aus, die alles Unreine zurückweisen. Andernfalls häufen sich Schlacken an und machen aus dem Menschen einen Sumpf.

Es wurde mir häufig die Frage gestellt, wann Liebe rein und wann sie unrein sei. Dies ist leicht zu beantworten! – Was trübe, schmutzig, schwer ist, sinkt stets nach unten; das Reine und Klare hingegen steigt nach oben. Beim Menschen genauso: Auch bei ihm sammelt sich das Grobstoffliche unten an, während das, was leicht, rein und licht ist, zum Kopf aufsteigt. Deshalb befinden sich Augen, Ohren, sowie Mund, Nase und Hirn oben, und das andere unten. Diese zwei grundverschiedenen Bereiche im Menschen entsprechen seiner höheren und seiner niederen Natur: Persönlichkeit und Individualität. Die von der Persönlichkeit bezeigte Liebe kann nicht rein sein; denn die Persönlichkeit ist Unterschwelligem verwandt, und ihrer Liebe haften daher ichsüchtige, lichtlose, belastende Züge an. Diese Liebe ist lediglich aufs Nehmen, auf eigene Befriedigung bedacht, somit alles andere als rein!
Wer blind ist, dem ist alles rein. Nicht so dem Eingeweihten, der Schwingung, Ausstrahlung und Farbton jedes einzelnen Gedankens und Gefühls wahrnimmt. Triebhaftanimalische, sinnliche Liebe ist unrein. Rein hingegen ist die Liebe der Individualität, weil Großmut, Vernunft, Selbstlosigkeit und Feingefühl ihr eigen sind.

Mit ihrem Lieben überreichen sich die Menschen gegenseitig viel Unsauberes, das ihnen die Klarsicht benimmt und sie stumpf macht für feines, geistiges Empfinden. Solche Beschränkung entsteht ihnen aus den durch die egoistische, sinnliche Liebe erzeugten Schichten. Mögen die Leute immerhin ihren Neigungen freien Lauf lassen, es steht ihnen frei – aber sie haben Unrecht. Die Eingeweihten gaben Regeln und Vorschriften, nicht um der Liebe den Weg zu versperren, die Menschen krank zu machen, sondern um zu verhüten, daß sie in teuflische Abgründe versinken, wo ihnen alles verloren geht. Läßt sich der Mensch von der Persönlichkeit beherrschen, so verengt sich sein Denken, er wird stumpf und blind und empfängt auch keinen Segen, keine Eingebungen mehr aus der göttlichen Welt. Ichbezogene Liebe ist stets unrein. Demzufolge ist die Liebe, wie gegenwärtig die meisten sie üben, nicht rein. Männer und Frauen tauschen in ihren Beziehungen nur Unrat, Krankhaftes, ihre Unzulänglichkeiten aus. Alle Welt kennt diese gewöhnliche Art zu lieben. Ihnen jedoch die andere, lichtvolle, ideale Liebe nahezubringen bedarf es Tausende von Jahren. Die Leute können sie nicht verstehen, sich keinen klaren Begriff davon machen, und je mehr Erklärungen man darüber gibt, desto verschwommener wird die Frage, denn die Menschen sind nicht unvoreingenommen und ermangeln der seelischen Reife.

Der Einweihungslehre zufolge ist Entsagen kein schmerzliches Verzichten, sondern ein Ersetzen durch Höheres, ein Übertragen und Verlegen auf eine andere Ebene. Es ist ein Weiterführen derselben Tätigkeit, jedoch anhand so strahlend-reinen Materials, daß sich keine Gefahr mehr daraus ergibt. Man enthält sich beispielsweise körperlicher Liebe, um in höherer Sphäre Liebe zu kosten, wo sie lichtvoll ist. Verzicht zu leisten, ohne sich in einem Bereich, der höher gelegen ist, Ersatz zu holen, zu speisen und sich zu laben, bedeutet stets eine Gefahr, denn es kommt dabei zu Gefühlsverdrängung.

Die Worte: Verzicht, Enthaltsamkeit, Opferbereitschaft müssen richtig verstanden werden! Es geht in Wirklichkeit nicht darum, sich Entbehrungen aufzuzwingen, sich alles zu versagen, in allem einzuschränken, sondern lediglich darum,

Leere und Fülle – Vom Sinn des Entsagens

sich auf eine andere Stufe zu erheben, d.h. dasselbe, was man unten tat, oben zu vollziehen: Statt Wasser aus einem mit Bazillen verseuchten Sumpf zu schöpfen, trinkt man kristallklares Quellwasser! Nicht trinken, bedeutet den Tod. Wenn empfohlen wird, nicht zu trinken, so ist damit lediglich gemeint, man solle kein Abwasser trinken. Trinken soll man schon, aber nur himmlische Gewässer.

Ein Eingeweihter versagt sich nichts: Er ißt, trinkt, atmet, liebt, – jedoch in hohen Sphären und in Weiten des Bewußtseins, die der Alltagsmensch nicht kennt. Spricht man von Entsagung, so sind die Leute entsetzt und rufen: »Verzichten würde mich umbringen!« Und es stimmt auch, sie werden tatsächlich sterben, wenn sie nicht einsehen, daß sie verzichten müssen, um Besseres zu empfangen. Man soll schon trinken, schlafen, atmen, lieben, Kinder zeugen, aber auf sinnvollere Weise. Wie man es besser und sinnvoller macht, das lehrt eine umfassende Wissenschaft, von der die Menschen noch keine Kunde haben. Ihr seht, wie klar und einfach es ist: Es soll nichts ausgemerzt und unterdrückt, sondern nur in Licht und Schönheit gehoben, sublimiert werden.

Es gilt daher die niederen Hänge und Neigungen durch Impulse, Bestrebungen, Gepflogenheiten edler Art abzulösen. Die übliche Weise wie Menschen sich allgemein eines Lasters wie Rauchen, Trinken, Sinnenlust zu entledigen versuchen, birgt eine große Gefahr, denn sie verdrängen ihr Verlangen, ohne einen Ersatz dafür zu suchen. Davon werden sie haltlos und versinken ins Uferlose.

Es bedarf eines Ausgleichs! An die Stelle eines niederen Begehrens muß höheres Streben treten, darum hat, wer sich zu lieben untersagt, nichts begriffen: Es geht lediglich darum, den Gegenstand der Liebe mit einem lichtvolleren auszutauschen; andernfalls droht der Tod. Die Natur hat die Dinge sehr weise eingerichtet: Wir essen, trinken, atmen – nichts darf ausgelassen werden! Lediglich sollen die Bedürfnisse verfeinert und in höhere Bereiche übertragen werden.

Überlegt es wohl, wenn Ihr gegen ein starkes Verlangen ankämpfen wollt; denn es ist eine schwerwiegende Entscheidung! Ihr müßt dieses Bedürfnis ersetzen. Um ihm zu genügen, eßt, trinkt, lebt und liebt wie bisher – nur auf höherer Stufe, wo es für Euch ungefährlich ist und Ihr der Versuchung nicht erliegt.

Nehmen wir z.B. einen Mann, der ein heftiges Verlangen nach einer Frau verspürt; wie kann er diesen Trieb überwinden? Nun, dank der Frauen – aber anstatt sich nur auf eine einzige zu beschränken, interessiert er sich für insgesamt alle Frauen, und das ist seine Rettung. Er wird sich nicht Tag und Nacht mit nur einer vergnügen, die ihm zum Verhängnis wird, sondern sagt sich: »Ich will *alle* Frauen lieben!« Und da er seinem Trieb nicht mit allen Frauen auf einmal frönen kann, ist ihm aus der Not geholfen. Er liebt und ehrt die Frau auch weiterhin dank der Liebe, die er allen entgegenbringt und fühlt sich gelöst und beglückt. Auch Frauen können diese Einstellung hegen: Statt nur einen Mann zu lieben, üben sie sich darin, alle Männer zu schätzen, und dies wird sie mit Freude, Wonne und Begeisterung erfüllen. Solange sie nicht zu diesem Bewußtsein erwachen, fühlen sie sich unausgefüllt, werden boshaft und verbittert. Behaltet dies im Gedächtnis: Wer eine Begierde, einen Hang, eine Schwäche, Leidenschaft oder Süchtigkeit nicht in ein höheres Sehnen und Verlangen, in edleres Wünschen verwandelt, wird dauernd in innerem Zwiespalt leben, im Widerspruch mit sich selbst – vergeßt das nie. Selbst wenn Ihr den Menschen, den Ihr liebtet, verloren habt, er Euch verließ oder gestorben ist, Ihr müßt ihn ersetzen – nicht durch einen anderen, den Ihr ebenfalls riskiert zu verlieren – sondern durch eine große Liebe zu einem allerfüllen-

Leere und Fülle – Vom Sinn des Entsagens

den, göttlichen Ideal. Dann werden Ruhe und Zufriedenheit in Euch einkehren und die innere Leere restlos ausfüllen. Die Leute pflegen den Verlust eines Partners auszugleichen, indem sie einen anderen wählen, was ihnen nicht weiterhilft.

Mag ich Euch diesen Sachverhalt noch so eindringlich nahebringen, Ihr werdet ihn erst dann begreifen, wenn Ihr ihn durch Meditation und innere Arbeit in Euch selbst zur Klarheit brachtet. Was mir klar und einfach erscheint, ist es nicht unbedingt für Euch, weil Ihr ein anderes Inbild, eine unterschiedliche Ansicht der Dinge habt. An Euch liegt es, eine innere Arbeit zu leisten, um das von mir Dargelegte in Euch deutlich werden zu lassen. Gelingt Euch dies, so könnt Ihr über sämtliche Schätze verfügen, womit die Natur Euch bedachte. Ihr mögt Euch ihrer mit derselben Genauigkeit bedienen, als wäret Ihr in einem Laboratorium oder einem Kraftwerk: Ihr handhabt die Gewalten und Energien, ohne von ihnen getroffen oder zerschmettert zu werden. Habt Ihr es bis zu dieser höchsten Meisterschaft gebracht, dann gestattet Euch die Natur, mit allen Männern und Frauen der ganzen Welt nach Belieben zu verfahren. Nur stellt Ihr dann etwas Merkwürdiges fest: Es liegt Euch nichts daran, von diesem Recht Gebrauch zu machen! Euer Sinn für das Schöne und Vollkommene, für Licht und Reinheit hat sich derart verfeinert, daß Ihr Bereichen, die an die Hölle grenzen, nicht mehr nahekommen möchtet. Ihr zieht es vor, in den lichten Ebenen des Geistes zu verweilen, wo Euch leicht und freudig zumute ist.

Ich will Euch eine Geschichte erzählen. Eines Tages, als ein König über Land ging, sah er auf den Wiesen eine Kuh. Sie gefiel ihm so ausnehmend gut, daß er sie zu erwerben wünschte. Er sandte einen seiner Diener. Jedoch der Besitzer der Kuh war ein Magier, ein weiser Alter, er wollte seine Kuh nicht verkaufen, sich nicht von ihr trennen; denn sie gab ihm ihre Milch, seine einzige Nahrung. Der Diener kehrte unverrichteter Dinge zum König zurück, und der beschloß, sich die Kuh mit Gewalt anzueignen. Er sandte daher mehrere Diener, die sich ihrer bemächtigen sollten. Der Magier streckte die Hand aus und verzauberte sie, so daß sie gebannt stehenblieben. Darauf schickte er sie zu ihrem Herrn zurück mit den Worten: »Sagt eurem Gebieter, daß es aussichtslos sei. Er ist reich und mächtig und soll mir meine Kuh lassen, das einzige was ich besitze.« Wutentbrannt sandte der König ein ganzes Heer, aber auch dieses wurde vom Magier verzaubert und zurückgeschickt. Da begann der König nachzusinnen und dachte bei sich: »Dieser Magier muß ein sehr großes Wissen haben. Da er derart mächtig ist, will ich zu ihm gehen, um seine Geheimnisse zu erfahren.« Er verkleidete sich und begab sich zu dem Magier: »Erhabener Greis«, sagte er, »deine Weisheit ist im ganzen Königreich berühmt; ich komme, um von dir zu lernen – nimm mich als deinen Schüler auf.« Der Magier erkannte den König, las seine Gedanken, ließ sich aber nichts anmerken, sondern nahm ihn bereitwillig auf, um ihn zu unterrichten. Viele Jahre hindurch übte sich der König in Meditation, Atmung, Beten und Fasten... So lange, bis er eines Tages, da er zufällig an die Kuh dachte, feststellte, daß ihm nichts mehr an ihr gelegen war. Er war selber ein Magier geworden und hatte absolut kein Verlangen mehr, die Kuh zu besitzen!

In derselben Weise soll auch, wer alle Frauen zu besitzen begehrt, alles daran setzen, um anziehend, schön und begehrenswert zu werden; sich geistig schulen, meditieren, beten... Und schließlich verblaßt sein heftiges Verlangen vor dem Wunderbaren, das er entdeckte und den inneren Erfahrungen, die er gewann. Er lebt in einer wundervoll lichten Welt, von der er sich um keinen Preis mehr entfernen möchte. Soweit sollte man es bringen. Es gibt auf Erden solche Menschen, natürlich sind es ihrer nur wenige, die alle Sinnlichkeit in sich

Leere und Fülle – Vom Sinn des Entsagens

überwunden und besiegt haben: die hohen Eingeweihten. Ihnen ist alles gestattet, sie dürfen alles tun, aber sie selbst wollen die Höhen nicht mehr verlassen, die sie erreicht haben.

Ihr werdet nun darüber nachsinnen, meine lieben Brüder und Schwestern, und ersehen, daß es eine himmlische Lebensweisheit gibt, die Euch alles Beste zu schenken vermag. Nur muß man dieses Wissen ersehnen, annehmen und sein Leben danach richten. Die Menschen meinen, sie wissen alles und halten es nicht für notwendig etwas zu lernen. Ich werde Euch nach und nach aufzeigen, inwieweit Euer Wissen etwas taugt, wohin es Euch führt, und Ihr werdet erschreckt feststellen, daß es nur ein Sichbrüsten war, Ihr einen Pfauenstolz zu Tage trugt. Einen Stolz worauf? Auf Eure Unwissenheit! Wie heißt es doch in Bulgarien: »Na gol tumbak srebarni pischtofi«, zu Deutsch: »Silberne Pistolen auf nacktem Bauch!« Jawohl, so ist es: Er lebt im Elend, hat nur seine Pistolen und meint, damit der ganzen Welt trotzen zu können!

Bonfin, 18. August 1975

XXV

Neue Impulse

Ein jeder auf der Welt sollte nunmehr das Licht der neuen Erkenntnis, die sich überall verbreitet, aufnehmen und anwenden. Der Beweis dafür, daß Neues im Anzuge ist: alles gerät ins Wanken! Noch nie war es so wie jetzt. Betrachten wir nur einmal die Jugend von heute, diese Jugend, die nicht mehr in den Fußstapfen der Erwachsenen gehen will. Schon dies allein zeigt an, daß Gott einen neuen Himmel und eine neue Erde schafft, denn Umwälzungen werden stets von Menschen ausgelöst. Die jungen Leute heutzutage suchen das Glück in sexueller Freiheit. Das sollte man nicht mißbilligen und tadeln; es ist im Gegenteil ein Anzeichen dafür, daß neue Ansichten und Auffassungen im Kommen sind. Einstweilen natürlich ist noch alles verworren und unklar. Man darf sich nicht vorstellen, jegliche Neuerung sei hervorragend und müsse akzeptiert werden, nein, sie muß zuvor von einer weisen Vernunft erwogen, überprüft und gebilligt werden.

Einstweilen sieht man, wie gesagt, nur Umstürze und aufrührerische Kräfte hervorbrechen, nichts ist in ordnende Bahnen gelenkt – hier ist noch eine gewaltige Arbeit zu vollbringen. Es verhält sich wie zu der Zeit, da die Erde sich bildete und Vulkanausbrüche die kaum erhärtete Erdkruste wieder aufrissen. Da waren weder für die Pflanzen- noch die Tierwelt Lebensbedingungen geboten, um wieviel weniger für Menschen. Die Naturkräfte mußten sich erst beruhigen und legen. Alsdann kamen hohe Geistwesen herbei, ordneten sie ein, um endlich aus der Erde eine Stätte zu machen, welche Pflanzen, Tieren und Menschen das Dasein ermöglichte. Viele Leute sind innerlich in diesem Urzustand der Erde: Ihre Auflehnung und Zornausbrüche, ihre sexuellen Triebe, die weder gebändigt noch beherrscht sind, brechen wie Vulkane aus und liefern einen Beweis für ihre geistige Entwicklungsstufe. Sie befinden sich noch in jener Zeit, da die Erde den Wesen des Lichts nicht genügend Sicherheit bot, darauf zu wirken. Solange ein Mensch noch rohe Kräfte in sich birgt und ungezügelt walten läßt, ist er ein unsicherer Boden für Engel, Erzengel und Eingeweihte; diese warten ab, bis er sich beruhigt hat, und lassen ihm erst dann ihr Licht, ihre Weisheit zukommen. Ist er vernünftig geworden, gelingt es ihm Selbstbeherrschung zu üben, so gleicht er der Erde in ihrem gegenwärtigen Zustand, und sie nehmen sich seiner an: pflügen, pflanzen, umhegen ihn, und es blühen Kulturen, eine ganze Bevölkerung läßt sich in ihm nieder, Scharen von Engeln und allmächtigen Wesen.

Was sich gegenwärtig in der menschlichen Gesellschaft abspielt, ist ein Hinweis dafür, daß die Kräfte, die jetzt am Wirken sind, noch ungeordnet und nicht gemeistert sind; aber dazu wird es noch kommen. Machtvolle Wesen werden erscheinen, die diese gegeneinander wirkenden Strömungen bändigen und ordnen. Da ja der neue Himmel schon besteht, will das neue Licht auch durchbrechen. Wenn Ihr also von absonderlichen Dingen hört, die sich in der Welt ereignen, so seid ohne Sorge.

Die Jugend beispielsweise, hat sich noch nie so verhalten. Früher war sie immerhin fügsam und gelehrig. Ich möchte nicht behaupten, daß paradiesische Zustände herrschten, aber es war doch anders. Jetzt ist es ihr eine Wonne, nicht zu gehorchen, sich selbst zu bestätigen und in jedem Gebiet ihre Unabhängigkeit zu beweisen. Nun, dies zwingt die Erwachsenen zumindest zum Nachdenken.

Die Jugend fordert heute sexuelle Freiheit und meint, dadurch werde sie sich frei entfalten, zu Glück und Freude gelangen. Die jungen Leute sind, was die Struktur der menschlichen Seele betrifft, völlig unwissend. Und diese Unwissenheit zieht die völlige Zerrüttung ihres inneren Gleichgewichts und ihrer Gesundheit, sowie die Verdunkelung ihrer Intelligenz nach sich.

Ich sage nun nicht, ein jegliches Verlangen müsse zurückgestaut werden, denn davon würde man zermalmt. Die Sexualkraft ist eine Macht, die seit Millionen Jahren besteht und gegen die man vergeblich ankämpft. Ich predige keineswegs das Zurückdrängen dieser Kraft; seht Euch nur die verklemmten Menschen an, wie es um sie bestellt ist, was aus ihnen geworden ist! Man darf seine Triebe weder verdrängen noch sie zügellos ausleben, denn indem man ihnen freien Lauf läßt, treten Leiden anderer Art auf. Die Lehre echter Einweihung empfiehlt, diese Lebenskräfte nicht zu bekämpfen, sondern auf ein hohes Ziel auszurichten. Auch die Eltern übrigens, die gewisse Fehler ihrer Kinder zu bekämpfen suchen, erleiden Fehlschläge; denn in der Erziehung darf nicht gehemmt und widersetzt, sondern nur ausgerichtet, genutzt und in Bahnen geleitet werden. Da aber die Eltern dies nicht wissen, setzen sich die Kinder über ihre Befehle hinweg und hören nicht auf sie.

Ja, die Eltern geben sich erst gar nicht die Mühe, ihren Sohn, ihre Tochter in sexuellen Fragen zu unterrichten, früher vor allem, wo die Unwissenheit der Jugend in solchen

Dingen gang und gäbe war. Seit wenigen Jahren erst wird über Sexualerziehung öffentlich gesprochen. Jedoch bedeutet dies nicht immer einen Fortschritt, denn nunmehr stürzt sich jeder mit Eifer darauf, ein Gebiet zu behandeln, von dem er noch keinen tieferen Einblick gewonnen hat.

Ich verfolgte vor kurzem am Fernsehen eine Sendung, worin Erzieher, Ärzte und Eltern sich darüber berieten, welches wohl die beste Methode sei, Kindern die Geburt zu erklären. Es wurde ein Film vorgeführt, worin eine Mutter ihrem neunjährigen Jungen erzählte, wie die Dinge sich abspielen: Ich war bestürzt zu sehen, wie sie dabei vorging; welch ein Mangel an Einfühlungsvermögen! Sie gebrauchte allerlei medizinische Ausdrücke, sprach vom Befruchtungszeitpunkt, vom Vorgang des Eisprungs usw., und das arme Kind, das von all dem nichts verstand, sah sie nur mit großen Augen an... Das arme Kerlchen tat mir leid... Dann erklärte sie ihm unverblümt die Rolle des Vaters, sprach von Befruchtung, Schwangerschaft und sagte ihm schließlich ohne Umschweife, wo das Baby herauskommt. Der Junge lauschte in seiner ganzen Unbefangenheit, begriff aber offensichtlich rein gar nichts.

So darf nicht vorgegangen werden, und ich hätte es auch auf völlig verschiedene Weise getan: Zunächst spräche ich zu dem Kind von den Pflanzen und Blumen, erzählte ihm, wie eine Blüte durch den Blütenstaub befruchtet wird und wie sich danach die Frucht bildet... Anschließend erwähnte ich die Insekten und Tiere und zeigte ihm, wie sich dies so in der Natur, auf Feld und Wiese zuträgt. Das Kind verstünde dann ganz von selbst den Rest, und das Ganze wäre weit poetischer, als ihm kurzerhand mitzuteilen, wie das männliche Organ steif wird, um in das der Frau einzudringen. Diese Mutter tat ihr bestes, ihr Kind aufzuklären, jedoch hat sie völlig versagt. Und auf wie vielen anderen Gebieten noch sind die Menschen ungeschickt und erzielen keine guten Ergebnisse!

Neue Impulse

Gegenwärtig läßt sich feststellen, daß in der ganzen Welt, von den Vereinigten Staaten über den hohen Norden, bis hin nach Indien und den arabischen Ländern, die Verbreitung der Pille einen gewaltigen Fortschritt gemacht hat. Zunächst geschah es natürlich aus Gründen der drohenden Überbevölkerung, aber bald fügten sich andere, keineswegs demographische Beweggründe hinzu, vorab der Wunsch aller Frauen und Männer, ungehindert ihre sexuellen Verlangen zu stillen. Sagt mir nur, hat es denn ein 15-jähriges Mädchen bereits nötig, die Pille zu nehmen? Gleichwohl läßt man schon Mädchen dieses Alters sich der Pille bedienen, und ich weiß, in manchen Schulen sind es sogar die Lehrer selbst, welche sie unter ihren Schülerinnen verteilen; jawohl die Lehrer...

Ich bin kein Anhänger des Asketentums, aber ich bin auch nicht für die Ausschweifung. Indem man zuläßt, daß sich die Jugend verfrüht auf einem Gebiet versucht, das sie so gut wie gar nicht kennt, öffnet man ihr die Pforte zu aller körperlichen und seelischen Entartung. Sie probiert Dinge aus, ohne zu wissen, was sich auf die Dauer daraus für sie ergibt und wird davon haltlos und krank. Im Grunde genommen haben weder die, die den Gebrauch der Pille befürworten, noch jene, welche sich ihr entgegenstellen, einen klaren Begriff. Die sich für die Pille aussprechen, tun es, weil sie wissen, wie schwach die Menschen sind und gaben dieser Schwachheit nach. Und die anderen, die Scheinheiligen, widersetzen sich ihr, weil sie die alten Sitten und Bräuche verteidigen, die sie selber gar nicht beachten.

Jede Empfindung, jede Erregung, jeder Vulkanausbruch verbrennt kostbarste Kräfte. Die Menschen tun gerade, als ob ihre Energie unerschöpflich sei. Oh nein, alles ist aufs feinste berechnet: Bei der Geburt wird jedem Geschöpf ein bestimmter Vorrat an Energie zugeteilt. Ist es nun unvernünftig und mißbraucht diesen, so wird es nichts mehr nachbekommen.

Der Beweis: Zuweilen fehlte einem Menschen nur ein Fünkchen Leben um seine Arbeit zu vollenden, aber es wird ihm nicht zuteil! Die Menschen schöpfen aus ihrer Lebensenergie wie aus einem unermeßlichen Weltmeer, sie glauben, daß sie sich jede Narrheit erlauben dürfen. So ist es aber nicht, alles ist genauestens berechnet. Unter dem Vorwand, daß es ja nun die Pille gebe, legen sich die Leute weder Maß noch Zügel an, ahnen nicht, daß sie dabei sind, ihren ganzen Energievorrat zu verbrennen, alle die wertvollen Stoffe ihres Gehirns aufzubrauchen, und daß sie davon nach einiger Zeit ausgelaugt und schlaff werden. Nun da die Pille erfunden ist, hält man es nicht mehr für nötig zu überlegen, an sich zu halten, sich zu beherrschen. Keine Spur, stellen wir uns blind – lassen wir uns gehen!...

Nur deshalb sind die Menschen stets bereit, ihre Lebenskraft zu vergeuden, weil alle Welt gewöhnt ist, ausschließlich die Persönlichkeit zu nähren. Man verfolgt noch keine erhabenen Ziele zum Wohle der Menschheit, zur Ehre Gottes; ein jeder ist lediglich auf seine eigenen Interessen bedacht, sucht Lust und Freude dort, wo sie am leichtesten zu erlangen sind. Das ist schon recht und gut; allein, man verhält sich wie ein Tier. Wünscht ein Mensch Höheres zu erreichen, so ist er verpflichtet, nicht allein seine Persönlichkeit zu nähren, sondern auch das Göttliche in sich, seine Individualität, und Dinge anzustreben, die nicht nur zur Befriedigung seiner eigenen Wünsche und Verlangen dienen. Die Sinnenlust nämlich zwingt den Menschen in einen Teufelskreis, in welchem er zusammenschrumpft, sich nicht mehr wiederfindet, bis er schließlich seiner eigenen Existenz nicht mehr bewußt ist. Wer ein Licht, eine Kraft werden möchte, zu welcher die Umwelt aufblickt, muß anders vorgehen.

Indem ich den hier anwesenden jungen Leuten diese Enthüllungen mache, von ihrer Zukunft und den Schwierigkeiten spreche, die ihnen entstehen, wenn sie auf die bisherige Weise weiterleben, so entschließen sich viele, ihr Leben zu ändern – Ihr stellt Euch nicht vor, wie sehr mich das beglückt. Welch eine Freude ist es, zu sehen, daß diese Jugend auf der Suche nach Gutem und Edlem war, nur nicht ahnte, wo es zu finden ist! Der Fehler liegt nicht so sehr bei ihr; sie wurde keines Besseren belehrt. Jedoch sie sehnte sich nach Höherem, Schönerem, Edlerem. Darum wirke ich auch so gerne mit diesen jungen Menschen zusammen.

Zum Abschluß möchte ich ihnen noch sagen: Ihr habt alle jemanden, den ihr liebt. Nun, so versucht, ihn nicht völlig aufzuschlingen; es könnte nämlich sein, daß ihr seiner überdrüssig werdet, nur noch Nachteiliges seht, enttäuscht seid, alle Freude und Begeisterung verliert. Warum wollt Ihr Euch in die Abgründe, in die Hölle begeben, um alles auszukosten und zu erfahren? Seid's zufrieden, das Schöne zu erleben, und diese Schönheit wird nie enden. Jedoch die Menschen, schwach wie sie sind, wollen alles im Nu kennenlernen und verschlingen; deswegen finden sie nach kurzer Zeit schon keinen Gefallen mehr aneinander, gehen sich aus dem Wege, denn sie haben zuviel gesehen, genossen, gekostet – sind übersättigt. Und aus ist es – die große Liebe ist vorbei. Obwohl diese Liebe ihnen allen Segen, ja den Himmel auf Erden schenkte, opferten sie sie für ein paar Augenblicke der Lust. Warum versuchen sie es nicht, etwas mehr an sich zu halten, sich zu beherrschen, um länger in diesem Hochgefühl, dieser Begeisterung, von diesem Elixier der Unsterblichkeit zu leben, das sie im Begriffe sind zu kosten? Aber nein, sie wollen damit zu Ende kommen und... enden dabei sehr schlecht! Wenn sie auch heiraten, Kinder bekommen, leben sie doch nur aus Gewohnheit miteinander weiter, um die Form zu wahren, vor Freunden und Eltern das Gesicht zu bewahren; innerlich sind sie sich längst entfremdet, haben sich auseinandergelebt.

Es sind feinste Gefühlsregungen, welche die Liebe aufrechterhalten, das Leben verschönern und verlängern und uns Kraft verleihen.

Sèvres, 1. Januar 1967

XXVI

Zum Thema Ehe

Die Menschen wurden von der Natur so geschaffen, daß sie der Zuneigung und Zärtlichkeit bedürfen, sich nach liebevollem Geben und Empfangen sehnen. Dies ist ein allgemeines Bedürfnis, niemand wird es bestreiten oder daran zweifeln.

Seht zum Beispiel ein junges Mädchen: Es braucht Zuneigung, und was tut es? Ohne weiter nachzudenken und den Charakter des Jungen tiefer zu ergründen, wählt es ihn. Nur um ihr Liebesbedürfnis zu stillen, ist sie dann gezwungen, von dem jungen Mann auch sonst alles zu akzeptieren: seinen Charakter, sein Denken und Fühlen, das womöglich roh und rücksichtslos ist und ihr nicht zusagt. Freilich, er wird ihr schon etwas geben, aber sie muß deswegen auch alles andere hinnehmen. Und so ergeht es vielen Jungen und Mädchen: Für ein paar Augenblicke der Lust, ein bißchen Glück und Freude, nehmen sie allerlei Unannehmlichkeiten in Kauf, und ihr Leben lang klagen sie dann, sind unglücklich, wissen nicht mehr aus noch ein, und häufig übertreten sie, beim Versuch ihrer unerträglichen Lage zu entkommen, zudem noch viele Gesetze.

Da seht Ihr, meine lieben Brüder und Schwestern, wie traurig die Wirklichkeit aussieht! Um eine kurze Befriedigung ihrer Sinne zu erleben, verstricken sie sich in ausweglose Situationen. Sie verspüren ein Bedürfnis, und dieses Dranges wegen opfern sie alles auf, was ihnen lieb und wert ist. Man hat Verlangen nach ein paar Happen und muß dafür alle Unreinheit und Verblendung desjenigen annehmen, von dem man diese Brosamen erwartet. Man sollte wenigstens einen Partner suchen, der rein, lichtvoll und edel ist! Findet Ihr ihn nicht gleich, so geduldet Euch ein wenig, heiratet nicht, sonst werdet Ihr es zu büßen haben. Es gibt leider nicht viele, die daran denken, ihre Reinheit zu wahren, um hohe Leistungen zu vollbringen. Um einiger Lustmomente willen, nehmen sie allen Schmutz in sich auf; vor ein paar Lustgefühlen verliert alles seinen Wert.

Bevor sich die Jugend auf irgendwelche Liebesabenteuer einläßt, muß sie die Richtlinien esoterischen Wissens kennen und sich nicht an den Hals des erstbesten werfen. Es ist besser abzuwarten, sich zu gedulden, bis man den Menschen findet, mit dem man innerlich völlig übereinstimmt, der einen in jeder Beziehung ergänzt, sogar in der seelischen Ausstrahlung. Dann mögt Ihr zusammen Gemeinsames erleben, heiraten und Kinder haben. Begegnet Ihr diesem Euch ergänzenden Menschen nicht, ist es nicht der Mühe wert, sich leichtsinnig mit irgendwem ins Unbekannte zu wagen, denn es kommt Euch teuer zu stehen. Wartet ab, sucht weiter nach ihm, und wenn Ihr ihn dann erblickt und Euer ganzes Wesen in Einklang mit dem Himmel in Liebe erglüht, einer Liebe, welche Dichter allein zu beschreiben vermögen, dann ja, schließt Euren Bund. Hingegen zehn, zwanzig, hundert Erfahrungen machen, sich dabei zu zersplittern, zu beschmutzen, abzusinken und zu verkommen, das ist wirklich zu schade. Ja, es lohnt sich, jedweden Versuch grundsätzlich

Zum Thema Ehe

abzulehnen. Will man die große Liebe erleben, soll es auch wahre, tiefe Liebe sein oder gar nichts!

Ich rate daher der Jugend: Beeilt Euch nicht damit, überstürzt nichts, und vergeudet Euer Leben nicht mit dem erstbesten. Beobachtet, lernt zunächst, versucht in dieser Beziehung klar zu sehen, und sucht erst dann einen Partner, dem Ihr Eure Liebe schenkt. Seid vor allen Dingen darauf bedacht, daß er auch tatsächlich bereit ist, gemeinsam mit Euch zu wirken und denselben Weg zu gehen, sonst verbringt Ihr Euer ganzes Leben damit, Euch gegenseitig zu zerstören. Überprüft genau, ob Ihr beide auf allen drei Ebenen: sowohl körperlich als auch im Fühlen und Denken harmoniert oder ob Ihr lediglich einer physischen Anziehung nachgebt. Seid Ihr in wichtigen Angelegenheiten gegensätzlicher Meinung, so denkt nicht: »O, das ist unbedeutend, auf die Dauer werden wir einander schon verstehen, es wird sich schon alles von selbst ergeben.« Genau das Gegenteil wird eintreffen! Nach einiger Zeit, wenn gewisse Vergnügen ihre Anziehungskraft veloren haben und auch das Gefühl abgestumpft ist, werdet Ihr gewahr, daß Euer Denken und Streben sowie Eure Geschmacksrichtung nicht übereinstimmen, und es beginnen Auseinandersetzung und Streit, und man steht schließlich vor der Trennung. Das Einverständnis zweier Menschen hinsichtlich ihrer Ansichten und Neigungen ist außerordentlich wichtig. Körperliche Anziehung allein, selbst wenn ein bißchen Liebe mit dabei ist, genügt nicht; man ist schnell gesättigt, ihrer sehr bald überdrüssig. Mangelt es noch dazu an Verstand, hat man sich nicht geistig Anregendes zu sagen, nie was Neues zu erzählen, stellt sich bald Langeweile zwischen zwei Liebenden ein.

Es gibt Leute, die sich zwar physisch nicht mögen, jedoch einander sehr zugetan sind, weil sie sich tausend Dinge zu sagen, zu erklären, zu erzählen haben – wie wunderbar! Das

Ideale ist, wenn Einverständnis auf allen drei Ebenen herrscht: man fühlt sich physisch zueinander hingezogen und stimmt ebenfalls im Wünschen und Wollen überein. Denn liebt einer den Lärm und der andere die Stille, liest der eine gerne, während der andere gern tanzen geht, will einer immer ausgehen, der andere jedoch zu Hause bleiben, werden sich unweigerlich Streit und Zwietracht daraus ergeben. Mit einem Wort: Es ist wesentlich, daß völlige Übereinstimmung der Gesinnung, des angestrebten Zieles und Ideals herrscht. Besteht dieser Einklang auf den drei Ebenen, so gibt es nichts Schöneres, Herrlicheres als die Vereinigung zweier Menschen; denn ihre Gemeinsamkeit ist eine Quelle unerschöpflicher Freude, Beglückung und Seligkeit.

Leider aber fehlen den jungen Menschen diese Richtlinien; sie nehmen es zu leicht, haben es eilig und verlassen sich auf den Zufall, ihren Liebespartner zu finden. Denkt Euch einen Sack voller Schlangen, Kröten, Tauben, Krokodile, Mäuse... Ihr sagt Euch: »Ich stecke meine Hand hinein, ich hole mir bestimmt eine Taube heraus!« Da Ihr aber zuvor nicht in den Sack geschaut habt, wird Eure Hand im Nu von einer Schlange gebissen. Man muß schon ganz schön naiv sein, zu glauben, man erwische blindlings, rein zufällig eine Taube, ein Turteltäubchen oder ein Eichhörnchen! Die Leute stellen sich vor, die Vorsehung nehme sich vorzugsweise der Blinden an, ihnen zu helfen, sie zu retten. Ganz und gar nicht! Sieht sie einen Blinden auch nur von weitem, macht sie schleunigst kehrt und überläßt es dem Schicksal sich seiner anzunehmen, und das Schicksal, müßt Ihr wissen, hat es darauf abgesehen, ihn recht in die Enge zu treiben. Erblickt die Vorsehung hingegen zwei Menschen, die mit offenen Augen ins Leben sehen, so sagt sie: »Ah, das gefällt mir, ihnen werde ich helfen.« Das Unglaublichste ist, daß manche dieser Blinden, nachdem sie von einer Schlange gebissen wurden, erneut nach eben dieser Schlange suchen, um sich ein

Zum Thema Ehe 253

zweites Mal beißen zu lassen! Ich sah Frauen, die unglaublich zäh in dieser Hinsicht waren und sagten: »Ich werde es mit dem gleichen Mann nochmals versuchen, vielleicht bessert er sich.« Aber wer hat jemals eine Giftschlange oder ein Krokodil sich bessern sehen?

Die körperliche Anziehung ist wohl wichtig, aber nicht die Hauptsache. Wie häufig sah man Menschen sich förmlich vor Liebe verschlingen und bald danach sich hassen! Obgleich sie sich äußerlich nicht verändert hatten... Ein junger Mann z.B. heiratet ein sehr hübsches, junges Mädchen. Sie ist in jeder Beziehung entzückend, und er verliert völlig den Verstand. Doch wenig später bemerkt er, daß sie leichtfertig, untreu, launenhaft und dumm ist; seine Liebe schwindet mehr und mehr, selbst ihre Schönheit bedeutet ihm nichts mehr, er ist von ihrer Wesensart abgestoßen. Aber auch das Gegenteil ist der Fall: Ein junger Mann beginnt mit einem Mädchen, das nicht hübsch ist, eine Freundschaft; nach einiger Zeit ist er aufs höchste erstaunt über ihre Weisheit, ihre Güte und Geduld sowie ihre Aufopferung, und sie gewinnt ihn immer mehr. Alle anderen verblassen vor diesem Mädchen, das ihn zunächst gar nicht anzog, dessen inneres Wesen jedoch eine reine Wonne ist: Sie ist treu, ausgeglichen, ehrlich, immer bereit zu trösten, zu pflegen, zu raten. Ihr Äusseres spielt keine Rolle mehr für ihn, er betet sie förmlich an, und stellt er sie jemandem vor, während man ihn bedauert oder kritisiert, ein solches Mädchen gewählt zu haben, denkt er im Stillen: »Ach, die Armen, sie haben keine Ahnung, welch ein Kleinod meine Frau ist!« Wie viele Männer führen eine Frau wie eine Auszeichnung spazieren. Jeder beglückwünscht einen solchen Mann, ohne zu ahnen, welch ein teuflisches Weibsbild er da geheiratet hat, das ihn quält, ihm Tag und Nacht die Ruhe raubt. Nur, sie ist eben wie ein schöner Orden, den er stolz herumzeigt, um zu fühlen, daß jedermann ihn darum beneidet. Er leidet, aber was tut's? Er führt sie aus, in die Oper, in Abendgesellschaften, um mit ihr gesehen zu werden. Er wollte nur ein Schmuckstück, aber wie teuer muß er dafür bezahlen!

Ich rate daher allen jungen Männern und jungen Mädchen, die heiraten wollen, ja keinen übereilten Entschluß zu fassen, sondern sich zunächst mit den Gesetzen der Liebe vertraut zu machen. Wenn sie dann wissen, wie sie richtig lieben sollen, wie sie sich auf die Erziehung ihrer Kinder vorzubereiten haben, dann mögen sie sich zur Heirat entschließen. Handeln sie übereilt, dann werden sie, nachdem Kinder da sind, Schwierigkeiten und Krankheiten sich einstellen, wehklagen und außer sich sein, Ärzte herbeirufen, Bücher lesen, um zu erfahren, was zu tun sei, während sie vorher nur ans Vergnügen dachten und sagten: »Wir haben ja Zeit, hinterher wird man schon sehen wie's weitergeht.« Nein, sie hätten sich vorher erkundigen sollen!

Es ist schon vorgekommen, daß einer unserer Brüder ein junges Mädchen heiratete, das nicht zur Bruderschaft gehörte. Aber dieses Mädchen will ihm nicht auf diesem Wege folgen, nichts von Geistigkeit hören, nicht an sich arbeiten, noch sich weiterbilden. Dies bringt ihn in eine verwickelte Lage. Ja, zuweilen tritt er sogar aus unserer Lehre aus, um einer solchen Schneegans zu folgen! Das beweist, wie dumm er war, und er wird darunter zu leiden haben. Das gleiche widerfährt auch einer Schwester, die einen Mann heiratet, der ihr Geistesleben nicht annehmen will; sie wird all das opfern müssen, was ihrem Herzen, ihrer Seele am heiligsten war, nur um einem Dummkopf einen Gefallen zu tun und wird deshalb unglücklich. Nicht auf diese Weise sind Probleme zu lösen, man darf nichts überstürzen. Ihr sagt nun: »Aber wie schnell ist man alt!« Es ist weit besser, schon alt zu sein, wenn man heiratet, dafür aber den Richtigen! Wozu sich beeilen? Um noch schneller zu altern infolge durchgestandenen

Leids? Ich sah Frauen einige Jahre nach ihrer Eheschließung wieder: Sie waren von Sorgen und Entbehrungen derart gekennzeichnet und gealtert, daß ich sie zunächst nicht wiedererkannte. Findet Ihr aber Euren Märchenprinzen, werdet Ihr sogar in fortgeschrittenem Alter mit einem Male wieder jung... Selbst mit 90 Jahren, das hat nichts zu sagen, verjüngt Ihr so sehr, daß ihr wie ein Mädchen von 20 Jahren werdet.

Tatsache ist, ob man nun abwartet oder nicht, zu unterscheiden weiß oder nicht: solange man geistig wenig entwickelt ist, was immer man auch tut, es wird mißlingen. Heiraten erfordert eine gewisse Reife. Wer wird Euch schon nehmen, wenn Euch noch so vieles fehlt? Ihr sagt: »Ich möchte eben eine Prinzessin, eine Himmelskönigin zur Frau...« Aber wird sie dich denn wollen? Solange einer charakterschwach, geistig arm, unfähig ist, findet er auch nur eine ihm entsprechende Frau. Oder aber ein Mädchen, das zwar hübsch ist, aber nichts Vernünftiges zu sagen weiß, nichts gelesen hat, nichts kennt. Sie ist außerstande ihren Mann zu verstehen, sich mit ihm zu unterhalten, ihm Mut zuzusprechen oder ihn zu trösten; sie verläßt sich lediglich auf die Anziehungskraft ihres Körpers. Nun, dieser Mann wird ihrer bald überdrüssig und sie vergessen; denn seine Seele, seinen Geist vermag sie nicht zu speisen! Auch wenn er der beste unter allen Männern ist, wird sie gerade deshalb die Unglücklichste sein, weil sie innerlich leer ist und ihm nichts zu bieten hat. Vielleicht besitzt er künstlerischen Geschmack, hat geistige Interessen; doch da ihr dies völlig abgeht, leidet sie, fühlt, wie weit er ihr überlegen ist. Habt Ihr nichts getan, einer solchen Situation gewachsen zu sein, ist es ratsamer, sich keinen Prinzen, keine Prinzessin zu wünschen!

Als erstes gilt es, Euch vorzubereiten, damit Ihr, was immer auch geschieht, der Lage gerecht seid, ansonsten, das kann ich Euch versichern, geht es auch mit den besten und hervorragendsten Menschen nicht gut: Sie werden Euch verlassen, intelligenterer, seelisch gereifterer Geschöpfe wegen, und es bleiben Euch nichts als Tränen. So bereitet Euch denn vor, erwerbt Euch zahlreiche Schätze, Kleinodien, d.h. edle Eigenschaften und hohe Fähigkeiten, damit Euch niemand gleichkommt! Dann wahrlich wird der Mensch, den Ihr liebt, Euch nicht verlassen. Wozu würde er sich auch jemand anderen suchen? Von dieser Seite wird die Frage nie betrachtet. – Ein Mädchen möchte einen jungen Mann, nun gut, aber wie wird sie ihn halten können? Besitzt sie nicht die nötigen Eigenschaften, wird sie ihn nicht lange behalten. Man muß sich vorbereiten... jahrelang! Ihr sagt: »Aber dann bin ich alt und häßlich...« Das tut nichts; äußerlich seid Ihr dann vielleicht alt und häßlich, jedoch inwendig derart jung und schön, daß Euer Prinz Euch nimmer verläßt. Es gilt, ständig an sich zu arbeiten und nicht an die Zeit, ans Altern zu denken!

Die Frage der Liebe interessiert einen jeden und wird für alle Zeiten aktuell bleiben. Die Menschheit wird sich sogar immer mehr mit ihr befassen, immer tiefer in ihr leben, nur nach ihr suchen und nur noch Liebe wiederstrahlen. Liebe wird zum Mittelpunkt des Daseins werden, auf sie wird sich alles ausrichten. Wissenschaft, Kunst und Religion werden ein gemeinsames Ziel anstreben: Liebe zu verbreiten, mit Liebe alles zu verklären. Das wahre Glück liegt in dem Willen, überallhin Liebe zu verschenken. Aber in der Weise, wie die Menschen heute sind und welche Erziehung sie genossen haben, ist es eher gefährlich, ihnen Liebe zu beweisen, es sei denn, man besitze dazu noch große Weisheit. Wie viele dieser armen Mädchen gibt es, die einzig und allein von ihrer Großherzigkeit geführt, nur daran dachten, einen Mann glücklich zu machen, jedoch von ihm aufgezehrt und wie eine ausgepreßte Zitrone weggeworfen wurden! Ihr müßt daher, bevor Ihr Eure Liebe bekundet, erst lieben lernen, um nicht verschlungen zu werden; sodann könnt Ihr sagen: »Die Torte ist ganz, die Gäste gesättigt.« Was heißen will, Ihr tränkt die ganze Welt mit Eurer Liebe, ohne Euch entmagnetisiert, verdüstert und geschwächt zu fühlen... Ihr werdet im Gegenteil dabei immer leuchtender, intelligenter und gefestigter. Ihr »nährt Eure Gäste« und bleibt selber unversehrt. Ohne Weisheit jedoch ist alles dem Ende geweiht, man wird ausgepreßt und weggeworfen. Möge die Jugend dies beherzigen!

Einem jungen Mädchen sagte ich einmal: »Liebe den Jungen, der dir gefällt, nur darf er nichts davon wissen!« – »Und warum nicht?« – »Weil es deine Liebe ist, die dich glücklich macht, dich antreibt, deinem Leben einen Sinn verleiht; wüßte der Junge, der weit davon entfernt ist vollkommen zu sein, um deine Liebe, so käme er und würde, ohne es zu wollen, alles verderben... Du kannst es ihm schon sagen, aber erst, nachdem du innerlich stark geworden bist, dich darauf vorbereitet hast und er ebenfalls; dann läufst du keine Gefahr mehr. Bis dahin liebe ihn getrost weiter, nur verbirg deine Liebe vor ihm. Hätte er geistig ein höheres Niveau erreicht, bestünde keine Gefahr, aber auf seiner Entwicklungsstufe wird er nur von der Situation profitieren wollen; er würde sich sagen:»Ah, welch günstige Gelegenheit, nehmen wir sie wahr!« Und von deiner Jugend, deiner Frische bleibt bald keine Spur mehr übrig, du rufst enttäuscht:»Er hat mich überhaupt nicht verstanden, wie hasse ich ihn!« Mit der Liebe ist es zu Ende, aber auch du wirst am Ende sein. Deine Liebe gibt dir Flügel; sie darf nicht einem Jungen geopfert werden, der dich nicht versteht. Da die Liebe den Menschen beschwingt, liebe weiter, nur verbirg es gut! Ob der junge Mann es verdient oder nicht, ist unwichtig. Wesentlich ist nur, daß diese Liebe dich anspornt, dir Lebensfreude verleiht und den Wunsch in dir weckt, alle Hindernisse zu überwinden. Gib sie also nicht preis!

Vergiß nicht, daß allein dein Lieben zählt, nicht der Mensch, den du liebst: Denn deine Liebe ist es, die dich nährt.«

Sèvres, 13. April 1968

XXVII

Selbstbeherrschung, wozu?

Lesung der Tageslosung:

»Alles, was uns stört, betrachten wir als feindlich. Nun, sehen wir uns dieses Feindliche einmal näher an. – Dem Urmenschen galt das Feuer als Feind, sowie auch der Blitz, das Wasser, der Sturm und die Erde mitsamt den Tieren: Er kämpfte und rang dagegen und ließ sein Leben dabei. Doch mit der Zeit begann er diese Kräfte zu zähmen und entdeckte, von welch großem Nutzen sie eigentlich für ihn sind.

Was dem Menschen hinsichtlich der Naturgewalten klar wurde, hat auch noch auf anderen Gebieten, beispielsweise auf psychologischer Ebene, Gültigkeit. Anstatt Unbedeutendem wie Sinnlichkeit, Zorn, Eitelkeit, Eifersucht aus dem Wege zu gehen, solltet Ihr ihnen entgegentreten und erforschen, was sie enthalten. Dank diesem Mut, dieser Kühnheit, werdet Ihr gewahr, daß das Böse, das Ihr für feindlich hieltet, in Wirklichkeit ein Freund ist, der Euch beschenken will. Die Zeit kommt, in der sich die Menschheit dem Bösen gegenüber anders verhalten wird und, durch weise Lehrmethoden einsichtig geworden, von ihren inneren Begrenzungen freimacht.«

Ich sprach schon häufig über das Thema: Auf welche Weise es dem Menschen gelungen ist, seine Einstellung den Naturgewalten, wie Wasser, Luft, Elektrizität gegenüber zu ändern und für außerordentliche Errungenschaften zu nutzen. Von außen gesehen kann sich der Mensch, darüber besteht kein Zweifel, großer Siege über die Elemente rühmen. Und da nur die sichtbare Welt für ihn Bedeutung hat, fand er Mittel und Wege, in dieser Hinsicht riesige Fortschritte zu machen; das ist erfreulich. Jedoch lauern die gleichen Gefahren und Bedrohungen dem Menschen auch in seinem Innenleben auf, welches er völlig vernachlässigt.

Gelegentlich unterhielt ich mich mit jungen Mädchen und jungen Männern, die Fragen über die Liebe an mich richteten. Sie sahen nicht ein, daß die körperlichen Beziehungen, die sie miteinander hatten, sich nachteilig auswirken könnten. Sie betrachteten diese im Gegenteil als Glück und Freude, wodurch sie sich bereichert und wohler fühlten. Leider ist dem aber nicht so, und ich versuchte ihnen zu erklären: Jede körperliche Betätigung ist bereits eine Verbrennung – ja selbst beim Denken, beim Sprechen verbraucht man Feinstoffe – wieviel mehr bei Gemütswallungen! Wenn Ihr plötzlich eine große Freude oder einen tiefen Schmerz empfindet, werden wertvolle Stoffe verbrannt, die Abfälle und Asche hinterlassen, und durch den Schlaf ermöglicht Ihr Eurem Körper, seine Kräfte wiederzuerlangen. Jedwede Gefühlsäußerung, jede Empfindung stellen einen Aufwand an Kraft und Energie dar. Wie können die Menschen da glauben, daß sie beim Ausleben ihrer Sinnlichkeit nichts verlieren, nichts vergeuden? Da gerade ist die Verschwendung am größten und das Wiedererlangen der Kräfte am schwierigsten. Es gehen dabei ungleich feinere Stoffe kostbarster Qualität verloren, so daß der Mensch auf die Dauer seine Intelligenz, seine Schönheit und sein Feinempfinden einbüßt.

Selbstbeherrschung, wozu?

Das will nun nicht heißen, man solle jegliche Regung unterdrücken, ohne Liebe und Zärtlichkeit leben. Nein, die Frage ist, wie lebt man ein vernünftiges, sinnerfülltes, schön gestaltetes Leben? Wenn man sieht, wie die Leute in sinnlichem Vergnügen schwelgen, ohne auch nur zu versuchen, einen Gedanken an Höheres, Geistiges hinzuzufügen, wie sollte man da nicht Anstoß nehmen, ja empört sein, ist dies doch in jeder Hinsicht eine Verschwendung und ein riesiger Verlust! Aber sie denken nie daran, daß ihnen etwas verloren geht. Im übrigen sagen sie es ja : »Diese Organe nützen sich nicht ab.« Gewiß, die Organe nützen sich nicht ab, dafür wird aber im Hirn etwas verbraucht! Das muß man wissen. Solange die Liebe Euch anspornt, zu hohem Schaffen anregt, ist sie gut, andernfalls sinnlos. Die meisten halten es mit der physischen Liebe wie mit dem Essen : Sie glauben sich verpflichtet, ein paar Mahlzeiten einzuhalten, nur aus Gewohnheit, auch wenn sie nichts dabei verspüren.

Ich will Euch nun sagen, was ich kürzlich einem jungen Mädchen erwiderte, das wissen wollte, was auf sexuellem Gebiet gut und was schlecht sei : Ob es vorzuziehen sei, ein Leben in Keuschheit zu verbringen oder aber sexuelle Beziehungen zu haben... Ich sagte zu ihr : »Tatsache ist : Sie stellen – wie übrigens alle Leute – diese Frage verkehrt. Jeder äußert sich über das Problem, sagt, es sei gut oder zu verwerfen... So allerdings darf man die Dinge nicht beurteilen! Die sich entschlossen haben, in Keuschheit und Enthaltsamkeit zu leben, sind sie auf dem rechten Wege? Es kommt darauf an, welches ihr Lebensziel ist, denn es kann zu sehr schlechten, aber auch zu ausgezeichneten Ergebnissen führen. Enthaltsamkeit macht die einen hysterisch, neurotisch und krank, während andere dadurch stark, ausgeglichen und gesund an Leib und Seele werden.

Haben jene vielleicht recht, die ihren Trieben freien Lauf lassen? Sicherlich haben sie ihre Gründe dazu. Kann sich

Gutes daraus ergeben? Gewiß, es kann Gutes bewirken, aber auch sehr viel Schaden anrichten. Man muß sich hüten, die Dinge so einfach einzuordnen, indem man sagt: Das ist gut... das ist schlecht. Das Wesentliche bei Gut und Böse ist, wie man diese Kräfte einsetzt, worauf man sie ausrichtet. An sich ist nichts gut noch böse, sondern wird erst gut oder schlecht. Die Frage ist zunächst: Welches Ideal streben Sie an? Was gedenken Sie zu werden? Wollen Sie eine reine Seele, ein hoher Geist, ein außergewöhnliches Wesen werden, auf geistiger Ebene Wunderbares entdecken, mit den himmlischen Sphären in Einklang leben, dann natürlich müssen Sie eine große Anzahl physischer Freuden einschränken oder ganz darauf verzichten, um die Sexualkraft vergeistigen zu können. Fehlt Ihnen jedoch dieses hohe Ideal, nun, dann wäre es unsinnig, sich zu beherrschen, sich keusch und rein zu erhalten, ja, Sie würden sich dadurch nur krank machen, denn alle Ihre Anstrengung wäre umsonst.«

Das junge Mädchen war über meine Antwort höchst erstaunt. Nie wird das Problem in dieser Weise ausgelegt: Entweder ist alles gut oder alles böse. Ist es denn aber vernünftig, auf diesem Gebiet jedem die gleichen Ratschläge zu erteilen, dieselben Richtlinien zu weisen? Verlangt von einem Sittenstrolch, keusch und rein zu werden... Er wird Euch erstaunt anschauen und sagen: »Der ist ja völlig übergeschnappt! Was ist denn das für ein Apostel? Wo kommt denn der her?« Darum gebe ich auch nicht allen Menschen den gleichen Rat.

Kommt beispielsweise jemand zu mir und sagt: »Meister, ich denke, für mich ist es besser nicht zu heiraten und Kinder zu haben, ich fühle mich eher zu einem geistigen Leben berufen.« Wenn ich ihn mir anschaue, seine Gestalt, seinen Körperbau, so entgegne ich ihm: »Nur das nicht! Für Sie ist es besser zu heiraten, andernfalls wären die Folgen nicht auszudenken. Sie wären unglücklich, und ein jeder hätte darunter

Selbstbeherrschung, wozu?

zu leiden.« Hingegen zu einem anderen, der heiraten möchte, mag es vorkommen, daß ich sage: »Heiraten Sie, wenn Sie wollen; allein, Sie müssen wissen, Sie sind für die Ehe nicht geschaffen und würden sich dadurch nur unglücklich machen.«

Viele junge Männer und junge Mädchen kennen sich selbst nicht richtig und wissen deshalb auch nicht, was sie zu tun haben. Jeder Mensch hat eine Bestimmung, eine Aufgabe zu erfüllen. Er darf über seine Triebe und Impulse nicht frei entscheiden. Wie ich bereits erwähnte: Erteilt einer Katze die weisesten Ratschläge, wie sie vegetarisch leben, keine Mäuse mehr fressen soll... Sie wird einverstanden sein, »Miau« machen – alles ist in Ordnung. Aber noch während Ihr am Predigen seid, läßt sich von irgendwoher ein leises Schaben vernehmen: Die Katze saust ohne die leisesten Gewissensbisse davon und fängt die Maus; das Mäuschen war ihr wichtiger als alle Eure Reden! Wie soll man Menschen, die in diesem Sinne Katzen sind, erklären, sie dürften keine Mäuse mehr fressen?

Wenn es eine Waage gäbe, und man häufte in die eine Schale all das, was man beim Kosten von Gefühlswallungen, Erregungen und physischen Freuden gewinnt, in die andere, was man dabei veliert, so würde man feststellen, daß einem beinahe alles verloren geht und man kaum etwas gewinnt, es sich infolgedessen nicht lohnt, ihnen alles aufzuopfern. Niemand denkt darüber nach, daß Empfindungen sich verwischen und vergessen werden (was man gestern aß, zählt heute nicht mehr), und man bereitet sich ein armseliges Leben. Überwindet Ihr Euch jedoch, haltet an Euch, entsagt diesen Gelüsten, so leidet ihr wohl einen Moment, geht aber einer wundervollen Zukunft entgegen. Ein paar Lustgefühle gehen Euch verloren, indessen gewinnt Ihr dafür eine vielversprechende Zukunft. Wer nicht weiter überlegt, sagt: »Ich bin glücklich und zufrieden.« Er mag recht haben; aber er verbaut sich seine Zukunft. Nehmen wir nur das Beispiel eines

Trinkers – es ist ein treffendes Sinnbild: Er sucht im Wein sein Glück, trinkt und ist zufrieden. Ja, aber wie werden sein Chef, seine Familie, seine Freunde auf die Dauer darauf reagieren?... Er wird in der Gosse enden! Was er empfindet, ist angenehm, hält aber nur kurze Zeit vor; die Zukunft weist in die Gosse.

Ihr kennt sicher die Geschichte aus dem alten Testament, in der Esau sein Erstgeborenenrecht seinem Bruder Jakob für ein Linsengericht abtrat... Für eine angenehme Empfindung, eine Lust, opferte er sein Recht als Erstgeborener, und Jakob zog Gewinn daraus. Das ist eine Geschichte, auf deren Bedeutung gewöhnlich nicht näher eingegangen wird. Die meisten verstehen sich hervorragend darauf, das Wertvollste aufzugeben und es gegen eine Sinnenlust einzutauschen. Ja, darauf verstehen sie sich ausgezeichnet! Der geistig Suchende muß sich gewisser Freuden enthalten, um Höheres zu erwerben. Ich sage nun nicht, er solle plötzlich, mit einem Mal auf alles verzichten. Ihm steht es anheim zu wissen, wie er sich nach und nach von all dem löst, was ihn an seinem geistigen Aufstieg hindert.

Glaubt Ihr etwa, jene, die grosse Meister wurden, hätten ihr Leben in Vergnügen und Güterfülle verbracht? O nein, sie lebten in Entbehrung, Verzicht und Schmach. Aber ihre Zukunft überstrahlt jene der ruhmreichsten Fürsten: denn sie gingen den Weg der Entsagung. Den meisten ist Verzichten eine Abscheu; sie wollen sich nichts versagen, sich keiner Lust enthalten, sich jeden Wunsch erfüllen, jedes Bedürfnis befriedigen. Nun gut, aber um ihre Zukunft wird es schlecht bestellt sein...

Bonfin, 31. Juli 1975

XXVIII

Von der Notwendigkeit einer geistigen Führung

Die Jugend fürchtet immer, sie werde dessen beraubt was sie liebt; darum meidet sie den Umgang mit Geisteslehrern und Meistern, aus lauter Angst, man wolle sie daran hindern, glücklich zu sein. Sie besteht auf ihrer Meinung, verteidigt ihre Ansichten, ihre Wünsche und Pläne, und darum sind später auch so viele Jugendliche unglücklich und enttäuscht: In ihrer Unerfahrenheit stürzten sie sich in allerlei Abenteuer, die ein schlechtes Ende nahmen. Um sie von dieser unbegründeten Angst zu befreien, muß man ihnen klarmachen, daß man sie weder der geringsten Freude noch irgendwelcher Vergnügen berauben will, sondern ihnen ganz im Gegenteil zeigen möchte, wie sie Freude und Vergnügen erleben können, ohne dadurch Schaden an Leib und Seele zu nehmen. Denn die Jugend daran zu hindern, diese natürlichen Freuden zu kosten, wäre größter Unsinn. Es wurde früher von Leuten, die weder Psychologen noch Pädagogen waren, gepredigt, man solle in Enthaltsamkeit, Entbehrung und völliger Keuschheit leben, und dies zog selbstverständlich meist verhängnisvolle Ergebnisse nach sich.

Man darf sich nicht vorstellen, wer hierher in die Bruderschaft kommt, dürfe nicht mehr essen, nicht mehr schlafen, nicht heiraten und Kinder haben... O nein, hier wird gesund gegessen, gut geschlafen, werden glückliche Ehen geschlossen und begabte Kinder zur Welt gebracht. Es ist wunderbar, nichts fehlt, außer... der Dummheit. Wollt Ihr sie aber unbedingt finden, so werdet Ihr sie schon antreffen, selbst hier!... Folgendes möchte ich der Jugend nun sagen: Da Ihr noch keinerlei Kenntnis der Menschnatur besitzt und noch keine innere Unruhe verspürtet, glaubt Ihr, alles sei einfach und leicht; überkommen Euch jedoch Verlangen und werden in Euch bestimmte Gefühle wach, wißt Ihr nicht mehr, was tun, wie Ihr Euch verhalten sollt, und mit Euch beginnt es abwärts zu gehen. Um Leid und Unglück zu vermeiden, bedürft Ihr der Klarheit und gewisser Kenntnisse.» Aber wir sind noch jung und haben keinerlei Lust, schon jetzt belehrt zu werden; das sagt uns nichts.« Ich weiß, ich weiß, aber man darf es nicht auf die letzte Minute ankommen lassen. Seht nur, man weiß nicht, wie es kam, war nicht vorbereitet, und plötzlich ist das Kind da... Und das arme Mädchen, selber noch ein halbes Kind, reißt sich die Haare aus, denn nun müssen statt einem, zwei Kinder versorgt werden. Nun bittet sie schnell um Rat, aber es ist zu spät; sie hätte vorher daran denken sollen. Aber nein, vorher mochte sie nichts davon hören! Die Jugend treibt ihren Spaß, macht sich nichts aus dem, was die Erwachsenen sagen, verläßt Heim und Familie um unabhängig zu sein, aber dann, wenn alles schief geht, sucht sie die Eltern schleunigst wieder auf.

Deswegen weise ich darauf hin, daß es für die Jugendlichen unerläßlich ist, sicher geleitet, aufgeklärt und weise unterrichtet zu werden... Was verlieren sie denn schon, wenn sie auf mich hören? Noch nie habe ich jemanden seiner Freude, seines Vergnügens beraubt oder ihn um die Früchte seiner Arbeit gebracht, niemals; ich betone lediglich, daß sich alles sinnvoller machen läßt. Da aber niemand weiß, worin dieses Sinnvollere besteht, lade ich die jungen Leute ein, zu kommen und es hier zu lernen. Wozu dann dieses widerspenstige, störrische Verhalten? Ich will es Euch verraten: weil in ihrem Schicksal geschrieben steht, daß sie durch viel Leid müssen. Das ist es auch, was sie zwingt so zu handeln: um eines Tages schrecklich zu leiden! Woran mangelt es ihnen denn hier? Es fehlt wohl ein wenig an Bequemlichkeit und Annehmlichkeiten wie Schwimmbäder, Spielkasinos, Tanzlokale... Eine oder zwei Wochen oder gar einen Monat lang werden sie doch wohl darauf verzichten können; sie werden daran nicht zu Grunde gehen, sondern viel dadurch lernen. Andernfalls, wenn sie dauernd nur Vergnügungen nachjagen, ohne etwas zu lernen, und die Lust an diesen leeren Vergnügen verflogen ist, der Ernst des Lebens für sie beginnt mit seinen Aufgaben und Pflichten, denen sie nicht gewachsen sind, weil sie ihr Leben in Zerstreuung zubrachten, überkommt sie die Verzweiflung.

Die Jugend darf sich dessen gewiß sein: Es wird ihr nichts vorenthalten, vor allem nicht das Glück, zu lieben und geliebt zu werden; nur soll sie lernen, richtig zu lieben. Sicher, die altherkömmliche Weise, zu lieben, kennt ein jeder, aber es gibt so viele höhere Grade der Liebe kennenzulernen, und diese gilt es zu erleben. Wer jedoch das Licht dieser Erkenntnis flieht, für den sehe ich Leid und Trübsal voraus. Ich bin kein Hellseher, aber ich sehe, nach welcher Richtung die Dinge sich für jeden einzelnen entwickeln. Seiner Einstellung, seinem Verhalten entsprechend ist mir das, was ihm widerfahren wird, von vornherein klar. Außerdem möchte ich noch hinzufügen: Diese jungen Menschen lehnen nur deshalb jeden guten Rat ab, weil ihnen niedere Wesenheiten innewohnen, deren ganzes Interesse nur darauf hinauszielt, sie vom Lichte fernzuhalten, um sich auf ihre Kosten zu nähren. Der junge Mensch glaubt, er selbst sei es, der eine Vorliebe für dies und Widerwillen für jenes empfindet, aber in Wirklichkeit sind es andere, die sich durch ihn bekunden.

Also denn, Ihr jungen Menschen, habt keine Angst, es wird Euch hier nichts entzogen! Ein paar junge, liebe Mädchen von 15 - 16 Jahren sind hier unter uns, die darauf brennen, gewisse Dinge kennenzulernen – zu ihnen sage ich: »Dies ist völlig normal, ja es ist wunderbar, himmlisch und geheiligt – nur finde ich, es ist für Euch noch verfrüht, all dies zu erleben; erst müßt Ihr Eure Ausbildung beenden und Euch vorbereiten... denn eine Ehe ist eine ernsthafte Angelegenheit. Ihr werdet in nichts zu kurz kommen, nur müßt Ihr Euch ein wenig gedulden.« Den anderen, die nicht wissen, wie sie dumme Ideen, niedere Triebe und Vorhaben, die sie bitter bereuen werden, durch edle Gedanken, Wünsche und Pläne ersetzen sollen, geht alles verloren. Viel Leid und Kummer wartet ihrer. Seiner Wesensart, seiner Veranlagung entsprechend liebt ein jeder dies, verabscheut jenes ; das ist natürlich. Ist aber nicht etwas darüber, das man Vernunft, Selbstbeherrschung, Wille, Charakterstärke, Einsicht nennt, das die Richtung weist, ihn lenkt und orientiert, so versichere ich Euch, er geht unaufhaltsam dem Abgrund entgegen. All diese Triebe und Begierden stammen aus den Vorzeiten, wir tragen sie alle seit Tausenden von Jahren in uns, jedoch beschworen sie lediglich Kriege, Schlachten und Blutbäder herauf. Wozu immer nur dem Urinstinkt frönen, uneingedenk dessen, daß es darüber eine Vernunft gibt, die alles sieht und leitet?

Ein Gleichnis hierzu: Ihr wißt doch alle, womit Schiffe in vergangenen Zeiten angetrieben wurden. Im untersten Schiffsraum waren die Heizer, welche dauernd Kohle in die Heizöfen warfen. Dank ihrer Tätigkeit kam das Schiff vorwärts; sie selbst jedoch sahen die Richtung nicht. Es mußte ein Kapitän oben stehen, die Richtung weisen und Befehle erteilen; er aber hatte nicht die Mittel, das Schiff vorwärts zu bewegen. Dieses Gleichnis trifft auf den Menschen zu: Seine

Von der Notwendigkeit einer geistigen Führung

Gemütswallungen und Triebe sind Brennstoffe, die im Ofen verheizt werden, damit sich das Schiff vorwärtsbewegt. Ist aber niemand oben, der die Richtung weist, wird das Schiff auf Klippen laufen und zerschellen... Während einer Überfahrt über den arktischen Ozean fragte eine Dame den Kapitän: »Was geschieht, wenn unser Schiff auf einen Eisberg läuft?« »Oh«, antwortete der Kapitän, »der Eisberg setzt seinen Weg fort, gnädige Frau.« – »Und das Schiff?« Darüber schwieg er, denn es gab nichts zu erklären, das weitere war klar! So ist es auch mit dem Menschen. Wenn sein »Schiff«, symbolisch gemeint, auf einen Eisberg aufläuft, gibt es weiter nichts mehr zu sagen. Ich will damit bedeuten: Der Kapitän ist hier oben im Kopf, die Heizer überall im Körper verteilt: in Magen, Bauch, Geschlecht... Darum warne ich die Jugend: Folgt Ihr nur Euren Wünschen, Neigungen, Vorlieben, werdet Ihr Euch unweigerlich den Kopf einrennen, denn diese Impulse sind blind. Natürlich hat man zunächst angenehme und wonnevolle Empfindungen, jedoch erschließen sie Euch nicht die Zukunft, zu der Ihr berufen seid. Scharfsinn und Unterscheidungsvermögen sind unentbehrliche Eigenschaften, die ein Jugendlicher noch nicht besitzen kann; es bedarf jahrtausendelanger Erfahrung, sie zu erwerben. Somit braucht Ihr jemanden, der Euch den Weg weist, damit Ihr nicht scheitert. Ihr mögt es glauben oder nicht, dies hat sich schon millionenfach bewahrheitet. –

Daß der Mensch drängende Verlangen spürt, steht fest, ist nicht zu bezweifeln; jedermann wird von dunklen Kräften getrieben, ob sie nun vom Magen, vom Gedärm oder Geschlecht ausgehen, immerzu drängt eine Kraft. Aber dies ist kein Grund, sich gehenzulassen. Verharrt Ihr in Unkenntnis, wird es sicherlich noch vieles geben, das Euch Lust bereitet; nur verwandelt sich diese Lust sehr bald in Leid, Bitternis und Reue. Die Freuden eines Eingeweihten hingegen sind und bleiben reines Gold. Es geht nicht darum, auf Freuden und

Vergnügen zu verzichten, sondern deren Beschaffenheit zu erkennen und sie durch höhere Freuden zu ersetzen, die reiner, edler und segenreicher sind.

Ich habe noch niemanden daran gehindert, glücklich zu sein. Es gab sittenstrenge Ordensbrüder, Puritaner, die in Unkenntnis der menschlichen Natur viel Schaden anrichteten, indem sie anderen Entbehrungen auferlegten, welche diese nicht zu tragen vermochten. Man muß ein erfahrener Psychologe und geübter Pädagoge sein, um die Menschen zu führen. Aus diesem Grunde vermittle ich Euch seit bereits 38 Jahren Richtlinien, die keinerlei Schaden anrichten, sofern Ihr sie richtig anwendet. Hier wird Euch nichts vorenthalten; im Gegenteil, liebt Ihr einen Menschen, so werdet Ihr ihn noch weit besser zu schätzen und zu halten wissen. Ansonsten verliert Ihr ihn in kurzer Zeit. Sehr viele Kenntnisse sind erforderlich, die Liebe zu wahren, zu schützen, zu läutern, zu vergeistigen und zu verklären. Dazu bin ich gekommen, Euch dieses Wissen zu vemitteln. Ich habe mein Leben lang vieles an mir selbst erlebt, geprüft, ersetzt, veredelt, vergeistigt; und infolge dieser Erfahrungen vermag ich Euch jetzt zu helfen und zu raten. Habt Ihr aber kein Vertrauen zu mir, befürchtet Ihr, wenn Ihr hierbleibt, unglücklich zu werden, so geht, ich habe nichts dagegen – aber Ihr werdet darunter leiden. Eines Tages werdet Ihr gewahr, wie dumm und leichtfertig Ihr gehandelt, nur weil Ihr nicht gesehen habt, wo Euer Vorteil lag.

Ich versichere Euch, meine lieben Brüder und Schwestern, nirgendwo werdet Ihr einen Freund finden wie mich. Alle werden Euch verlassen oder sich von Euch abwenden, wenn Ihr Hilfe benötigt. Jedoch ich bin immer für Euch da, Euch anzuhören, Euch zu helfen und zu trösten.

Bonfin, 3. September 1975

XXIX

Richtet Eure Liebe himmelwärts, bevor Ihr sie an Menschen verschenkt!

Alle heranwachsenden jungen Menschen sehnen sich nach Liebe, möchten Liebe schenken und empfangen; sie fühlen es wie ein dumpfes Drängen, das sie nicht zu erklären und nicht zu lenken vermögen. Seit Jahren befassen sich Mediziner und Psychologen mit dieser Frage, aber selbst sie sehen in dieser Hinsicht nicht völlig klar. Allein das esoterische Wissen bringt das zum Verständnis notwendige Licht.

Die Esoterik lehrt, daß der Mensch aus mehreren Körpern – dem physischen, dem astralen und mentalen usw. – besteht. Beim Kind betätigt sich zunächst nur der physische Körper: Es ißt und schläft, bewegt sich fortwährend, faßt nach allem. Vom siebten Lebensjahr an erwacht der Ätherleib: das Erinnerungsvermögen, das Farbempfinden, die Duftwahrnehmung, aber auch menschliches Verhalten. Darum ist diese Zeitspanne auch so außerordentlich wichtig für sein weiteres Leben; denn alles, was um das Kind herum vorgeht, was es sieht und vernimmt, prägt sich in seinen Ätherleib ein, und diese Eindrücke spielen während der Dauer seines Erdenlebens eine große Rolle. Wenngleich es noch nichts versteht und seine Gefühle auch noch nicht so weit entwickelt sind wie beim Erwachsenen, ist das Kind doch sehr empfindsam, und jegliches Geschehen gräbt sich in sein Unterbewußtsein. Darum muß in seiner Umwelt ein jeder darauf achten, daß es keinerlei erschreckenden Geschehnissen, Perversitäten und Gewalttätigkeiten ausgesetzt ist, die es derart brandmarken, daß es sein Leben lang darunter zu leiden hat, trotz aller Hilfe von Ärzten, Psychiatern usw.

Vom 14. Jahr an entfaltet sich der Astralleib: die Gemütsregungen, Gefühle und Begierden. Da aber im Astralleib sowohl Negatives wie Positives entwickelt ist, äußert sich beides: das Verlangen sich aufzulehnen und zu zerstören, aber auch das Bedürfnis, zu lieben. Natürlich hat auch schon das Kleinkind Gefühle der Anziehung und der Abneigung, doch sind diese weit weniger ausgeprägt als bei einem Vierzehnjährigen. Bei ihm ist das Gefühl Gesetz und Triebfeder. Fühlen Jugendliche in diesem Alter Liebe zu jemand, dann versucht einmal sie zur Vernunft zu bringen, ihnen zuzureden! Es ist nichts zu machen – sie hören auf niemanden, sondern folgen ihren Gefühlen, lassen ihnen freien Lauf. Oder aber, sie hören wohl auf die Erwachsenen, sei es aus Angst, Folgsamkeit oder Achtung, halten aber innerlich an ihrem Gefühl fest; denn es übertrumpft alles! Mit 21 Jahren erwacht der Mentalleib und damit Überlegung und Vernunft. Das junge Mädchen, der junge Mann kann seine Gefühle besser meistern, sie entweder vermindern und eindämmen oder aber sie steigern und zum Ausdruck bringen.

Doch nun wollen wir auf das Erwachen des Astralleibs näher eingehen... Bis zu etwa 14 Jahren denkt das Kind meist nur an sich, ist fast ausschließlich damit beschäftigt, zu essen, zu trinken, zu schlafen, an sich zu raffen, zu besudeln. Hätte also die kosmische Weisheit ihm nicht das Bedürfnis eingegeben, die Gesellschaft anderer aufzusuchen, Gedanken auszutauschen, so bliebe der Mensch völlig zurückgezogen, egoistisch, in sich gekehrt, und dies hätte das Aussterben der Gattung Mensch zur Folge. Deswegen erwacht im Menschen ab 14 Jahren der Sinn für Gemeinschaft: Der Heranwachsende braucht das Zusammensein mit anderen, möchte Bekanntschaften machen; er begeistert sich für ein Gesicht, eine Sprechart, eine bestimmte Haltung. Darum verabreden sich die Jugendlichen miteinander, gehen in Tanzlokale: lediglich aus diesem Austauschbedürfnis heraus, das die kosmische Weisheit ihnen eingab, um die Verbreitung des Menschengeschlechts zu fördern, und dem sie sich unterordnen müssen.

Die meisten Leute begehen den Fehler, nur das Physisch-Biologische dieser Frage in Betracht zu ziehen. Im kosmischen Plan hingegen ist mehr beabsichtigt, als Umgang mit anderen zu pflegen, einige Geschenke oder ein paar Zärtlichkeiten auszutauschen, eine kleine Familie zu gründen. Die Menschheit soll einem hohen, geistigen Ziel zugeführt werden: Die Gründung der Universellen Weißen Bruderschaft in der Welt! Da jedoch seit Jahrtausenden die niedere Natur im Menschen vorherrscht, er schlecht beraten und nur ungenügend unterrichtet ist, blieb seine Liebe ichsüchtig und lediglich aufs Nehmen, Besitzen und Beherrschen beschränkt.

Solange sie sehr jung sind, von Idealen beseelt, verspüren die Jugendlichen noch nicht den Wunsch, sich mit einem Jungen oder Mädchen zurückzuziehen, um mit ihm oder ihr allein zu sein, nein, die meisten sehnen sich danach, die ganze Welt zu umarmen. Aber nach einiger Zeit, vom Beispiel anderer angeregt und auch, weil sie niemanden haben, der sie leitet und führt, sind sie nur noch bestrebt, eine kleine, für sich lebende, egoistische Familie zu gründen, welche das Wachstum der großen, weltweiten Familie hemmt, denn jedes ihrer Glieder wird in Engstirnigkeit und Ichbezogenheit unterrichtet, so daß sie sich gegen Gemeinschaft und Verbrüderung auflehnen und die kleine Familie die große zunichte macht.

Jedoch in Zukunft wird sich dank dem Wissen, dem Licht dieser Lehre, die aus sehr hohen Sphären stammt, eine derartige Bewußtseinserweiterung im Menschen vollziehen, daß er schreckerfüllt feststellt, nichts beigetragen zu haben zur Verwirklichung des Reiches Gottes und seiner Gerechtigkeit, zur Errichtung des Goldenen Zeitalters und der großen weltweiten Bruderschaft, welche der Welt Wohlergehen, Freiheit und Glück bringen wird.

Die kosmische Weisheit, wie gesagt, flößt dem Jugendlichen ab 14 Jahren das Bedürfnis nach Entfaltung, Gemeinsamkeit, Gefühls- und Gedankenaustausch mit anderen ein. Das junge Mädchen möchte am liebsten die ganze Welt lieben, aber es wird ihm gesagt: »Du bist ja völlig irre.« Natürlich mag ein solcher Wunsch unangemessen und übertrieben erscheinen, denn sie ist noch schwach, weiß nicht, daß sie beschmutzt und aufgeschlungen wird. Jedoch allen, die sich einmischen und sie beraten wollen, mangelt es an Einsicht; anstatt sie darüber aufzuklären, wie sie ihr Gefühl richtig steuern kann, verdrängen sie diese Begeisterung, die dann für immer verlischt. Dem Jungen, der ein Ritter werden, Gefangene befreien, sein Leben lang nur hilfreich und gut sein wollte, ergeht es ebenso; ihm wird der Kopf derart vollgepfropft, daß er endlich »brav und vernünftig« wird und nichts von alledem je unternimmt.

Würden weise Erzieher, Eingeweihte, diese Jugend in ihrer ersten Begeisterung leiten, wäre das wahrhaftig ein Segen! So rate ich all den Jungen und Mädchen, die in sich diesen Impuls fühlen, der göttlichen Ursprungs und das Herrlichste ist, was es gibt, ihn ja vor Dummköpfen zu verbergen, da sich diese sonst unverzüglich einmischen, um ihre sogenannten guten Ratschläge zu erteilen, wo sie doch in Wirklichkeit nur alles zunichte machen. Sie sollen sich also nichts anmerken lassen; aber damit dieses drängende Sehnen einen Ausdruck findet, sich gelegentlich in der Stille sammeln und ihre Liebe als lichte Gedanken weit hinaus senden über die Welt... abwarten, bis sie imstande sind, gefahrlos auch auf physischer Ebene ihre Liebe zu bekunden, und sie einstweilen nach oben senden! Handeln sie nämlich übereilt, so werden sie von denen, die weder achtsam noch vernünftig sind und häufig zudem noch schlechte Absichten hegen, zugrunde gerichtet. Wie viele Jungen wurden von Frauen »eingeweiht«, die ihre Unerfahrenheit und Unschuld ausnutzten! Es kam auch vor, daß Kindermädchen ihren Spaß daran hatten, die Sexualität der Kleinkinder zu wecken, die ihnen anvertraut waren. Doch überlassen wir es den Psychologen, sich solcher Fälle anzunehmen.

Ich rate also den heranwachsenden jungen Menschen, ihr Liebessehnen nicht zu verdrängen, sondern ihm eine Ausdrucksmöglichkeit im Unsichtbaren zu geben. Dann nämlich werden himmlische Wesen sich ihrer annehmen: Diese hohen Geister, die alles überwachen, sehen und bemerken, werden ihnen helfen, diesen Antrieb, der göttlicher Natur ist und nicht mißbraucht werden darf, licht und rein zu erhalten. Sie werden ihnen alsdann das Vermögen schenken, klar zu sehen und genau zu wissen, wem sie ihre Liebe bezeigen dürfen und wem gegenüber sie sich vorsichtig zu verhalten haben. In diese Frage hat kein Pädagoge einen Einblick, es sei denn, er wurde in der wahren Wissenschaft unterrichtet. Es ist ein derart heikles Gebiet!... Und es ist so überaus wichtig, daß die Jugendlichen von Lehrern unterwiesen werden, die ihnen zeigen, wie und wohin sie ihre erwachende Liebeskraft, ihr erstes Sehnen lenken und ausrichten sollen!

Sèvres, 25. Januar 1976

XXX

Was Ihr auf Erden bindet, soll auch im Himmel gebunden sein

Im Evangelium heißt es: »Was ihr auf Erden bindet, soll auch im Himmel gebunden sein, und was ihr auf Erden löset, soll auch im Himmel gelöst sein.« Welch ungeheure Tragweite hat dieser Ausspruch! Mag es bewußt oder unbewußt geschehen, all Euer Tun und Handeln im Sichtbar-Materiellen wirkt sich auf den höheren Seinsebenen aus. Bindet Ihr jemanden auf physischer Ebene, so bindet ihr ihn ebenfalls im astralen sowie mentalen Bereich; löst Ihr ihn im Physischen, dann löst Ihr ihn zugleich auch im Astralen und Mentalen.

Ich gebe Euch hierzu ein paar sehr leicht verständliche Beispiele. Wenn eine Mutter ihr Kleinkind für ein paar Augenblicke im Kinderwagen allein lassen muß, dann schnallt sie es fest, damit es nicht hinausfällt. Körperlich ist das Kind also angebunden, jedoch zugleich auch im Astral-Bereich; es spürt, daß es sich nicht frei bewegen kann, weint und schreit. Kommt die Mutter zurück, bindet sie ihr Kind los, physisch gesehen; macht es dadurch aber auch auf astraler Ebene frei, und das Kind freut sich.

Wird ein Mensch in einem Kerker gefangengehalten und ihm die Nahrung entzogen, fühlt er sich ebenso im Gefühls-

und Denkbereich eingeengt, leidet und ist unglücklich. Es gibt mancherlei Arten Menschen zu binden: mit Worten, Gesten und Sprüchen – das sind die wirklichen Fesseln!

Hierin liegt der eigentliche Sinn der Worte, die Jesus an seine Jünger richtete. Er wollte ihnen sagen: »Euch, die ihr nunmehr um die Macht des Wortes wißt, ist es gegeben, Menschen im Physischen zu binden, auf daß sie auch geistig gebunden sind, und sie physisch zu lösen, damit sie auch im Geistigen los sind.« Mit anderen Worten: »Ihr seid hinfort in der Lage, die Übeltäter und Widersacher, alle jene, die die Herabkunft des Reiches Gottes auf Erden zu verhindern suchen, zu binden, damit sie außerstande sind, Schaden anzurichten; und seht ihr einen Gottessohn gefangen und gefesselt, von Bösen gequält, befreit ihn, daß er segenbringend wirken kann.«

Sprüche, Worte und Gesten, jede Äußerung auf dem Erdenplan schwingt aus bis hinein in die Sphäre des Himmels und löst Wirkungen aus. Deswegen ist auch das Aussprechen sinngebender Bejahungen so überaus wichtig. Bei aufgehender Sonne sagt beispielsweise: »Wie die Sonne über der Welt aufgeht, möge auch in meinem Herzen, meiner Seele, meinem Geist die Sonne der Liebe, der Weisheit und der Wahrheit erstrahlen.« – Die von Euch ausgesprochenen Worte ermöglichen die Verwirklichung: So wie die Sonne im irdischen Plan aufgeht, erhebt sich eine andere Sonne im Geistigen.

Desgleichen könnt Ihr in der Zeit des zunehmenden Mondes abends folgendes Gebet sprechen: »Wie der Mond zunimmt, möge auch die Liebe in meinem Herzen, das Licht in meinem Verstand zunehmen, meine Willenskraft sich steigern, mein Körper sich mit Gesundheit und Spannkraft füllen.« Indem Ihr diese Worte sagt, steht die ganze Natur Euch helfend zur Seite.

Was Ihr auf Erden bindet...

Im Frühjahr, wenn das junge Laub und die ersten Blumen sprießen, sprecht: »Wie die Natur ringsum wächst und gedeiht, möge auch mein eigenes Wesen sich entfalten und erblühen, möge die ganze Menschheit in ewigem Frühling leben!« Auf diese Weise werdet Ihr ein Weißmagier, ein Gottessohn, und überall wohin Ihr geht, schafft Ihr durch die Schöpferkraft des Wortes, jenes Wortes, das die Welt erschuf, eine neue, Eure eigene Welt.

Wann wird man wohl von den Anleitungen des Evangeliums Gebrauch machen? Sie sind aufgeschrieben, sind aber ungenutzt und tot, weil niemand sie anwendet. Nun ist es an der Zeit, endlich zu erwachen, im Einklang mit den aufbauenden Kräften der Natur zu wirken, um an der Erschaffung eines neuen Himmels und einer neuen Erde teilzunehmen!

Fühlt Ihr Euch dauernd unzufrieden, unglücklich, quälen Euch trübe Gedanken, dann wißt, daß der Grund hierzu die sichtbaren oder unsichtbaren Bindungen sind, die Ihr eingingt. Diese Frage soll man sich immer wieder stellen: »Welcher Art sind die Bande, die ich in diesem oder einem früheren Leben knüpfte?« Daraus ergeben sich alle schlüssigen Erklärungen für die gegenwärtige Lage.

Wollt Ihr einen elektrischen Wasserkessel, ein Bügeleisen oder einen Ventilator in Gang setzen, dann steckt Ihr den Stecker in die Steckdose, stellt mithin eine Verbindung her, und der Apparat läuft. Schaltet Ihr den Strom ab, setzt der Apparat sofort aus. Ein jeder tut dies, jedermann sieht es; aber wieviele wissen dies hinsichtlich ihres Innenlebens auszulegen?

Jeden Tag treten wir bewußt oder unbewußt mit der Erde, mit den Bäumen, den Tieren, Flüssen, Bergen und Sternen, mit sichtbaren und unsichtbaren Wesen, ja mit dem ganzen

Kosmos in Wechselbeziehung, und dieser Austausch ist von lebenswichtiger Bedeutung. Deshalb ergeht nun an einen jeden von Euch die Forderung, die von ihm eingegangenen Bindungen zu überprüfen, zu erwägen, welche davon segenreich und gut sind, um sie aufrechtzuerhalten, und welche nachteilig und infolgedessen abzubrechen sind, – und in Betracht ziehen, wie sich neue Bande mit anderen Wesen knüpfen ließen.

Wird eine Flasche nicht von einem unerschöpflichen Behälter aus stets neu aufgefüllt, dann ist sie nach einiger Zeit leer, man muß sie von neuem füllen oder sich eine andere nehmen, die voll ist. Wie ist das Problem zu lösen? Ein Mann zum Beispiel liebt eine Frau: Beide sind sie zwei Flaschen vergleichbar, und sind sie nicht an die Quelle angeschlossen, werden sie sich eines Tages trennen müssen, weil jeder des anderen Inhalt ausschöpfte. Ist nichts mehr vorhanden, was bleibt dann wohl anderes zu tun als einander abzuweisen?

Hier eben tritt das Wissen um die magische Wirkung jeglicher Bindung in Kraft: Denkt Euch, der geliebte Mensch sei etwas unschätzbar Wertvolles, und es liege einzig an Euch, ihn mit dem göttlichen Urquell, dem himmlischen Vater, mit der Sonne, den Engeln und den Erzengeln sowie allen weisen Lehrern der Menschheit in Kontakt zu bringen. Die Liebe verleiht Euch die beste Möglichkeit dazu. Aber da Euch dies nicht bekannt ist, verknüpft Ihr den von Euch geliebten Menschen nicht mit dem Himmel, sondern hängt Euch an ihn und ahnt nicht, daß Ihr ihn dadurch mit der Hölle verbindet, ihn Zerstörungskräften preisgebt. Nach einiger Zeit werdet Ihr gewahr, daß dieser Mensch absinkt, sein Licht, seine Lebensfreude einbüßt. Aber wer ist daran schuld? Warum hattet Ihr ihn nicht mit dem Himmel verbunden. Nun seid Ihr um ihn besorgt, stellt Euch Fragen seinetwegen, obwohl die Antwort nahe liegt: Ihr selbst verbandet ihn mit niederen Bereichen! Ihr hättet ihn mit himmlischen Sphären in Verbindung brin-

Was Ihr auf Erden bindet...

gen, ihn hoch hinauf entrücken sollen, auf daß ihm vergönnt sei, sich zu laben, frei aufzuatmen! und dasselbe soll er auch mit Euch tun. Dann wahrlich, seid Ihr keine Flaschen mehr, sondern seid Quellen geworden!

Meine lieben Brüder und Schwestern, Ihr steht vor großen Problemen. Und keine sind größer als jene, die Freundschaft, Liebe und Zuneigung uns auferlegen. Dazu bedarf es erhöhter Klarsicht. Liebt man einen Menschen, soll man nicht zu sehr an sich selbst denken, denn sonst gerät alles Göttliche und Heilige in Vergessenheit, und man zieht den geliebten Menschen in die niederen Bereiche der eigenen Begierden und Verlangen herab. Liebe nämlich ist Selbstaufopferung, Selbstüberwindung, heißt, etwas Großes leisten für den Menschen den man liebt; und nichts ist rühmlicher, als ihn mit dem göttlichen Urquell zu verbinden! Nähert Euch ihm, blickt ihn an, schließt ihn in die Arme und hebt ihn in den Himmel: verbindet ihn mit der Himmelsmutter oder mit Christus, dem himmlischen Vater, dem Heiligen Geist. Dann habt Ihr Euch nichts mehr vorzuwerfen; in Euch wird es licht und klar, unbeschreibliche Freude und Beseligung erfüllen Euch. Und selbst wenn Ihr einem Euch unbekannten Menschen gegenübersteht, sagt nichts zu ihm, versucht ihn mit der Lichtquelle zu verbinden, wünscht, daß er das neue Leben zu erfühlen vermöge, den Frieden finde, den er noch nie verspürte. Auch wenn er nicht aufzunehmen vermag, was Ihr ihm zukommen laßt – so kehren Eure segenreichen Gedanken zu Euch zurück. Das Licht und die Liebe nämlich, die Ihr Euren Mitmenschen zusendet, kommen, falls sie es nicht empfangen, Euch zugute. In dieser Weise ist all Euer Tun auf ein ideales Ziel ausgerichtet, und ein Tag nach dem andern wird dazu beitragen, Euer Dasein heller und schöner zu gestalten. Andernfalls vergeht Euer Leben, verweht des Lebens reiche Pracht ungenutzt und sinnentleert... Auf den geistig Strebenden warten Aufgaben, Tätigkeiten, die dem Dasein einen unsäglich erhabenen Sinn verleihen!

Sind Mann und Frau nicht an die ewige Quelle angeschlossen, so ist ihre Liebe nicht göttlich und darum auch nicht von Dauer. Alle sprechen von Liebe, glauben zu wissen, was lieben bedeutet. Aber eines Tages werden sie gewahr, daß sie die wahre Liebe noch nie erfahren haben. Wahre Liebe währt für immer, sie überdauert den Tod. Dies ist das größte aller Geheimnisse, meine lieben Brüder und Schwestern: Durch den geliebten Menschen hindurch direkt an der Quelle zu trinken. Dann ja, wird Eure Liebe nie vergehen: denn Ihr schöpft Eure Lebenskraft und -freude aus dem höchsten Quell. Ja selbst in hohem Alter noch kreisen in Euch frische, lichte Energien und Ihr bleibt weiterhin unausgesetzt voneinander begeistert. Ihr seht weder sein faltiges Gesicht noch sein weißes Haar, sondern nur eine glückstrahlende Seele und einen jugendlichen Geist. Alle andern dagegen, die nicht von der göttlichen Quelle schöpfen, fühlen sich mit 18 Jahren bereits alt, freudlos, und sie gehen voneinander, weil in der Flasche kein einziger Tropfen mehr übrig ist. Nicht selten sogar packen sie die Flasche und zerschlagen sie in tausend Stücke...

Meine lieben Brüder und Schwestern, es ist wesentlich, daß Ihr Euch der Bedeutung des Bindens und Lösens bewußt werdet... Die Liebe ist es, die bindet; Weisheit löst. Kraft Eurer Liebe bindet Ihr die Menschen, dank Eurer Weisheit löst Ihr sie, macht sie frei.

Bonfin, 28. August 1960

XXXI

Das Hineinwachsen in die große weltweite Familie

I

Lesung der Tageslosung:

»Es verhält sich mit Nationen, Ländern und Völkern wie mit jedem Menschen und allem, was entsteht, wächst, altert und seinen Platz anderen, jüngeren überlassen muß: Sie folgen alle demselben Lauf, geben, was sie zu geben haben und vergehen. Es ist, als wenn sie sich ausruhen wollten, um eines Tages wieder aufzuwachen und mit neuer Kraft Herrliches zu schaffen. Dies läßt sich bei allen Völkern beobachten, ja sogar bei den verschiedenen Religionen: Sie schwingen sich auf, breiten sich aus, erreichen eine Hoch-Zeit, erstarren alsdann und verlieren den Zugang zum Leben. Seht nur, selbst die großen Mysterien der Vergangenheit, sogar die Tempel der alten Ägypter, welche die Schlüssel der Weisheit und der Macht besaßen, was ist von ihnen heute noch zu sehen? Alle diese Hierophanten, wo sind sie geblieben? Diese geheimnisvollen Wissenschaften, wo sind sie?... Alle erlagen sie dem unwandelbaren Lebensgesetz: Jedes Wesen, das geboren wird, jedes Ding, das entsteht, muß sterben und vergehen, seinen Platz abtreten. Nur was keinen Anfang hat, nimmt auch kein Ende.

Was ich meine ist nur die äußere Form. Diese nämlich ist von begrenzter Dauer und muß dann neuer Gestaltung weichen. Das Prinzip hingegen, der Geist, währt ewiglich und kleidet sich nacheinander in immer neue Formen.«

Wenn Ihr Euch recht erinnert, meine lieben Brüder und Schwestern, habe ich über dieses Thema bereits gesprochen. Ich erklärte Euch, daß Gott der Gestalt keine ewige Dauer verlieh; sie ist brüchig, vergänglich und vermag der Macht der Zeit nicht zu widerstehen. Nur das Grundprinzip, der lebendige Geist, welcher der Gotteswelt angehört, ist unzerstörbar, ist ewig. Menschen, die diese Wahrheit nicht kennen, sind immer bestrebt, einer bestehenden Form ewige Dauer zu verleihen. Dies tritt zum Beispiel bei den Religionen klar hervor, die seit Jahrhunderten an bestimmten Zeremonien und Glaubenssätzen festhalten, weil ihnen nicht bewußt ist, daß Dogmen und Riten nicht für alle Zeiten Gültigkeit bewahren können. Das Leben ist ein unaufhörliches Quellen und bedarf zu seiner Äußerung stets neuer Ausdrucksmöglichkeiten. Das Leben selbst sprengt überlieferte Formen zugunsten neuer Gestaltungen, neuer Träger, dank derer es höheren Reichtum, höhere Erkenntnis und Pracht hervorbringt. Darum muß nach einer gewissen Zeit Gestaltetes vergehen, damit Feineres, Geistigeres in Erscheinung trete.

Seht Euch den Menschen an: In seiner Jugend ist der Stoff, aus dem sein Körper besteht, überaus geschmeidig, biegsam und lebendig. Durch diesen Stoff – Wille, Herz und Verstand – vermag der Geist immer besser zu wirken. Stets aber kommt ein Zeitpunkt, von dem an der Körper sich festigt und verhärtet, so daß sich der Geist durch diese alte, welke Form nicht mehr zu äußern vermag; er zieht sich zurück und kommt in neuer Gestalt wieder. Man muß die Natur beobachten, um allgemein gültige Schlüsse zu ziehen. So ist beispielsweise die Kirche, die seit zweitausend Jahren hartnäckig

Das Hineinwachsen...

an den gleichen Formen festhält, völlig im Irrtum. Die äußere Gestalt muß unaufhörlich verfeinert und verbessert werden, damit sie die neuen Einströmungen aus den himmlischen Sphären immer leuchtender und kräftiger ausstrahle; denn der Himmel hat die Dinge nicht ein für allemal festgelegt. Seht Euch nur all das Neue an, das gegenwärtig in der Menschheit hervorbricht! Warum soll sich die Form diesen neuen Bedürfnissen, diesen höheren Verlangen nicht anpassen? Das Sternbild Wassermann ist im Kommen, um alles Starre und Verhärtete, jene Werte, die die Menschen für alle Ewigkeit fest verankert glaubten, umzuwälzen und zu brechen. Das Denken der Menschen stimmt mit dem der kosmischen Weisheit nicht überein; sie hat andere Pläne. Darum wird nun der Geist, der Einfluß des Wassermanns, alles umstürzen, um den Menschen zu zeigen, daß Geist nicht in festgefahrenen Formen eingemauert werden darf.

Vertieft man sich in die Geschichte der Menschheit, so stellt man fest, daß sämtliche Kulturen mit ihren Glaubensrichtungen, Weltanschauungen und Staatsführungen vielen Wandlungen unterworfen waren. Dies will aber nicht etwa heißen, der heutige Stand der Dinge bedeute einen großen Fortschritt. Von einer bestimmten Warte aus trifft dies zwar zu, aber von einer anderen, höheren, keineswegs. Auf wissenschaftlichem, technischem, industriellem Gebiet sind Fortschritte zu verzeichnen, aber in moralischer Hinsicht geht es rückwärts. Jedoch in ein paar Jahren, das versichere ich Euch, wird eine große Umwälzung sämtlicher Werte stattfinden, ich wünsche nur, daß Ihr dies noch mitansehen könnt.

Nun möchte ich Euch eine Überlegung, eine Idee unterbreiten, von welcher ich wohl weiß, daß sie in Eurem Verstand, Eurem Herzen, Eurer Seele kaum Aufnahme finden wird – ich bedaure es im voraus – möchte aber trotzdem darüber sprechen, um wenigstens den Grund vorzubereiten.

Gestern erwähnte ich einiges über die Familie, und Ihr seid der Meinung geblieben, für mich besitze die Einrichtung der Familie keinen Wert und müsse umgestaltet werden. Keineswegs, aber ich habe Euch noch nicht alles gesagt und werde nun gewahr, wenn ich nicht alles bis auf die letzten Einzelheiten erkläre, ergeben sich mancherlei Mißverständnisse. Seit Jahrtausenden gilt die Familie als die Grundlage jeglicher Gesellschaftsordnung. Heutzutage zwar, wo sie im Begriff ist zu zersplittern, ist dies weit weniger der Fall – daran bin aber nicht ich schuld; denn lange bevor ich überhaupt etwas darüber sagte, hatten andere bereits deren Zerrüttung unternommen. Dennoch bleibt die Familienzelle noch von größter Bedeutung: Ein jeder arbeitet für seine Familie, jeder verteidigt sie... Das ist recht und gut, ich bin völlig damit einverstanden; da ich aber etwas tiefer blicke, bin ich Euch einige zusätzliche Erklärungen schuldig.

Die Familie ist eine weise Einrichtung der Natur. Die kosmische Vernunft sah, daß diese Lebensform für alle Geschöpfe gut war, die damit einander helfen, sich gegenseitig fördern und schützen, gemeinsam wirken konnten; sie sah darin eine Art Festung, etwas Beständiges, Haltbares. Ja, eine Familie vermochte sogar einer anderen den Krieg zu erklären, denn früher, als die Angehörigen einer Familie noch sehr zahlreich waren und zusammen lebten, bildeten sie wahre Sippen. Somit war es also die Natur selbst, die den Angehörigen einer Familie das Gefühl der Zusammengehörigkeit eingab, das Bedürfnis einander zu helfen, zu beschützen; dasselbe Verhalten läßt sich ja auch bei den Tieren beobachten. Sie beabsichtigte jedoch nicht, es bei diesem Stand der Dinge zu belassen; die ursprüngliche Gestalt der Familie muß erweitert, veredelt, verklärt werden! Darum muß man endlich einsehen, daß die Familie im herkömmlichen Sinne das Zustandekommen der weltweiten, geistigen Verbrüderung verhindert. Sie, die kleine, engstirnige Familie stellt sich der großen Familie entgegen, weil sie zu sehr mit den kleinen, alltäglichen Dingen, den Verlockungen, dem Gewinn und rein persönlichen Interessen beschäftigt ist.

Die Familie ist, wie gesagt, der Ausgangspunkt aller falschen Einstellungen und selbstsüchtigen Unternehmungen. Aber der Zeitpunkt ist nunmehr für die Menschheit gekommen, diese überholte Auffassung der Familie zu erweitern, einzusehen, daß sich alle Familien zu einer einzigen Groß-Familie zusammenschließen müssen, ansonsten werden auch weiterhin diese kleinen Sippschaften einander bekämpfen. Unordnung und Anarchie sind die Folgen dieser Einstellung, denn für die Leute gibt es im allgemeinen nichts Größeres und Wichtigeres als ihre kleine Familie und ihr armseliger kleiner Vorteil. Sie sind davon überzeugt, daß dies wunderbar und großartig sei und die Zustimmung eines jeden verdiene. Seht nur, nach welchen Richtlinien die Kinder erzogen werden: Wie man im Leben erfolgreich wird, sich durchschlägt und die anderen aussticht... Es sind keine erhabenen, göttlichen Leitgedanken, die man ihnen einschärft, sondern nur ich-bezogene, auf ihren eigenen Vorteil ausgerichtete Ziele! Von Zeit zu Zeit wird schon mal hinzugefügt, sie sollten sich gegenseitig ein wenig Liebe, Großzügigkeit und Nachsicht entgegenbringen, wenngleich dies nicht häufig geschieht – selbst innerhalb derselben Familie fallen sie übereinander her.

Selbstverständlich, eine Familie ist eine Zelle. Worin besteht jedoch die Tätigkeit der Zellen im menschlichen Organismus? Sie wirken alle zusammen für das Wohl des ganzen Körpers! Die Familien hingegen leben getrennt: Jede hat ihre eigenen Anschauungen, Pläne und Ziele, die fortwährend Anlaß zu Streit und Krieg geben... Die Menschen sollten jetzt ihr Verständnis erweitern und die Notwendigkeit einsehen, daß sich alle Familien zu einer großen, der weltweiten

Familie zusammenschließen müssen. Dies heißt nicht etwa, sie sollen sich auflösen, nein, sondern sie müssen sich vereinen zu gemeinsamem Wirken. Genau wie die Körperzellen miteinander verbunden, zum Wohle der riesigen Zelle Mensch tätig sind, werden auch alle Familien zusammenarbeiten, auf daß der Organismus der gesamten Menschheit heil und gesund sei.

Als ich gestern sagte, das Geistige müsse im Leben die erste Stelle einnehmen, so meinte ich damit die große Familie, die Universelle Weiße Bruderschaft: Sie eben ist das Geistige; die kleine Familie kommt erst an zweiter Stelle. Solange die kleine Familie im Vordergrund steht, werden sich die Probleme nicht lösen. Diese überholte, irrige Denkweise muß daher eines Tages ersetzt werden: Die Familie wird sich nicht auflösen, sondern sie wird sich erweitern, in der großen Familie aufgehen – und das Reich Gottes mit seiner Gerechtigkeit, das Goldene Zeitalter geht in Erfüllung... Wißt ihr, wo ich das gelernt habe?... Dort, woher ich komme... Die Bewohner von Agartha haben diese große Familie verwirklicht: Es gibt nur eine Familie in Agartha, nicht zwei, drei oder vier Länder, die sich dauernd bekämpfen und vernichten, wie hier auf der Erde. Wahrhaftig, man kann wohl sagen, die Menschen haben die Weisheit löffelweise gegessen!...

Die kosmische Weisheit schuf den Menschen, auf daß man ihn erforsche und die dabei beobachteten Gesetzmäßigkeiten auch auf andere Gebiete übertrage. Ist der menschliche Körper gesund, und funktioniert er einwandfrei, so ist dies ein Zeichen dafür, daß alle Zellen uneigennützig arbeiten, nicht ausschließlich für ihr eigenes Wohl: Der Magen verdaut nicht nur für sich, das Herz schlägt nicht nur für sich selbst, die Lungen atmen nicht zu eigenem Nutzen... ebenso sind auch die Beine, Augen, Ohren sowie das Hirn nicht für sich selbst tätig... sondern für das Ganze, für das Wohlergehen des gan-

Das Hineinwachsen...

zen Körpers. Bei den Menschen hingegen ist jeder nur um sich selbst besorgt, hartherzig und grausam. Deswegen ist die Menschheit denn auch ein kranker, sterbender Organismus. Das gesunde Funktionieren aller Organe gründet auf Selbstlosigkeit und Aufopferung; sobald irgendwo innerhalb eines Organs widerspenstige Zellen einen Staat im Zellenstaat bilden wollen, erkrankt es. Diese Zellen sind einer Krebsgeschwulst vergleichbar, die den Körper zernagt, denn sie widersetzen sich dem Gebot der Liebe, wollen einzeln für sich leben.

Aus dem Menschen spricht die kosmische Weisheit, erklärt und belehrt uns. Aber man holt sich sein Wissen aus den Büchern von verderbten, krankhaften Autoren verfaßt, als ob diese die Wahrheit besäßen! Dort hingegen, wo die Natur sie niederschrieb, in der lebendigen Bibliothek, dem Menschenwesen, das von Gott selbst erschaffen wurde, forscht niemand nach ihr.

Damit ein Mensch gesund, stark, wohlgestaltet und kraftstrahlend sei, müssen die Zellen im Sinne der Liebe und Aufopferung wirken. Wann wird man endlich verstehen, daß dies wundervolle Gesetze sind, auf die die Menschheit bauen, anhand derer sie sich erneuern kann? Auch Ihr werdet Euch dann wohler fühlen! Anstatt Euch mit allen möglichen Medikamenten vollzustopfen und zu vergiften, laßt Euch von den Grundsätzen der Liebe und Uneigennützigkeit, der Aufopferung und Rechtschaffenheit durchdringen, so wird Euer Organismus gesunden, ohne daß Ihr irgend etwas einzunehmen braucht. Freilich, solche Rezepte würde kein Arzt je einem Kranken verschreiben. Er verschreibt viel eher diese und jene Spritze oder Ampulle, Gurgelmittel oder Zäpfchen, aber nie Nächstenliebe und Entsagung! Dennoch ist dies die einzig wahre Heilmethode. Es gilt, sein Dasein auf diesen Prinzipien aufzubauen; alsdann nämlich beginnen alle Zellen einheitlich und in Harmonie ihre Arbeit zu verrichten, und dem Menschen werden Gesundheit, Kraft, Freudigkeit und beglückender Friede zuteil.

Andernfalls schluckt Ihr ganze Apotheken leer und werdet immer hinfälliger, weil Ihr keinerlei energiereiche, lichtvolle Stoffe in Euch aufgenommen habt, sondern zu sehr den äusserlichen Heilmitteln traut, die des Lebens entbehren. Darum betone ich immer wieder: Das Leben allein schafft alles Gute, heilt und läutert!

Man muß den Körper mit lebendigen Stoffen anreichern, denn nur das Leben bringt alles in Gang. Die meisten haben vergessen, welche Kraft das Leben in sich birgt, sie vertrauen nur der Wirksamkeit von Medikamenten, die toter Stoff sind und das pulsierende Leben lähmen. Nehmt Lebendiges in Euch auf und laßt es kreisen, es wird Eure Wunden heilen, Euer Blut reinigen und vieles mehr. Nehmt nicht so viel Medizin ein, seid vielmehr darum bemüht Eure Lebenskraft zu steigern! Aber der Mensch ist so unwissend, daß er nicht einmal ahnt, wie er das Leben in sich zum Kreisen bringen soll; er glaubt nicht an die Allmacht des Lebens, sondern nur an den Tod! Ich sage Euch: »Gebt all die Medikamente einer Leiche ein; wird sie davon wieder lebendig, aufstehen, gehen und sprechen? Nein, Medikamente haben keine Wirkung, wenn einer schon tot ist; sie wirken nur, solange man lebt.« Also muß Leben zugeführt werden, damit alles zum besten steht.

Aber kommen wir wieder auf die Familie zurück... Ich bin nicht gegen die Familie, bewundere sie sogar; ich selbst habe auch eine Familie, sie ist notwendig, nur darf man ihr nicht alles opfern; denn *alles* ist sie nun wieder nicht. Die Familie ist dazu da, ihren Angehörigen den Weg zur großen, weltweiten Familie zu erschließen! Wichtig ist das Eine: Ihr müßt die wesentliche Bedeutung der großen Familie schätzen lernen und wissen, daß jedes einzelne Glied einer jeden Familie für diese große Familie tätig sein soll. Bisher hat die Familie ihr Ziel verfehlt, darum löst sie sich jetzt auf. In wievielen Familien lebt man noch in Harmonie und Eintracht zusammen?... Die bisherige Auffassung der Familie muß sich jetzt derart erweitern, daß sie die ganze Erde miteinschließt und die Menschheit eine einzige Familie wird. Was aber nicht heißen will, Ihr solltet die Glieder Eurer Familie vernachlässigen, nicht mehr für ihren Unterhalt, ihr Obdach sorgen, sie finanziell nicht mehr unterstützen oder unterweisen – im Gegenteil! Dank dieser erweiterten Gesinnung werdet Ihr weit besser für sie sorgen als zuvor; Ihr werdet ihnen verständlich machen, daß sich jegliches Problem löst, wenn man sich für die weltweite Familie einsetzt. Noch nie ist es bisher einer Familie gelungen, Krieg, Leid und Elend zu verhindern, und so wird es auch bleiben. Wenn jedoch alle diese Familien sich zu einer einzigen, großen zusammenschließen, ist es mit alledem zu Ende, und es wird weder Krieg noch Elend mehr geben.

Die einzige wahre Lösung bietet die große weltweite Familie. Solange Ihr Euch auf den engen Kreis der Kleinfamilie beschränkt, werdet Ihr nie etwas zum Wohl der ganzen Menschheit beitragen: Was Ihr tut, gilt lediglich Euch, wobei es noch fraglich ist, ob es Euch auch wirklich Gutes einbringt. Gott allein weiß, ob es wahrhaftig zu Eurem Wohl ist, wenn Ihr nur für Euch selbst sorgt. Wirkt Ihr aber in dem Sinne, daß alle Familien in der großen Familie verschmelzen, wird es nicht nur der gesamten Menschheit, sondern auch Euch zum Vorteil sein. Denn wenn dieser Gedanke Gestalt annimmt, bringt er Segen über die ganze Welt und somit auch Euch. Andernfalls seid Ihr niemandem förderlich, nicht einmal Euren Kindern, denn Eure engstirnige, kurzsichtige Liebe lehrt sie nichts anderes als Ichbezogenheit und Eigenliebe, und eines Tages werden sie Euch vorwerfen, daß Ihr sie nicht auf hohes, göttliches Streben hingewiesen und sie dadurch in ihrem geistigen Wachstum zurückgehalten habt. So seid denn wachsam, diese Frage ist folgenschwerer als Ihr denkt! Ein jeder ist hellauf davon begeistert, wie gut er seine Pflichten erfüllt, glaubt nur Gutes zu tun, der Inbegriff der Güte zu sein. In Wirklichkeit aber ist dies keineswegs so sicher. Betrachtet man nämlich sein Handeln vom göttlichen Standpunkt aus, so tut er rein gar nichts Gutes, da er ja seine Angehörigen in Engherzigkeit, Egoismus und Finsternis zurückhält.

Erst mit diesen neuen Ideen werdet Ihr Eurer Familie förderlich sein; und alle diese Familienglieder, die Ihr aufgeklärt und dem Herrn nähergebracht habt, werden Euch in den folgenden Inkarnationen aufsuchen, um Euch dafür zu belohnen! Denn glaubt nicht, daß Ihr für immer mit Euren Familienangehörigen zusammenbleibt; nur für die Dauer eines Erdenlebens! Gott weiß, wo sie sich danach befinden! Dies hängt von vielerlei Dingen ab. Eine Familie nur für ein Erdendasein zu besitzen ist nicht der Mühe wert. Was sich hingegen lohnt, ist eine Familie für immer zu haben: Ich richte mein Tun darauf aus, eine Familie für die Ewigkeit zu haben und werde dies auch erreichen. Indem Ihr Eure Familie nur für Euch behaltet, tut Ihr Euch damit selbst einen Gefallen, aber sie wird Euch verloren gehen, Euch verlassen und sich nie mehr in Eurer Nähe wiederverkörpern, weil sie eine gar zu schlechte Erinnerung von Euch behielt. Hingegen auf die Weise, wie ich vorgehe, werde ich, selbst in späteren Inkarnationen, Euch stets bei mir haben. Um dessentwillen, was ich Euch vermittle, werdet Ihr mich sogar auf anderen Planeten suchen, um mir zu danken. Denn, was ich mich bemühe Euch zu geben, ist weit mehr als Eure Familie Euch zu geben vermag.

Ihr seid immer noch nicht überzeugt? Nun, ich werde Euch beweisen, daß Jesus dieselbe Meinung über die Familie vertrat. Eines Tages, so berichtet das Evangelium, während

Das Hineinwachsen... 293

Jesus noch zum Volke sprach, versuchten seine Mutter und Brüder sich ihm zu nähern, um mit ihm zu reden. Jemand sagte zu ihm: »Siehe, deine Mutter und deine Brüder stehen vor der Tür und wollen mit dir sprechen.« Jesus aber antwortete ihm und sprach: »Wer ist denn meine Mutter, und wer sind meine Brüder?« Er streckte die Hand zu seinen Jüngern aus und sagte: »Siehe, das sind meine Mutter und meine Brüder. Denn wer den Willen meines Himmlischen Vaters tut, der ist mir Bruder, Schwester und Mutter.« Ihr seht also, für Jesus waren die Kinder Gottes seine Familie, die Söhne und Töchter Gottes, welche eine riesengroße Familie auf Erden bilden, die bis zu den anderen Planeten reicht. So verstand Jesus die Familie, und darum stehe auch ich für die große, weltweite Familie ein.

Laßt mich mit der kleinen Familie in Ruhe! Übrigens, wißt Ihr denn auch, weshalb jeder so sehr an seiner Familie hängt? Ihr werdet sagen: »Aus Liebe und Zuneigung.« Mitnichten, der wahre Grund ist, daß man nur an sich denkt, an seine alten Tage, sich umsorgt, geliebt wissen will, denn man ist ja so ichbezogen! Schaut dagegen, wie es bei den Tieren ist: Sowie das Junge sich durchschlagen kann, wird es von der Mutter vergrault. Tiere sind selbstloser als Menschen, die ihre Kinder ganz und gar für sich behalten wollen, unter dem Vorwand, sie zu lieben. O nein, darin liegt keine Liebe, nur reine Selbstsucht! Diese Anhänglichkeit ist nichts weiter als Egoismus, denn sie fürchten sich vor der Zukunft! Natürlich bewundert eine Mutter ihr Kind, weil sie denkt, aus ihm werde eines Tages ein Genie, eine Gottheit... Tatsächlich aber wird aus ihm vielleicht ein Taugenichts, nun ja... In dieser Hinsicht sind die Tiere jedenfalls dem Menschen weit voraus: Die Mutter schützt ihr Kind, solange es schwach und hilflos ist, aber dann läßt sie es sich alleine durchbringen. Die Menschen hingegen, sprechen wir lieber nicht weiter darüber: Der Sohn mag 60 Jahre alt, Befehlshaber oder Minister sein, seine

Mutter wird noch immer zu ihm sagen: »Zieh dich warm an, Kind, vergiß deinen Schal nicht!« Sie sorgt sich immer noch darum, daß er sich nicht erkälte, seine Suppe esse usw. Was aber ist denn dieser Mutterinstinkt? Man fragt sich zu Recht, ist er eine Tugend oder eine Schwäche?... Ihr werdet natürlich sagen, es sei übergroße Liebe und Anhänglichkeit. Wenn ich Euch jedoch in allen Einzelheiten aufzeigte, was es damit auf sich hat... Aber lassen wir das für ein andermal.

Anhand dieser Erklärungen versucht nunmehr Euch selbst zu erforschen, herauszufinden, wie Ihr Eure Familie seht, welcher Art Eure Gefühle, Beweggründe und Pläne ihr gegenüber sind. Was mir erlaubt die Dinge so zu sehen, ist ein Blickpunkt, den mir der Himmel gab. All mein Wissen ist in diesem einen Punkt enthalten, einem Punkt ohne Gewicht noch Ausmaß. Nach ihm habe ich schon immer gesucht, habe mein ganzes Leben lang daraufhin gearbeitet, diesen Punkt zu erlangen. Kein Mensch weiß, wo er liegt, aber er wird mir alles schenken, Himmel und Erde. Er ist hoch über allem, von ihm aus vermag ich alles zu überblicken, zu ergründen.

Hierzu ein Beispiel. Ein Professor mit Titeln dreier Universitäten arbeitet in seinem Laboratorium im Erdgeschoß... Sein zwölfjähriger Sohn steigt währenddessen auf einen Turm oder einen Baum; er ist noch klein, besitzt keinerlei Diplome, aber von da oben sieht er sehr weit und ruft: »Papa, ich sehe meine Tante und meinen Onkel kommen...« – »Ach ja, und was siehst du noch?« – »Ich sehe, daß mein Onkel eine Tasche trägt...« Und so stellt der Vater Fragen an das Kind; denn er sieht nichts, weil er zu tief unten ist, wohingegen das Kind, das sich hoch oben befindet, ihm Auskunft gibt. Wer ist dieses Kind? Ich bin es, bin zwölf Jahre alt, aber ich wurde an einen sehr hoch gelegenen Punkt gestellt, von wo aus ich vieles erschaue und all den Professoren und Gelehrten, die sich den Kopf zerbrechen, überlegen, berechnen und doch

Das Hineinwachsen...

nichts sehen, Auskunft zu erteilen vermag. Denn ich mit meinen zwölf Jahren, ohne Studium, ohne Diplom, befinde mich an der entscheidenden Stelle, um klar zu sehen. Es ist also der Mühe wert sich anzustrengen, um diese Übersicht zu gewinnen! Eben dieser Blickpunkt nämlich offenbarte mir, was die Familie eigentlich ist. Wie kommt es, daß dies bis heute noch niemand erkannte? Dabei gibt es so viele Denker, Psychologen, Soziologen... Aber keiner von ihnen sah, daß die kleine Familie ohne die andere, die große Familie, nichts ist. Sie dachten nie an die weltweite, kosmische Dimension der Familie, immer nur an den allgemein üblichen Begriff der engen, auf sich selbst bezogenen Familie.

Das herannahende Sternbild Wassermann wird die Menschheit dazu zwingen, in kosmischer Dimension zu denken! Ja, der Wassermann bringt den Begriff der Weltenweite, der Universalität nahe. All die hervorragenden, großartigen Entdeckungen, welche die Wissenschaft seit einigen Jahren machte, sind bereits vom Wassermann beeinflußt, und es wird noch andere geben... Alsdann aber werden die Menschen endlich das Wesentliche entdecken: das Innenleben des Menschen! Es wird offenbar werden, daß der Mensch unsterblich ist, seine Liebe all-mächtig und das Licht der einzige Reichtum, nach dem zu streben sich lohnt. Genau gesagt: Die Liebe ist allmächtig, im Licht ist alle Wahrheit enthalten, und anstatt nur auf äußerliche Hilfsmittel, Apparate, Maschinen zu bauen, wird man dank des Willens die inwendige Kraft steigern.

Bonfin, 19. September 1975

Das Hineinwachsen in die große weltweite Familie

II

Die Menschen sind im esoterischen Wissen nicht unterrichtet und ahnen darum auch nicht, daß alles, was sie denken, fühlen, wünschen und ersehnen, in die unsichtbare Welt einströmt und darin segenreiche oder schädigende Kräfte auslöst. Jedoch genügte schon allein das Wissen um diese Tatsache, damit einem jeden klar würde, daß er seinem Leben eine neue Richtung zu geben hat, denn sein Innenleben, sein Denken und Wollen tragen als wesentliche Faktoren zur Gestaltung seiner sowie der Menschheit Zukunft bei. Darum lernt der Schüler einer Einweihungsschule auch als erstes, seine Gedanken, Gefühlsregungen und Wünsche zu überwachen, welches ihr Ziel, ihre Richtung ist, um gemeinsam mit den heilbringenden Kräften der Natur sein geistiges Wachstum und das der ganzen Welt zu fördern.

Einstweilen bringt ein jeder, in seiner Ecke zurückgezogen, chaotische Kräfte in Gang, und muß er dann leiden, wird krank und innerlich zerrissen, so ahnt er als letzter, daß er selbst der Urheber seines Unglücks war. Unwissende dieser

Das Hineinswachsen...

Art gibt es vier Milliarden auf der Welt, die Tag für Tag, unausgesetzt, ohne sich dessen bewußt zu sein, Zerstörungskräfte herausfordern, und wenn man den Versuch unternimmt, sie in dieser Hinsicht aufzuklären, schauen sie einen erstaunt an und denken: »Von welchem Stern ist der denn heruntergefallen? Gedanken und Gefühle sind nicht sichtbar, nicht berührbar, wie sollen sie da irgendwelche Ereignisse verursachen?« Solange die Menschen derart unwissend sind, wird sich ihre Lage nie bessern.

Damit sich die Menschen eines Tages nach Frieden, Harmonie und der Glückseligkeit eines neuen Lebens sehnen, müssen sie erst tiefes Leid durchgemacht haben; solange sie nicht zermalmt und zertreten sind, gelangen sie niemals zur Einsicht, entschließen sich nicht, für das Reich Gottes zu wirken. Sie haben aus den beiden Weltkriegen keine schlüssige Lehre gezogen; so naht denn nun der dritte, und ich glaube, dieses Mal werden alle begreifen und das Goldene Zeitalter herbeiwünschen. Vorerst sind derer nur wenige irgendwo, und das ist nicht ausreichend; kein Mensch will auf sie hören noch ihre Vorhaben ausführen. Das Goldene Zeitalter muß von der gesamten Menschheit erbeten, verlangt, ja sogar gefordert werden. Aber ohne eine vollkommene Umwandlung der Denkweise ist es nicht möglich. Seit Jahren zeige ich Euch auf, worin diese Wandlung besteht. Hunderte von Einzelheiten sind zu überprüfen und zu verbessern! Halten die Menschen jedoch hartnäckig an ihrer bisherigen Lebensweise fest, nun, dann müssen sie eben die Folgen tragen. Mir wird man nicht vorwerfen können, meine Pflicht nicht getan, ihnen den richtigen Weg nicht gewiesen zu haben.

Als ich neulich über die Familie sprach, waren einige Brüder und Schwestern sehr niedergeschlagen, denn meine Ausführungen widersprachen ihren Überzeugungen, Gewohnheiten und ererbten Traditionen. Dafür aber kann ich nichts; ich habe die Wahrheit zu verkünden, das Bewußtsein der Menschen auszuweiten. Wie vieles bleibt noch zu erhellen, zu berichtigen, wiederherzustellen! Wieviele falsche Auffassungen haben sich seit Jahrtausenden angesammelt und bringen die Menschen um Glück und Frieden! Seht Euch nur um, jeder ist ausschließlich damit beschäftigt, seine eigenen Angelegenheiten ins Reine zu bringen, um sein Dasein zu fristen, zu essen, sich zu kleiden, Geld zu verdienen, zu heiraten, ein paar Kinder zu haben... Sie denken nur an sich! Ab und zu tun sie auch mal was für die Allgemeinheit, aber ansonsten gilt ihre Aufmerksamkeit nur ihnen selbst. Darum bessert sich auch das Los der Menschheit nicht, weil nur an sich selbst und nie an die Gemeinschaft gedacht wird. Man meint, in Sicherheit zu leben, wenn man seine Geschäfte in Ordnung bringt, aber dem ist nicht so!

Wir leben innerhalb der Gemeinschaft, und wenn in dieser ein Aufstand, ein Krieg ausbricht, ist unser Eigentum, all unser Besitz nicht in Sicherheit. So sind denn unsere Angelegenheiten, wenn auch aufs beste geregelt, dennoch nie in Ordnung, weil immer wieder irgendwelche Unannehmlichkeiten von Seiten der Gemeinschaft auftreten und alles zunichte machen. Es hängt ständig ein Damoklesschwert über dem Haupt eines jeden. Die Geschichte hat es im übrigen bewiesen. Es gab Menschen, die ungeheuer mächtig und unglaublich reich waren; nichts schien ihren Stand je erschüttern zu können; jedoch brachen Wirren und Aufruhr in der Gemeinschaft aus, und sie verloren alles, sogar ihr Leben. Verbessert man hingegen das Gemeinschaftsleben, so ist der einzelne in Sicherheit, denn das Leben der Gemeinschaft, das über allem waltet, gewährleistet Sicherheit und Wohlstand. Nur auf diese Weise ist es den Menschen gegeben, unbesorgt und ruhig zu leben. Das wurde bisher nicht verstanden, und darum entschließt sich auch keiner, zum Wohle der Gemeinschaft tätig zu sein. Ihr werdet sagen: »Aber ja, die politischen Parteien haben doch

Das Hineinwachsen...

nur das Wohl der Gemeinschaft im Auge!« Das schon, jedoch nur für eine sehr begrenzte Gemeinschaft. Einem Land ergeht es wie einem Menschen: Alleinstehend ist er nicht in Sicherheit, andere mögen kommen und alles zerstören. Ihr seht, dies ist nicht die richtige Art zu denken.

Die einzige Lösung ist das Wirken für die Weltgemeinschaft, womit gemeint ist, daß die Staatshäupter aller Länder die Notwendigkeit einsehen sollten, eine Weltregierung zu bilden, auf daß alle Nationen sich zu einer einzigen zusammenschließen und die Bewohner der ganzen Erde nur noch eine Familie sind. Ich höre Euch sagen: »Das ist ausgeschlossen, dieser und jener Grund verhindern, daß...« Ich kenne alle Gründe, die Ihr anführen mögt! Im Hinblick auf die Gegenwart habt Ihr wohl recht, aber ich arbeite für die künftigen Zeiten. Zu dieser Weltvereinigung wird es bald kommen, da die Menschen durch die eintretenden Ereignisse notgedrungen zu dieser Einsicht gelangen werden. Krieg und Elend werden die Leute dazu führen, ihre Einstellung zu ändern. Und da bereits durch die Bücher, die Ansprachen, eine Vorarbeit geleistet wurde, ist eine ausreichende Grundlage geschaffen, die von jenen, welche an leitender Stelle stehen und über die Mittel verfügen, aufgegriffen und ausgebaut werden kann. Wir müssen also auf dieses Ziel hinwirken. Nur ein auf den besten, edelsten Prinzipien gegründetes Kollektiv vermag eine sichere Zukunft und das Fortbestehen jedes einzelnen zu gewährleisten. Um dies zu erreichen, muß jeder seinen engstirnigen, ichbezogenen Standpunkt durch eine weitreichende, universelle Sicht ersetzen. Es wird ihm dabei nichts verloren gehen, im Gegenteil, es wird ihm nur Vorteile bringen.

Diese neue Weltanschauung, die der Wassermann jetzt in die Welt einführt, sollte angenommen und ausgewertet werden, d.h. immer mehr Verstand, Herz, Seele und Geist eines jeden erfüllen. Gedanken und Gefühle erleuchteter, wissender

Menschen sind eine strahlende Macht, die sich ausbreitet und auf den Verstand aller Menschen einwirkt, so daß eines Tages die ganze Welt von ihr beeinflußt, in dem neuen Licht erwacht. Darum betone ich seit jeher: Wer nicht an die Wirkkraft der Gedanken glaubt, hemmt beträchtlich das geistige Wachstum der Menschheit! Wir jedoch, die wir die Macht des Gedankens, der Meditation und des Gebets kennen, sowie den Segen, den sie der Menschheit bringen, wir beteiligen uns an dieser lichtvollen Arbeit, welche die Verbreitung der Universellen Weißen Bruderschaft über die ganze Erde zum Ziele hat. Denn die Universelle Weiße Bruderschaft will ja nur eines: daß sich die ganze Welt zu einer einzigen Familie zusammenschließe.

Die Religionen glauben im allgemeinen, daß alle Menschen Kinder desselben himmlischen Vaters und derselben himmlischen Mutter sind. Man glaubt, man glaubt... Aber was nützt es schon zu glauben, wenn man handelt, als glaubte man an nichts? Sogar die Christen, die doch so sehr auf der brüderlichen Verbundenheit aller Menschen bestehen, zumal ihr Gebet schon mit den Worten beginnt: »Unser Vater, der Du bist im Himmel...« Gott ist ihr Vater, sie sind alle Brüder und Schwestern, aber seht Euch an, wie sie sich untereinander verhalten! Geht zu den Gerichten, und Ihr werdet feststellen, ob sie Brüder und Schwestern sind! Sie leben allen im Evangelium gegebenen Vorschriften zuwider, stehen einander immer feindlicher gegenüber, selbst innerhalb der Familien.

Die Universelle Weiße Bruderschaft arbeitet darauf hin, daß die Welt eine einzige Familie werde: auf daß alle einander lieben, sich zulächeln und, wo immer sie sich hinbegeben, mit offenen Armen empfangen werden: »Teurer Bruder...«, »Meine liebe Schwester...«, selbst wenn sie einander nicht kennen. Hingegen heutzutage muß man in die Knie fallen, will man in einem fremden Land Aufnahme finden, wenn

Das Hineinwachsen... 301

überhaupt; es fehlt die brüderliche Gesinnung. Wir hier bilden und fördern die Brüderlichkeit, die sich über die ganze Welt verbreiten soll, und sie tut es bereits... Schaut nur, seitdem sich die Universelle Weiße Bruderschaft hier in Frankreich bildete, wie vieles hat sich bereits in der öffentlichen Meinung geändert! Schon spricht man unsere Sprache, überall werden unsere Ideen durch Presse, Rundfunk, Fernsehen bekannt. Zuvor lachten die Leute, machten sich über diese Ideen lustig, jetzt aber nehmen sie sie an, und dennoch ist dies erst ein Anfang. Die Universelle Weiße Bruderschaft vollbringt in der Welt eine großartige, wunderbare Arbeit. Es ist zwar noch nicht so sehr offenkundig, wird aber in nicht allzu langer Zeit allen sichtbar; ein jeder wird unsere Sprache reden, ich verspreche es Euch.

Erscheint es Euch also wirklich so schwer, an dieser Arbeit bewußt teilzunehmen? Ihr solltet sogar stolz darauf sein, sagen zu können: »Ja, mein Leben hat einen Sinn bekommen, nun da ich für die ganze Menschheit tätig bin!« Aber anstatt an diesem großen, wundervollen Werk sich zu beteiligen und endlich mal für etwas nützlich zu sein, begnügen sich die Leute mit einem bedeutungslosen, leeren Dasein. »Ja aber«, werdet Ihr sagen, »von dieser Arbeit sieht man nichts.« Es kann sein, man sieht sie nicht, dafür aber ist sie fühlbar.

Ich schlage Euch Tätigkeiten vor, durch die Euch spürbar wird, wie sinnvoll, klar und inhaltsreich Euer Leben sich gestaltet; Ihr werdet darüber staunen! Es muß endlich eingesehen werden, daß das wahre Verdienst, die wahre Macht, das wahre Glück in dem Gedanken und dem Wunsch liegen, eine göttlich-erhabene Arbeit zu tun. Damit nämlich löst Ihr hohe Lichtkräfte aus, welche sich dann auf Euch hernieder senken. Und hier werden Euch dazu die besten Möglichkeiten geboten: Das Gedankengut dieser Geisteslehre, die günstigen Bedingungen dieser friedlichen und natürlichen Umgebung...

Worauf wartet Ihr denn noch, um mit der Arbeit zu beginnen? An Schlägereien irgendwo teilzunehmen, ist jedermann sofort bereit, aber sich für ein himmlisches Werk einzusetzen, davon will keiner was hören!

Nunmehr sollt Ihr wissen, daß dieses gewaltige Werk, das hier auf Erden vollbracht werden soll, im Himmel längst beschlossen und festgesetzt worden ist. Es wurde entschieden, daß alle von Menschen geschaffenen Werte zu ändern sind. Jedoch können die himmlischen Mächte nicht direkt auf Erden eingreifen, denn zwischen Himmel und Erde bestehen streng abgeteilte, wenngleich nicht voneinander getrennte Zwischenzonen von unterschiedlicher Dichte; um in ihnen wirken zu können, bedarf es der jeweils angepaßten Mittel. Die Geistkräfte der unsichtbaren Welt sind sehr mächtig, jedoch außerstande, auf irdisch-materieller Ebene zu wirken, da sie nicht aus festem Stoff bestehen. In spiritistischen Sitzungen ist es das Medium, das die feinstoffliche Materie, genannt Ektoplasma, von sich gibt, mittels der die Geister in Erscheinung treten. Anhand dieses Stoffs vermögen sie ein Haus in Sekundenschnelle zu zerstören, während sie ohne ihn nicht einmal imstande sind, ein Blatt Zigarettenpapier zu heben.

In gleicher Weise können selbst die höchsten Geistwesen der himmlischen Welt nicht in menschliche Angelegenheiten eingreifen, wenn die Menschen ihnen hierzu nicht die Möglichkeit verschaffen. Stellt Euch eine unbezwingbare Festung vor: Solange kein Verräter die Türe den Feinden von innen her öffnet, kann niemand in sie eindringen. Ich sagte einmal zu der versammelten Bruderschaft: »Wißt Ihr, wer ich bin?« Natürlich erwarteten alle, daß ich sagen würde: »Ich bin Jesus... der Apostel Paulus... oder Dschingis Khan!«, denn ich sprach dies in so feierlichem Tonfall, daß jeder auf die Enthüllung eines großen Geheimnisses gefaßt war. Ich aber sagte schlicht: »Ich bin der Verräter Nummer eins.«

Ach, welch eine Enttäuschung! Denn ein Verräter ist nichts Rühmliches. Aber so schlecht ist es auch wieder nicht, da die ganze Erde eine einzige Festung ist, in die die himmlischen Heerscharen nicht einzudringen vermögen. Es bedarf daher eines Verräters, und ich war bereit, dieser Verräter zu sein, um ihnen die Tore zu öffnen.

Seht Ihr, nun versteht auch Ihr, was ein Verräter eigentlich ist... Die hohen Wesen des Lichts vermögen auf Erden kaum etwas auszurichten; denn da sind die Menschen genauso stark wie alle himmlischen Heerscharen zusammen, und solange sie sich widersetzen, ist nichts mit ihnen anzufangen. Darum sucht die Gotteswelt nach einem, der ihr den Zugang ermöglicht. Geistig eingestellte Menschen sind somit Verräter, durch die der Himmel eindringen kann. Und auch Ihr sollt zu solchen Verrätern werden, die den Himmelskräften erlauben, auf die Erde zu gelangen und alles zu wandeln und umzugestalten.

Seht übrigens auch: Bevor Jesus einen Kranken heilte, fragte er ihn: »Hast du den Glauben?« Warum wohl? Er hätte ihn ja auch ohne das heilen können! Aber nein, es bedurfte einer kleinen Pforte, wodurch die heilenden Kräfte eindringen und die Gesundheit wiederherstellen konnten. Solange es Euch an Glauben mangelt, vermag der Himmel rein gar nichts in Euch zu bewirken, denn Ihr seid verschlossen. Wie oft klagt Ihr darüber, daß der Himmel Euch nicht hilft, nicht heilend eingreift... Dabei seid Ihr es, die nichts dazu tun, nichts geben, sich nicht öffnen, damit er einströmt und Wunder vollbringt. Ihr fleht: »Mein Herr und Gott!« Aber was wollt Ihr, daß der Herr bewirke, wenn Ihr selbst überhaupt nichts tut?

Ja, meine lieben Brüder und Schwestern, entschließt Euch, Verräter zu werden! Es muß nun eine Bruderschaft geistig fortgeschrittener Menschen geschaffen werden, die darauf hin-arbeiten, den himmlischen Heerscharen Einlaß zu gewähren, auf daß die ganze Erde neu gestaltet werde. Ich bin gewiß, es werden mehr und mehr Arbeitskräfte kommen und mithelfen.

Bonfin, 25. September 1975

INHALT

I	Die beiden Aspekte Männlich und Weiblich: Wechselbeziehungen im Ätherischen	11
II	Die Liebe zu Gott – zum Nächsten – zu sich selbst	19
III	Den Stier bei den Hörnern packen – Der Hermes-Stab	31
IV	Die Schlange – Die entschleierte Isis	49
V	Die Gewalt des Drachens	65
VI	Geist und Materie – Sexualorgane	69
VII	Bekundungen des männlichen und des weiblichen Pols	75
VIII	Die Eifersucht	89
IX	Von Iesod zu Kether – Vergeistigung der Sexualkraft	99
X	Der geistige Schutzfilter	101
XI	Lernt sinnvoll essen – dann wird auch Euer Lieben sinnerfüllt!	109
XII	Die Rolle, die der Frau in der neuen Kultur zukommt	125
XIII	Der Sonne gleich, organisiert die Liebe das Leben	133
XIV	Der Liebe ihre ursprüngliche Reinheit wiedergeben	143
XV	Männlich und Weiblich – Wechselbeziehungen zwischen Mann und Frau	151

XVI	Leere und Fülle – Poros und Penia	167
XVII	Die Liebe in der Einweihung früherer Zeiten	175
XVIII	Liebe ist im ganzen Weltall vorhanden	181
XIX	Die Schwesterseele	189
XX	Zu einer erweiterten Auffassung der Ehe	195
XXI	Vom rechten Schauen und Einschätzen	207
XXII	Analyse und Synthese	213
XXIII	Die Mutterliebe	221
XXIV	Leere und Fülle – Vom Sinn des Entsagens	231
XXV	Neue Impulse	241
XXVI	Zum Thema Ehe	249
XXVII	Selbstbeherrschung, wozu?	259
XXVIII	Von der Notwendigkeit einer geistigen Führung	265
XXIX	Richtet Eure Liebe himmelwärts, bevor Ihr sie an Menschen verschenkt!	271
XXX	Was Ihr auf Erden bindet, soll auch im Himmel gebunden sein	277
XXXI	Das Hineinwachsen in die große weltweite Familie	283

Gedruckt im Januar 1982
in der Druckerei PROSVETA
Fréjus, Frankreich

– N° d'impression : 1241 –
Dépôt légal : 1er trimestre 1982
Gedruckt in Frankreich